Übungsbuch
Römisches Sachenrecht

von

Dr. Nikolaus Benke

Universitätsprofessor in Wien

Dr. Franz-Stefan Meissel

Universitätsprofessor in Wien

11. durchgesehene und verbesserte Auflage

Wien 2018

MANZ'sche Verlags- und Universitätsbuchhandlung

Zitiervorschlag: *Benke/Meissel,* Römisches Sachenrecht[11] (2018) . . .

ISBN 978-3-214-14965-9

© 2018 MANZ'sche Verlags- und Universitätsbuchhandlung GmbH, Wien
Telefon: (01) 531 61-0
E-Mail: verlag@manz.at
www.manz.at
Datenkonvertierung und Satzherstellung: Ferdinand Berger & Söhne GmbH, 3580 Horn
Druck: FINIDR, s. r. o., Český Těšín

VORWORT

Das römische Recht erfreut sich in der Ausbildung der österreichischen JuristInnen ungebrochener Lebendigkeit. Es eignet sich vorzüglich, Grundlegendes an juristischer Methode wie an juristischen Inhalten zu vermitteln und dadurch auf das Studium des geltenden Rechts, insbesondere des Privatrechts, vorzubereiten.

Die nachhaltige Kraft des römischen Rechts beruht in der Hauptsache auf zwei Leistungen der römischen Juristen. Ihnen ist es gelungen, eine Vielzahl wesentlicher Problemtypen des Rechts zu erfassen: Dabei haben sie erstens spezifisch juristische Denkweisen entwickelt und grundlegende Methoden wissenschaftlicher Rechtsfindung herausgebildet sowie zweitens inhaltlich Modelle und Lösungen geschaffen, die noch heute teils unverändert, teils ihrem Ansatz nach fortbestehen.

Diese Leistungen lassen sich gerade am Beginn des juristischen Studiums in besonders gewinnbringender Weise nutzbar machen: Mit dem römischen Recht kann man gleichsam ein Labor bieten, in dem an ausgewählten Quellen elementare Denkweisen und Vorstellungsmodelle der juristischen Disziplin erfahrbar werden.

Dass den StudienanfängerInnen die Leistungen der römischen Jurisprudenz zugutekommen, ist das Hauptanliegen des vorliegenden Bandes. Seine Gestalt wird einerseits von der didaktischen Ausrichtung und anderseits vom Charakter des an Problemtypen orientierten römischen Rechts bestimmt. Dabei sind einzelne, für den Elementarunterricht besonders geeignet erscheinende Bereiche als Schwerpunkte ausgewählt.

Die Erkenntnisse der modernen rechtshistorischen Wissenschaft bilden den fachlichen Hintergrund dieses Buches; auf Grund des didaktischen Hauptanliegens erscheint es freilich wiederholt geboten, historische Perspektiven zu verkürzen sowie manchmal den allgemeinen Erklärungswert des Modellhaften zulasten der Differenziertheit historischer Befunde zu betonen.

Durch das hier gewählte Konzept, bestimmte Problemkreise in den Blickpunkt zu rücken, wird auf eine allumfassende Stoffbehandlung verzichtet. Somit will das „Übungsbuch Römisches Sachenrecht" andere bewährte Studienbehelfe nicht ersetzen, sondern ergänzen. Hinzuweisen ist etwa auf die Lehrbücher von *H. Hausmaninger/W. Selb/R. Gamauf,*

Römisches Privatrecht[9] (2001), *M. Kaser/R. Knütel/S. Lohsse,* Römisches Privatrecht[21] (2017), *P. Apathy/G. Klingenberg/M. Pennitz,* Einführung in das Römische Recht[6] (2016), *D. Liebs,* Römisches Recht[6] (2004) oder auch *J. D. Harke,* Römisches Recht[2] (2016). Für ein vertiefendes Studium eignen sich weiters *M. Kaser,* Das Römische Privatrecht I[2] (1971), *H. Honsell/Th. Mayer-Maly/W. Selb,* Römisches Recht (1987) und *M. Kaser/K. Hackl,* Das römische Zivilprozessrecht[2] (1996); den Zugang zu aktuellen Forschungsperspektiven eröffnen *A. Bürge,* Römisches Privatrecht. Rechtsdenken und gesellschaftliche Verankerung (1999) und *U. Falk/M. Luminati/M. Schmoeckel* (Hrsg), Fälle aus der Rechtsgeschichte (2008). Als Nachschlagewerke empfehlen sich: *N. Benke/F.-St. Meissel,* Juristenlatein[3] (2009) und *Th. Olechowski/ R. Gamauf* (Hrsg), Studienwörterbuch Rechtsgeschichte und Römisches Recht[3] (2014).

Eine repräsentative Auswahl von einschlägigen Quellentexten bietet *H. Hausmaninger/R. Gamauf,* Casebook zum römischen Sachenrecht[11] (2012, englische Übersetzung durch *G. A. Sheets:* A Casebook on Roman Property Law 2012). Bei Quellenzitaten des Übungsbuches wird auf die entsprechenden Cases im Casebook verwiesen.

Allen KollegInnen, FreundInnen und LeserInnen, die uns seit der ersten Auflage in vielfältiger Weise unterstützt haben, möchten wir ganz herzlich danken! Für Anregungen und Mithilfe bei der Erstellung der 11. Auflage gilt unser Dank insbesondere MMag. Dominik Rodak, Dr. Philipp Klausberger und Mag. Sabina Ritter.

Bereits seit der 9. Auflage ist das Buch um rechtsvergleichende Abschnitte erweitert worden, um das Fortwirken des römischen Rechts in den modernen Privatrechtsordnungen hervorzuheben.

Wien, im Juli 2018   *Nikolaus Benke*
                                            Franz-Stefan Meissel

INHALTSVERZEICHNIS

IX. „Natürlicher" Eigentumserwerb

X. Eigentumsschutz im römischen Zivilprozess

XI. Servituten, Erbpacht und Erbbaurecht

ABKÜRZUNGSVERZEICHNIS

ABGB	Allgemeines Bürgerliches Gesetzbuch
BGB	(deutsches) Bürgerliches Gesetzbuch
Bsp	Beispiel
bzw	beziehungsweise
C	Codex Iustinianus
C Th	Codex Theodosianus
ca	circa
D	Digesten
dh	das heißt
etc	et cetera
ev	eventuell
f	und folgende (Seite)
ff	und folgende (Seiten)
Fn	Fußnote
G	Gesetz
Gai Inst	Gaius Institutionen
gem	gemäß
iVm	in Verbindung mit
I	Institutionen Iustinians
Jh	Jahrhundert
oä	oder ähnliche(s)
Paul Sent	Paulus Sentenzen
RGBl	Reichsgesetzblatt
sog	sogenannt
ua	und andere, unter anderem
uU	unter Umständen
ÜF	Übungsfall
va	vor allem
vgl	vergleiche
zB	zum Beispiel
ZGB	(Schweizer) Zivilgesetzbuch
ZPO	(österreichische) Zivilprozessordnung
zT	zum Teil

I. EINLEITUNG

A. Rechtssubjekte und Rechtsobjekte

Das Sachenrecht lässt sich als jenes Teilgebiet des Privatrechts definieren, welches sich mit der rechtlichen Zuordnung von Rechtsobjekten zu Rechtssubjekten beschäftigt.

Rechtsobjekte sind Gegenstände des Rechtsverkehrs. Man bezeichnet sie als Sachen *(RES)*. Sachen sind Rechtssubjekten zugeordnet und unterliegen deren Gebrauch und Verfügung.

> *Nach der Definition von § 285 ABGB gilt im rechtlichen Sinn als Sache „alles, was von der Person unterschieden ist und zum Gebrauche der Menschen dient".*

Rechtssubjekt (Person im rechtlichen Sinn) ist jemand, der die Fähigkeit hat, Träger von Rechten und Pflichten zu sein. Die Rechtssubjektivität wird auch als Rechtsfähigkeit bezeichnet.

> *Die Fragen der Rechtsstellung von Personen bilden den Gegenstand des privatrechtlichen Teilgebietes Personenrecht.*

Bevor auf das Wesen sachenrechtlicher Zuordnung und die unterschiedlichen Möglichkeiten sachenrechtlicher Beziehungen näher eingegangen wird, gilt es kurz[1] darzulegen, wem nach römischem Recht Rechtsfähigkeit zukommt.

1. Rechtsfähigkeit

In heutiger Zeit ist jeder Mensch gleichermaßen rechtsfähig[2]. Im römischen Recht dagegen ist die Rechtsstellung eines Menschen – dh sein

---

[1]   Die folgenden Ausführungen zur Rechts- und Handlungsfähigkeit können bloß eine knappe Skizze des römischen Personenrechts bieten. Für eine vertiefte Beschäftigung mit dieser Materie ist etwa auf die im Vorwort genannten einschlägigen Gesamtdarstellungen des römischen Privatrechts zu verweisen.

[2]   Vgl § 16 ABGB, § 1 BGB, Art 11 ZGB. § 16 ABGB bestimmt: „Jeder Mensch hat angeborene, schon durch die Vernunft einleuchtende Rechte und ist daher als eine Person zu betrachten. Sklaverei oder Leibeigenschaft, und die Ausübung einer darauf sich beziehenden Macht wird in diesen Ländern nicht gestattet."

STATUS – in mehrfacher Hinsicht (Freiheit, Bürgerschaft, Stellung innerhalb des Familienverbandes sowie Geschlecht) differenziert.

a. Freie und Sklaven – *STATUS LIBERTATIS*

Das römische Recht kennt (wie viele antike Rechte) die Sklaverei und unterscheidet folglich Freie *(HOMINES LIBERI)* und Sklaven *(SERVI)*. Innerhalb derjenigen, die den Freiheitsstatus *(STATUS LIBERTATIS)* hatten, unterscheidet man weiters zwischen *INGENUI* = frei geborenen Menschen und *LIBERTI* = Freigelassenen.

> *Entstehungsgründe der Sklaverei sind in erster Linie Geburt von einer Sklavin und Kriegsgefangenschaft.*

Sklaven gelten als rechtsunfähig und werden als Sachen angesehen. Sie unterliegen wie andere Sachen auch der Verfügung und dem Gebrauch der Rechtssubjekte; sie können etwa verpfändet oder übereignet werden.

> *Beachte: Sklaven können nicht für sich Träger von Rechten und Pflichten sein, sie können aber – unter bestimmten Umständen – für ihren Eigentümer (DOMINUS) Rechte und Pflichten begründen.*

Wird jemand als frei geboren, so beginnt sogleich mit der Geburt auch seine Rechtsfähigkeit.

> *Die römischen Juristen machen jedoch Vorbehalte: Das Kind muss lebend geboren sein und menschliche Gestalt haben.*

Das gezeugte, aber noch nicht geborene Kind *(NASCITURUS)* kann noch keine Rechte und Pflichten haben, es wird aber für bestimmte Zwecke als schon geboren fingiert. Dabei gilt der Grundsatz: *NASCITURUS PRO IAM NATO HABETUR, QUOTIENS DE COMMODIS EIUS AGITUR* – der *NASCITURUS* wird als geboren angesehen, insofern es seinem Vorteil dient[3].

> *So ist das Kind, das erst nach dem Tode des Vaters geboren wurde, bei der Erbfolge zu berücksichtigen.*

b. Stellung im Familienverband – *STATUS FAMILIAE*

Im patriarchalischen römischen Familienaufbau stehen die Hauskinder *(FILIAE UND FILII FAMILIAS)* unter der Hausgewalt *(PATRIA POTESTAS)* des Hausvaters *(PATER FAMILIAS)*. Zu den Hauskindern

---

[3]   Vgl Paulus D 1.5.7; D 50.16.231; § 22 ABGB folgt diesem Gedanken.

gehören die ehelichen Kinder, die ehelichen Kinder der gewaltunterworfenen Söhne sowie Adoptivkinder.

Selbst erwachsene Hauskinder stehen zu Lebzeiten des Familienoberhauptes unter der Hausgewalt, sofern sie nicht durch besondere Rechtsvorgänge – zB Emanzipation (= Entlassung aus der Gewalt) oder Übertragung in die Hausgewalt eines anderen Familienverbandes – aus dem Familienverband ausgeschieden sind.

Auch die Ehefrau ist, wenn eine sog *MANUS*-Ehe besteht, dem Ehemann gewaltunterworfen *(UXOR IN MANU).* Bei einer solchen Ehe wird die Ehefrau in die Hausgewalt des Ehemannes *(MANUS)* übertragen.

Spätestens in der Kaiserzeit dürfte allerdings die sog manusfreie Ehe üblich geworden sein, bei der die vor Eingehen der Ehe gewaltfreie Ehefrau gewaltfrei (SUI IURIS) bleibt.

Gewaltunterworfene Personen sind, wenngleich sie den *STATUS LIBERTATIS* innehaben, vermögensunfähig, solange das Gewaltverhältnis besteht. Sie können für sich selbst kein Vermögen haben, wohl aber – unter bestimmten Umständen – für ihren Gewalthaber Besitz, Eigentum und sonstige Rechtspositionen begründen.

Beachte: Auch gewaltunterworfene Hauskinder und Ehefrauen gehören zur Gemeinschaft der freien Personen, haben also den STATUS LIBERTATIS.

c. Bürger und Nichtbürger – *STATUS CIVITATIS*

Verschiedene Rechte (neben politischen Rechten zB auch das Recht, ziviles Eigentum[4] – *DOMINIUM EX IURE QUIRITIUM* – an einer Sache zu haben) und Rechtsgeschäfte (zB die Vornahme einer Eigentumsübertragung durch *MANCIPATIO*[5]) bleiben römischen Bürgern vorbehalten. Die Stellung als Bürger bezeichnet man als *STATUS CIVITATIS.*

Durch Verleihung des COMMERCIUM können Nichtrömer im Hinblick auf Rechtsgeschäfte den römischen Bürgern gleichgestellt werden.

d. Juristische Personen

Die moderne Dogmatik kennt neben natürlichen Personen (Menschen) auch juristische Personen: Personenverbände (zB Körper-

---

[4]   Zum Begriff des zivilen Eigentums siehe unten VII. Fn 1, VIII.B. und X.D.

[5]   Zur *MANCIPATIO* siehe ausführlicher unten VII.A.

schaften, Vereine, Kapitalgesellschaften) und Vermögensmassen (zB Stiftungen, Fonds), die mit selbstständiger Rechtsfähigkeit ausgestattet sind.

Auch im römischen Recht gibt es im politischen wie im privaten Bereich Personenverbände (Körperschaften = *UNIVERSITATES*, Vereine = *COLLEGIA, SODALITATES*) sowie Vermögensmassen, welche als selbstständige Einheiten angesehen werden.

> *Als Beispiele lassen sich anführen: der römische Staat (RES PUBLICA) sowie die kleineren politischen Einheiten der MUNICIPIA, COLONIAE und Latinergemeinden, daneben Berufsverbände, kultische Vereinigungen, Begräbnisvereine, erste christliche Kirchen, Stiftungen für fromme Zwecke (PIAE CAUSAE) sowie die körperschaftlich organisierten Gesellschaften der Steuerpächter (SOCIETATES PUBLICANORUM).*

Diese Körperschaften können selbst Rechte (zB Eigentum an Sachen) haben und – vertreten durch ihre Organe – am Rechtsleben teilnehmen. Rechte und Pflichten der Körperschaften beziehen sich auf diese selbst und nicht unmittelbar auf ihre Mitglieder.

Ulpian D 3.4.7.1

> *SI QUID UNIVERSITATI DEBETUR, SINGULIS NON DEBETUR: EC QUOD DEBET UNIVERSITAS DEBENT SINGULI.*

> Übersetzung: Wenn etwas einer Gesamtheit (Körperschaft) geschuldet wird, so wird es nicht den einzelnen Mitgliedern geschuldet und wenn die Gesamtheit etwas schuldet, so schulden es nicht die einzelnen Mitglieder.

In ihrem Bestand sind Körperschaften von ihren individuellen Mitgliedern unabhängig. Das interne Rechtsverhältnis der Körperschaften kann durch Satzungen näher bestimmt sein.

2. Handlungsfähigkeit

Der freie Mensch ist von Geburt an rechtsfähig und kann daher schon im Kindesalter Rechte und Pflichten haben.

> *Bsp: Bei der Geburt des Agerius stirbt seine Mutter. Der kleine Agerius überlebt, sein Vater nimmt sich aber aus Kummer über den Tod seiner Gattin das Leben. Agerius ist ab Geburt rechtsfähig und nach dem Tod seines PATER FAMILIAS auch gewaltfrei. Auf Grund der Erbschaft ist er*

Unter Handlungsfähigkeit versteht man die Fähigkeit, durch eigenes Verhalten Rechte und Pflichten zu begründen!

Eigentümer eines Landgutes (welches von einem TUTOR für ihn verwaltet wird) und als solcher Träger von Rechten und Pflichten.

Die Handlungsfähigkeit, dh die Fähigkeit durch eigenes Handeln Rechte und Pflichten zu begründen, verlangt jedoch eine gewisse Altersreife und sonstige Eigenschaften.

Bsp: Um im Rahmen der Verwaltung des Landgutes wirksam Rechte und Pflichten begründen zu können – etwa um Saatgut zu kaufen, geerntete Früchte zu verkaufen und Eigentum an ihnen zu übertragen etc – bedarf es der Handlungsfähigkeit, welche dem Agerius fehlt. Um diese Geschäfte tätigen zu können, benötigt er einen Vormund (TUTOR).

Innerhalb der Handlungsfähigkeit unterscheidet man zwischen Geschäftsfähigkeit und Deliktsfähigkeit.

■ Geschäftsfähigkeit ist die Fähigkeit, durch eigenes rechtsgeschäftliches Handeln (insbes durch Vertrag) Rechte und Pflichten zu begründen.

■ Deliktsfähigkeit ist die Fähigkeit, durch eigenes unerlaubtes Handeln einem anderen (insbes zu Schadenersatz) verpflichtet zu werden.

a. Altersstufen

■ (Klein-) Kinder *(INFANTES* – in nachklassischer Zeit bis zum vollendeten 7. Lebensjahr) sind völlig handlungsunfähig.

■ Unmündige *(IMPUBERES INFANTIA MAIORES* oder *PUPILLI)*, dh Knaben bis zum vollendeten 14. Lebensjahr, Mädchen bis zum vollendeten 12. Lebensjahr, sind beschränkt geschäftsfähig. Sie können immerhin solche Geschäfte gültig vornehmen, die ihnen einen reinen Vermögensvorteil bringen (zB Annahme von Schenkungen, Schulderlass zu ihren Gunsten). Zur rechtsgeschäftlichen Begründung von Verpflichtungen und zur Verfügung über eigene Rechte (zB Übertragung des Eigentums) benötigen sie die Mitwirkung des Vormunds *(AUCTORITAS TUTORIS).*

Bei Geschäften, welche neben Berechtigungen auch Verpflichtungen beinhalten, wird der unmündige Geschäftspartner, sofern die *AUCTORITAS TUTORIS* fehlt, ausschließlich berechtigt. Der ihn verpflichtende Teil des Geschäftes ist ohne die Mitwirkung seines Tutors unwirksam. Dieses Phänomen wird als *NEGOTIUM CLAUDICANS* (wörtlich: hinkendes Rechtsgeschäft) bezeichnet[6].

Ulpian D 19.1.13.29

SI QUIS A PUPILLO SINE TUTORIS AUCTORITATE EMERIT, EX UNO LATERE CONSTAT CONTRACTUS: NAM QUI EMIT OBLI-GATUS EST PUPILLO, PUPILLUM SIBI NON OBLIGAT.

Übersetzung: Wenn jemand von einem Unmündigen ohne Mit-wirkung des Tutors etwas gekauft hat, so ist der Vertrag nur auf der einen Seite gültig; denn der Käufer ist dem Unmündigen ge-genüber verpflichtet, der Unmündige ihm gegenüber aber nicht[7].

Beachte: Im Unterschied dazu sind im geltenden Recht beiderseits ver-pflichtende Geschäfte mit einem beschränkt Geschäftsfähigen zur Gänze schwebend unwirksam. Sie werden erst wirksam, wenn der gesetzliche Ver-treter das Geschäft genehmigt[8].

■ Die unbeschränkte Handlungsfähigkeit wird im römischen Recht grundsätzlich mit der Mündigkeit *(PUBERTAS)* erworben. Diese wird bei Mädchen mit dem Vollenden des 12. Lebensjahres, bei Knaben mit Vollendung des 14. Lebensjahres angenommen.

Bezüglich der Mündigkeitsgrenze für Knaben gab es zwischen den Rechts-schulen der Sabinianer und Prokulianer eine Kontroverse. Die Sabinianer traten für eine individuelle Grenze ein, welche mit der feierlichen Einklei-dung des Knaben in die Mannestoga erreicht wird. Die prokulianische Schule vertrat eine generelle Altersgrenze von 14 Jahren. Diese Lehre setzte sich spätestens im justinianischen Recht durch.

■ Minderjährige, dh Mündige bis zum 25. Lebensjahr *(MINORES VIGINTIQUINQUE ANNIS),* werden allerdings durch die um 200 v Chr

---

[6]   Vgl I 1.21 pr: ... *NAMQUE PLACUIT MELIOREM QUIDEM (PUPILLUM) SUAM CONDICIONEM LICERE EIS FACERE ETIAM SINE TUTORIS AUCTORITATE, DETERIOREM VERO NON ALITER QUAM TUTORE AUCTORE* – denn es hat sich die Auffassung durchgesetzt, dass ein Unmündiger seine Rechtslage ohne Mitwirkung des Tutors nur verbessern, nicht aber verschlechtern kann. Siehe dazu auch unten VIII.C.1.b.

[7]   Unterbleibt die Zustimmung des Tutors, so kann der Unmündige freilich nach einem Reskript des Kaisers Antoninus Pius (vgl D 26.8.5 pr) auf Herausgabe der ungerechtfertigten Bereicherung geklagt werden. Siehe dazu auch unten VIII.C.1.b. sowie Übungsbuch Schuldrecht XIV.K.3.

[8]   Vgl etwa § 151 Abs 1 ABGB, § 108 Abs 1 BGB, Art 19 ZGB.

erlassene *LEX (P)LAETORIA* besonders geschützt. Dieses Gesetz bedroht für den Fall der Übervorteilung durch bewusstes Ausnützen der Unerfahrenheit eines *MINOR* den Geschäftspartner mit Strafen. Darüberhinaus gewährt der Prätor[9] Minderjährigen in Fällen der Übervorteilung oder auch bloßer objektiver Benachteiligung eigene Rechtsbehelfe: Dem *MINOR* kann entweder eine *EXCEPTIO*[10] legis laetoriae oder eine auf Wiederherstellung des vorigen Zustandes *(RESTITUTIO IN INTEGRUM)* gerichtete Klage gewährt werden. Zur Beratung und Unterstützung eines Minderjährigen in geschäftlichen Angelegenheiten kann für ihn ein Beistand *(CURATOR MINORIS)* bestellt werden.

> *Stimmt der CURATOR MINORIS einem Geschäft zu, so dürfte dies im klassischen Recht bloß als Indiz für die Unbedenklichkeit gegolten haben. Erst ab diokletianischer Zeit (Ende des 3. Jh n Chr) war die Zustimmung des Kurators Wirksamkeitsvoraussetzung.*

b. Frauen *(FEMINAE, MULIERES)* unterliegen in der römischen Gesellschaft erheblichen Einschränkungen im politischen und privaten Bereich.

> *So werden Frauen von öffentlichen Ämtern (inklusive der Tätigkeit als PRAETOR, IUDEX usw) grundsätzlich ausgeschlossen; aber auch im privaten Bereich wird Frauen etwa die Fähigkeit, Familienoberhaupt zu sein, nicht zuerkannt.*

Selbst wenn die Frau *SUI IURIS* ist, also weder der *PATRIA POTESTAS* noch einer *MANUS* unterworfen, benötigt sie auch nach Erreichen der Mündigkeit *(PUBERTAS)* einen Geschlechtsvormund *(TUTOR MULIERIS)*. Dieser muss bei allen Formgeschäften (zB *MANCIPATIO*) und für die Begründung von Verpflichtungen mitwirken.

Spätestens zur Zeit der Hochklassik (Mitte des 2. Jh n Chr) wird die Frauentutel jedoch weitgehend als bloße Formsache betrachtet.

Gai Inst. 1.190

> *FEMINAS VERO PERFECTAE AETATIS IN TUTELA ESSE FERE NULLA PRETIOSA RATIO SUASISSE VIDETUR; NAM QUAE VULGO CREDITUR, QUIA LEVITATE ANIMI PLERUMQUE DECIPIUNTUR ET AEQUUM ERAT EAS TUTORUM AUCTORITATE REGI, MAGIS*

---

9   Zur Funktion des *PRAETOR* im römischen Zivilprozess siehe unten X.B.1.

10   Zur Funktion einer *EXCEPTIO* im Rahmen eines Zivilprozesses siehe unten X.E.

SPECIOSA VIDETUR QUAM VERA; MULIERES ENIM QUAE PER-
FECTAE AETATIS SUNT, IPSAE SIBI NEGOTIA TRACTANT ET IN
QUIBUSDAM CAUSIS DICIS GRATIA TUTOR INTERPONIT AUC-
TORITATEM SUAM, SAEPE INVITUS AUCTOR FIERI A PRAETORE
COGITUR.

Übersetzung: Dass volljährige Frauen unter Tutel stehen, dafür
gibt es wohl keinen stichhaltigen Grund. Wenn gemeinhin geglaubt wird, dass sie vielfach wegen ihres Leichtsinns betrogen
würden und es somit der Gerechtigkeit entsprach, dass sie durch
die Mitwirkung der Tutoren geleitet werden, so dürfte dies mehr
Schein als Wahrheit sein. Volljährige Frauen führen nämlich ihre
Geschäfte selbst; in gewissen Fällen gibt der Tutor pro forma
seine Zustimmung. Häufig kann er sogar gegen seinen Willen
vom Prätor zur Zustimmung gezwungen werden.

c. Ein Geisteskranker *(FURIOSUS)* gilt grundsätzlich als geschäfts-
und deliktsunfähig. Um ihn am Rechtsleben teilnehmen zu lassen,
muss für ihn ein *CURATOR FURIOSI* bestellt werden.

Ein Verschwender *(PRODIGUS)*, dh jemand, der das ererbte Vermögen verschleudert und damit seine Familie in Not zu bringen droht,
kann durch prätorische Entmündigung *(INTERDICTIO)* geschäftsunfähig werden. Er vermag dann nur solche Geschäfte vorzunehmen,
die ihm einen Vorteil bringen. Für andere Geschäfte wird ihm ein
CURATOR PRODIGI bestellt.

B. Das Wesen der Sachenrechte

Die Rechtsordnung kann Rechtssubjekten Befugnisse über Rechtsobjekte (Sachen) einräumen. Das Spezifische der sachenrechtlichen
Berechtigung liegt nun in einer Herrschaftsbefugnis, die als Recht
am Gegenstand selbst gedacht ist: Sie vermittelt einen Herrschafts-
anspruch, der

1. direkt auf die Sache gerichtet ist und

2. ausschließlich (absolut) gilt, dh von allen Rechtsgenossen respek-
tiert werden muss.

Die Sachenrechte heißen auch dingliche Rechte. Ihre absolute, dh gegen jedermann gerichtete Geltung[11], ist für die Römer in sog *ACTIONES IN REM* verkörpert.

Eine *ACTIO* ist eine Klage. Die *ACTIO* legt den Tatbestand einer Befugnis fest und ermöglicht dem Berechtigten, sein Recht im Klageweg geltend zu machen[12].

> *Beispiel 1: Clara[13] lässt ihre wertvolle Vase im Safe des Bankiers Midas verwahren. Midas wird bestohlen; auch die Vase gerät in die Hände des Diebes Hektor. Hektor verkauft und übergibt sie dem Altwarenhändler Ago, dieser verkauft und übergibt sie dem Kunsthändler Leander. Eines Tages findet Clara die Vase bei Leander wieder. Auf Grund ihres dinglichen Rechtes hat Clara gegen Leander eine ACTIO IN REM.*

Die Sachenrechte schaffen demnach eine gegen jedermann prozessual durchsetzbare Herrschaft an einer Sache.

Sachbeherrschung stellen sich die römischen Juristen nur bei körperlichen Gegenständen vor. Körperliche Sachen – *RES CORPORALES* – sind solche, die berührt werden können: *QUAE TANGI POSSUNT.*

> *Körperliche Sachen sind zB ein Grundstück, ein Tisch, ein Ring, in Rom auch ein Sklave.*

> *§ 292 ABGB spricht von Sachen „welche in die Sinne fallen". Damit wird auf die sinnliche Wahrnehmbarkeit der körperlichen Sachen abgestellt[14].*

---

[11] Der begriffliche Gegensatz zum absoluten Recht ist das relative Recht. Ein relatives Recht (etwa der Anspruch des Käufers aus einem Kaufvertrag) besteht dem Modell nach aus einer Rechtsbeziehung zwischen zwei Personen – Gläubiger und Schuldner – und wirkt nur in der Beziehung zwischen Gläubiger und Schuldner. Relative Rechte werden in Rom mit sog *ACTIONES IN PERSONAM* geltend gemacht.

[12] Zur *ACTIO* siehe unten X.

[13] Im Sinne einer geschlechterdemokratisch orientierten Didaktik treten in den Beispiels- und Übungsfällen Frauen wie Männer gleichermaßen als handelnde Personen auf. Was den Umfang der Geschäftsfähigkeit römischer Frauen betrifft, so ist für die hier geschilderten Fälle davon auszugehen, dass diese Frauen nicht der römischen Geschlechtsvormundschaft *(TUTELA MULIERIS)* unterliegen. So sind etwa nach der Ehegesetzgebung des Augustus Frauen mit dem *IUS LIBERORUM* von der Geschlechtsvormundschaft befreit. Zur geringen Bedeutung der Frauentutel in der Klassik vgl Gai Inst 1.190 (oben A.2.b).

[14] Allerdings ist gerade im ABGB das Sachenrecht durch einen weiten Sachbegriff nicht auf körperliche Sachen beschränkt. Vgl § 285 ABGB: „Alles, was von der Person unterschieden ist, und zum Gebrauche der Menschen dient, wird im rechtlichen Sinne eine Sache genannt."

SCHULDRECHT

MFF?

Das römische Sachenrecht handelt somit von Herrschaftsbefugnissen über körperliche Sachen. Hingegen versteht man in Rom Rechte als unkörperliche Sachen; an ihnen gibt es grundsätzlich keine Sachenrechte[15].

C. Die Typen dinglicher Rechte

Wie weit die Herrschaftsbefugnis des dinglich Berechtigten reicht, ergibt sich aus dem Inhalt des Sachenrechtes: Die einzelnen dinglichen Rechte sind durch unterschiedliche Nutzungsmöglichkeiten festgelegt.

> *Bsp 2: Hat Laura Eigentum an einem Weinberg, so kann sie diesen bewirtschaften, aber etwa auch veräußern. Hat Laura hingegen die Servitut des Nießbrauches (USUSFRUCTUS) an diesem Weinberg, so steht ihr nur die Bewirtschaftung zu, nicht aber die Veräußerung. Hat sie ein Pfandrecht, dann darf sie den Weinberg zwar nicht bewirtschaften, aber unter Umständen veräußern.*

Die dinglichen Rechte erscheinen auch in Rom als inhaltlich typisierte Berechtigungen: Eigentum *(DOMINIUM, PROPRIETAS)*, Dienstbarkeiten *(SERVITUTES)*, Pfandrecht *(PIGNUS)*, Erbpacht *(EMPHYTEUSIS)* und Erbbaurecht *(SUPERFICIES)*.

Andere dingliche Rechte können im Rechtsverkehr nicht geschaffen werden (Typenzwang). Die Zahl der dinglichen Rechte ist damit ebenfalls begrenzt; man spricht deshalb auch vom Numerus clausus der Sachenrechte[16].

Jeder dieser Typen kommt bei den Römern in Form einer *ACTIO IN REM* zur Geltung:

das Eigentum in der *REI VINDICATIO,*

die Dienstbarkeiten in der *VINDICATIO SERVITUTIS,*

das Pfandrecht in der *VINDICATIO PIGNORIS (= ACTIO PIGNERATICIA IN REM),*

die Erbpacht in der *REI VINDICATIO UTILIS* und

das Erbbaurecht in einer *ACTIO DE SUPERFICIE.*

---

[15]   Eine Ausnahme von diesem Grundsatz bildet etwa die Möglichkeit, ein Pfandrecht an einem Recht zu begründen – sog *PIGNUS NOMINIS.*

[16]   Die modernen Rechtsordnungen kontinentaleuropäischen Zuschnitts folgen bei ihrer Konzeption der Sachenrechte im Wesentlichen der römischen Typik.

Wiederholungsfragen

1. Womit beschäftigt sich das Sachenrecht?

2. Was ist ein Rechtsobjekt, was ein Rechtssubjekt?

3. Was versteht man unter Rechtsfähigkeit, was unter Handlungsfähigkeit?

4. Welche Unterschiede bestehen hinsichtlich der Rechtsfähigkeit zwischen römischem und geltendem Recht?

5. Welche Aspekte umfasst die Handlungsfähigkeit?

6. Welche Personen betrachtet das römische Recht als gewaltunterworfen? Sind gewaltunterworfene Personen (immer) unfrei?

7. Was ist eine juristische Person? Inwiefern ist das Konzept der juristischen Person im römischen Recht verwirklicht?

8. Welche Altersstufen sind für die Handlungsfähigkeit im römischen Recht von Bedeutung?

9. Welche Umstände sind neben dem Alter für die Handlungsfähigkeit relevant?

10. Was versteht man unter einem *NEGOTIUM CLAUDICANS*?

11. Was ist das Spezifische eines dinglichen Rechts?

12. Welche rechtliche Bedeutung hat die Unterscheidung von körperlichen und unkörperlichen Sachen?

13. Welche dinglichen Rechte gibt es?

14. Was versteht man unter Typenzwang?

15. Was bedeutet Numerus clausus der Sachenrechte?

[handwritten in left margin: Bei nur im En tehpropagat erlaubt!]

II. BESITZ

A. Sachenrechte und Besitz

1. Sachenrechte sind Herrschaftsrechte an Sachen. Folgende Merkmale prägen das Wesen des dinglichen Rechts:

a. Es gewährt dem Berechtigten – in umfassender oder beschränkter Weise – den Genuss einer Sache.

b. Es ist ein absolutes Recht, dh es gilt nicht ausschließlich gegen eine bestimmte Person (oder Personengruppe), sondern gegen jedermann.

c. Es kann mit einer dinglichen Klage – römisch *ACTIO IN REM* – geltend gemacht werden.

2. Besitz – *POSSESSIO* – ist gewollte faktische Sachherrschaft. *[handwritten above: Definition]*

Wie beim dinglichen Recht geht es beim Besitz um die Beziehung einer Person zu einer Sache, jedoch ist Besitz kein Recht, sondern faktische, also auf der Ebene des Tatsächlichen betrachtete, Sachherrschaft.

Der Besitzer hat eine Sache (Faktum), dem Eigentümer aber gehört sie (Recht). Die bloße Tatsache des Besitzes lässt die Frage offen, ob der Besitzer auch eine dingliche Berechtigung an der Sache hat.

Neben den dinglichen Rechtsbehelfen gibt es einen eigenen Besitzschutz: in bestimmten Fällen wird schon der Besitz von der Rechtsordnung durch Interdikte[1] geschützt – freilich insofern vorläufig, als damit die Frage nach einer dinglichen Berechtigung noch nicht entschieden wird.

Umgangssprachlich werden Besitz und Eigentum oft nicht unterschieden: So spricht man etwa vom „Hausbesitzer" oder „Firmenbesitzer", selbst wenn der Eigentümer gemeint ist.

---

[1] Zu den Besitzinterdikten siehe unten E.

Vgl Bsp 1: Der Dieb Hektor, der Midas die Vase gestohlen hat, erwirbt Besitz, nicht aber Eigentum. Dasselbe gilt schließlich für den Kunsthändler Leander.

Die Tatsache des Besitzes ist freilich häufig entscheidend für den Erwerb, Bestand und Verlust von Sachenrechten. Diesem Grund verdankt der Besitz seine eigenständige, den Sachenrechten systematisch vorgelagerte Behandlung.

B. Rechtliche Bedeutung des Besitzes

Zu den wesentlichen Aufgaben jeder Rechtsordnung gehört die Konfliktvermeidung. Für die Frage, wer eine Sache genießen darf, kommt dem Besitz in zweifacher Hinsicht Bedeutung zu.

1. Im Streit um die Sache hat der Besitzer die günstigere Position: Er ist erst dann verpflichtet, den Gegenstand dem Kläger zu überlassen, wenn dieser ein Recht an der Sache nachweist, auf Grund dessen sie ihm zusteht.

2. Die faktische Sachherrschaft dient mehrfach als Ansatzpunkt für den Erwerb eines dinglichen Rechts am Gegenstand:

a. Wer den Besitz an einer Sache übergeben erhält – *TRADITIO* – erwirbt Eigentum, wenn die Übergabe auf Grund eines geeigneten Rechtsgeschäfts und durch einen befugten Veräußerer erfolgt[2].

b. Wer eine Sache, die niemandem gehört, in Besitz nimmt, wird ihr Eigentümer – *OCCUPATIO*[3].

c. Wer eine Sache vom Nichtberechtigten bekommen hat, wird durch einen mehrfach qualifizierten, bestimmte Zeit andauernden Besitz ihr Eigentümer – *USUCAPIO*[4].

---

[2]   Siehe dazu unten VII.

[3]   Siehe dazu unten IX.

[4]   Diese Charakterisierung lässt die Ersitzung bei Vorliegen eines Formmangels und die *USUCAPIO PRO HEREDE* außer Betracht. Zur *USUCAPIO* siehe unten VIII.

C. Tatbestand des Besitzes

Ob und wann jemand Besitz hat, prüfen die römischen Juristen nach zwei Kriterien: Die Tatbestandselemente des Besitzes sind *ANIMUS* und *CORPUS*.

1. Der *ANIMUS* ist der Besitzwille *(ANIMUS POSSIDENDI)*; der (Eigen-)Besitzwille besteht in der Absicht, eine Sache für sich zu haben *(ANIMUS REM SIBI HABENDI)*.

2. Das *CORPUS*[5] bedeutet eine Herrschaftsbeziehung zur Sache.

Erfüllt eine Person beide Voraussetzungen im Hinblick auf eine körperliche Sache, dann besitzt sie diese. Für die Frage des Besitzes sind also immer die beiden Elemente *ANIMUS* und *CORPUS* zu prüfen.

> *Beachte: Auch im Deutschen sind nur solche Formulierungen korrekt, die bei den lateinischen Ausdrücken richtige Endungen verwenden: „Nach römischem Recht wird Besitz CORPORE ET ANIMO erworben/aufrecht erhalten", oder „nach römischem Recht wird Besitz durch CORPUS und ANIMUS erworben/aufrecht erhalten".*

Die mit *CORPUS* angesprochene Herrschaftsbeziehung kann sich, muss sich aber nicht in konkreten Herrschaftsakten mit körperlichem Kontakt zur Sache manifestieren; dem Erfordernis des *CORPUS* genügt es auch, wenn sich der Gegenstand bloß im Herrschaftsbereich einer Person befindet, sofern diese Person eine realistische Chance hat, ihre Herrschaft in einzelnen Akten zu konkretisieren und ungestört auszuüben[6].

> *Bsp 3: Der Bauer Rusticus hat Besitz nicht nur an den Kleidern, die er trägt (konkrete Herrschaft), sondern auch am Vieh, das auf seiner Weide grast (Herrschaft im Sinne der Möglichkeit, einen körperlichen Kontakt zur Sache herzustellen).*

Da die Herrschaftsbeziehung (va beim Besitzerwerb) eine gewisse Nähe zur Sache erfordert, charakterisiert man das *CORPUS* manchmal als körperliches Naheverhältnis.

---

[5]   Die Quellen sprechen nicht von *CORPUS* als selbstständigem Begriff, umschreiben aber eine faktische Sachherrschaft mit *CORPORE POSSIDERE*.

[6]   Vgl etwa Paulus D 41.2.1.21 (Case 4): Der Erwerb muss nicht durch einen körperlichen Ergreifungsakt – *CORPORE ET TACTU* – bewirkt werden, sondern es genügt auch, dass die Sache in den Gesichtskreis des Erwerbswilligen gelangt, womit dessen Zugriff möglich wird – *OCULIS ET AFFECTU*. Siehe dazu unten III.G.

D. Eigenbesitz und Fremdbesitz; Besitzmittlung und Besitzdienerschaft

1. Besitz, der auf dem Willen beruht, eine Sache für sich zu haben, ist Eigenbesitz. Der Eigenbesitzwille heißt *ANIMUS REM SIBI HABENDI.*

> *Beachte: Wenn Quellen und Literatur von POSSESSIO bzw Besitz (im römischen Recht) sprechen, meinen sie meist Eigenbesitz.*

> *Vgl Bsp 3: Rusticus will sowohl die Kleider, die er trägt, als auch das Vieh auf der Weide für sich haben. Auf Grund der Sachherrschaft und des Eigenbesitzwillens ist er Eigenbesitzer.*

2. Der *POSSESSOR* muss das *CORPUS* nicht selbst ausüben, vielmehr kann er es durch die Sachherrschaft eines anderen herstellen und aufrecht erhalten. Der andere hat die Sache inne, will sie aber nicht für sich, sondern für den *POSSESSOR* beherrschen.

> *Bsp 4: Rusticus verpachtet seinen Acker an Lea. Nun übt die Pächterin Lea für Rusticus die Sachherrschaft aus. Rusticus will den Acker besitzen (ANIMUS) und hat CORPUS durch die Pächterin Lea. Rusticus ist somit Eigenbesitzer des Ackers.*

> *Die römischen Juristen umschreiben die Gewahrsame des anderen häufig mit Verben wie HABERE oder TENERE. Gebräuchlich ist hiefür auch der Ausdruck NATURALIS POSSESSIO.*

> *Beachte: Die NATURALIS POSSESSIO stellt, obwohl bisweilen POSSESSIO genannt, keinen Eigenbesitz dar, sondern Fremdbesitz (bei gewaltfreien Inhabern) oder Besitzdienerschaft (bei gewaltunterworfenen Inhabern).*

a. Gewaltfreie Inhaber: Besitzmittler

Ist die andere Person gewaltfrei, so steht sie zum *POSSESSOR* im Verhältnis der Detention, auch Besitzmittlung genannt. Typische Detentoren sind etwa Mieter, Pächter, Prekarist[7], Leihnehmer oder Verwahrer.

Ein Gewaltfreier, der Sachherrschaft nicht mit Eigenbesitzwillen, sondern für eine andere Person ausübt, hat Fremdbesitz. Der Fremdbesitzwille heißt *ANIMUS REM ALTERI HABENDI.*

---

7   Zum *PRECARIUM* siehe unten Fn 9.

b. Gewaltunterworfene Inhaber: Besitzdiener

Ist der Inhaber dem *POSSESSOR* gewaltunterworfen[8], dann gilt er für die römischen Juristen nicht einmal als Detentor, sondern als bloßer Besitzdiener. Dies entspringt der Rechtsauffassung, dass ein Gewaltunterworfener gleichsam die verlängerte Hand seines Gewalthabers darstellt. Bedient sich ein Gewalthaber als *POSSESSOR* nun seiner verlängerten Hand, dann erscheint der Besitz ihm nicht vermittelt, sondern als sein unmittelbarer.

> *Bsp 5: Achilles, der Sklave des Rusticus, treibt dessen Schafe zum Markt; Achilles fungiert dabei als Besitzdiener des Rusticus. Durch Achilles hat Rusticus unmittelbaren Eigenbesitz an den Schafen.*

3. Nimmt der Besitzer die Sachherrschaft nicht mittels eines anderen Gewaltfreien, sondern selbst oder durch einen Besitzdiener wahr, dann hat er unmittelbaren Eigenbesitz.

Hingegen ist der Besitz des *POSSESSOR* bei Detention bloß ein mittelbarer; der Detentor hat dabei unmittelbaren Fremdbesitz.

> *Vgl Bsp 1: Mit Übergabe der Vase an Midas wird dieser unmittelbarer Fremdbesitzer für Clara, denn Midas hat unmittelbare Sachgewalt und – als Verwahrer – Fremdbesitzwillen (für Clara); Clara hat unverändert Eigenbesitzwillen, seit der Übergabe an Midas freilich nicht mehr unmittelbare, sondern mittelbare Sachgewalt. Daher ist Clara mittelbare Eigenbesitzerin.*
>
> *Der Diebstahl des Hektor beendet sowohl die POSSESSIO (Eigenbesitz) der Clara als auch die Detention (Fremdbesitz) des Midas: Das Ergreifen der Sache in Bereicherungsabsicht macht den Dieb Hektor zum POSSESSOR, denn er hat Eigenbesitzwillen und Sachgewalt.*

E. Fehlerfreier (echter) Besitz: *IUSTA POSSESSIO*

Rechtmäßiger Besitz: *POSSESSIO EX IUSTA CAUSA*

Es handelt sich jeweils um eine Qualifikation, welche die faktische Sachherrschaft des *POSSESSOR* rechtlich stärkt. Der *POSSESSOR* hat dadurch eine rechtlich günstigere Position als jemand, dem solche Qualifikationen fehlen.

---

[8]   Zu den Gewaltunterworfenen gehören Sklaven, Hauskinder und die Ehefrau in der Manus-Ehe. Zum Besitzerwerb durch Gewaltunterworfene siehe unten III.J.

1. **Fehlerfreier Besitz** spielt im sog Interdiktenverfahren eine Rolle. Man spricht daher auch von *POSSESSIO AD INTERDICTA*.

a. Besitzinterdikte sind vom Prätor, dem obersten römischen Justizorgan, befohlene Verhaltensmaßnahmen im Einzelfall: Grundsätzlich richten sie sich gegen eigenmächtigen Entzug oder Störung des Besitzes. Ihr Ziel ist es, eine handgreifliche Eskalation des zwischen zwei Personen drohenden oder bereits ausgebrochenen Streits um eine Sache zu verhindern.

■ Voraussetzung für den Interdiktenschutz ist fehlerfreier Besitz – *IUSTA POSSESSIO:* Fehlerfrei besitzt, wer die Sache von der anderen Streitpartei nicht durch Gewalt – *NEC VI* –, nicht durch heimliches Entziehen – *NEC CLAM* – und nicht zum Prekarium[9] – *NEC PRECARIO* – erhalten hat.

> *Der Formelabschnitt, der den fehlerhaften Besitzer vom Interdiktenschutz ausnimmt, heißt EXCEPTIO VITIOSAE POSSESSIONIS[10].*

■ Wer fehlerfreien (= echten) und wer fehlerhaften (= unechten, vitiösen) Besitz hat, wird im Interdiktenverfahren jeweils nur im Verhältnis der beiden Streitparteien beurteilt. Die Frage nach *IUSTUS* oder *INIUSTUS POSSESSOR* stellt sich nie allgemein, sondern immer bloß mit Blick auf den anderen, der die Sache ebenfalls beansprucht. Darin liegt die sog Relativität des Besitzschutzes: Betrachtet wird allein, ob der eine gegenüber dem anderen – *ALTER AB ALTERO* – fehlerfrei oder fehlerhaft besitzt.

> *Die Entscheidung in diesem sog possessorischen Verfahren hat daher bloß vorläufigen Charakter, während die Geltendmachung des Rechts an der Sache dem sog petitorischen Verfahren (ACTIONES IN REM) vorbehalten bleibt[11].*

b. Geschützt wird der fehlerfreie Besitzer durch Interdikte, die Gewaltanwendung gegen ihn verbieten (sog prohibitorische Interdikte), sowie durch solche, die dem Gegner die Rückgabe der Sache auftragen (restitutorische Interdikte).

---

[9]   Das *PRECARIUM* (Bittleihe) ist die unentgeltliche, jederzeit widerrufbare Überlassung einer Sache zum Gebrauch. Im Gegensatz zum Leihevertrag – *COMMODATUM* –, der schuldrechtliche Klagen für beide Parteien vorsieht, verstehen die Römer das *PRECARIUM* als faktisches Verhältnis und nicht als Vertrag.

[10]   Zur prozessualen Figur der *EXCEPTIO* siehe unten in X.E.und X.J.

[11]   Siehe dazu unten X.

- Prohibitorische – verbietende – Besitzinterdikte bestehen im Kern aus dem Verbot, Gewalt zu üben: *„VIM FIERI VETO"* befiehlt der Prätor: „Ich untersage die Anwendung von Gewalt".

Das prohibitorische Besitzinterdikt schützt die *POSSESSIO* des fehlerfreien Besitzers gegen allfällige Besitzerwerbsversuche seines Gegners. Diesem gegenüber darf der *IUSTUS POSSESSOR* seinen Besitz verteidigen, uU mit Gewalt: Besitzwehr.

> *Bsp 6: Leo ist seiner Nachbarin Thisbe übel gesonnen und droht ernsthaft, sie demnächst von ihrer Landwirtschaft zu vertreiben. Wenn Thisbe unter dem Eindruck von Leos Drohung ein Besitzinterdikt erwirkt, dann wird damit jede Gewaltanwendung gegen die fehlerfreie Besitzerin untersagt – VIM FIERI VETO – und die POSSESSIO der Thisbe geschützt; ihr Besitz stellt sich gegenüber Leo als IUSTA POSSESSIO dar, weil sie das Grundstück im Verhältnis zu Leo ohne Fehler – NEC VI NEC CLAM NEC PRECARIO – besitzt.*

Ist der *POSSESSOR* jedoch *INIUSTUS* – hat er die Streitsache von seinem Gegner also durch *VIS* oder *CLAM* oder auf Grund eines *PRECARIUM* –, dann nützt ihm das Interdikt nicht, denn diese Fälle nimmt das Interdikt ja vom Gewaltverbot aus. Damit ist dem fehlerhaften Besitzer geboten zuzulassen, dass sein Gegner die Sache an sich nimmt: Besitzkehr[12].

> *Bsp 7: Leo dringt tatsächlich in das Grundstück seiner Nachbarin Thisbe ein und vertreibt sie von dort. Leo ist nun zwar Besitzer, besitzt im Verhältnis zu Thisbe aber fehlerhaft, nämlich VI. Deshalb schützt das mit VIM FIERI VETO ausgedrückte Friedensgebot des Prätors die POSSESSIO des Leo gegenüber Thisbe nicht – selbst wenn Thisbe Gewalt anwendet, um wieder in Besitz des Grundstücks zu gelangen. Dabei gilt der Grundsatz VIM VI RE-PELLERE LICET – Gewalt darf mit Gewalt abgewehrt werden.*

- Den gleichen Mechanismus setzen die neben den prohibitorischen Interdikten *(VIM FIERI VETO)* bestehenden restitutorischen Interdikte in Gang. Bei den restitutorischen Interdikten wird aufgetragen, die Sache zurückzugeben: *RESTITUAS* – „du sollst zurückstellen" – befiehlt der Prätor.

Dieser Rückgabebefehl wird aber ebenfalls durch eine *EXCEPTIO VITIOSAE POSSESSIONIS* entkräftet: Der Gegner kann die Restitution

---

[12]   Besitzwehr wie Besitzkehr gehören zu den relativ wenigen Fällen, in denen das entwickelte römische Recht eigenmächtige Rechtsdurchsetzung gestattet.

[handwritten: VERGLEICH: FEHLERHAFTER BESITZ ! RELEVANT / RECHTMÄßIGER / . IUSTA / CLARA — LEANDER — MIT INTERDIKT SCHÜTZEN! (besitzt fehlerfrei)]

einer Sache nicht verlangen, die er selbst *VI, CLAM* oder *PRECARIO* von dem erlangt hat, der sie nun erneut besitzt.

> *Vgl Bsp 1: Die Eigentümerin Clara kann die Vase vom Kunsthändler Leander nicht durch ein Besitzinterdikt erlangen, denn Leander besitzt ihr gegenüber fehlerfrei. Überwältigt Clara Leander in dessen Geschäft und nimmt sie die ihr gehörende Vase mit, so kann sich Leander durch ein Interdikt schützen: Clara besitzt gegenüber Leander VI – durch Gewalt –, Leander war gegenüber Clara aber ein IUSTUS POSSESSOR; daher wirkt das Interdikt zu Gunsten von Leander und zu Lasten von Clara[13].*

> *Erfolgreich hätte Clara ein Interdikt bloß gegen den Dieb Hektor anstellen können, denn dieser besaß ihr gegenüber CLAM – durch heimliches Entwenden.*

> *Variante: Wird der Dieb, als er die gestohlene Vase bei sich hat, beraubt, dann genießt er gegenüber dem Räuber Besitzschutz; dass er die Vase selbst gestohlen hat, spielt hier keine Rolle; im Verhältnis zum Räuber hatte er fehlerfreien Besitz, der Räuber aber besitzt ihm gegenüber fehlerhaft.*

c. Die allgemeinen Besitzinterdikte kommen jedoch nicht bloß dem Eigenbesitzer zugute, sondern überdies bestimmten Fremdbesitzern:

Erbpächter[14], Prekarist, Pfandgläubiger[15] und Sequester[16] können ihre Sachgewalt über den betreffenden Gegenstand mit Hilfe der Besitzinterdikte verteidigen oder die Gewahrsame am Gegenstand wiedererlangen.

2. **Rechtmäßiger Besitz** liegt vor, wenn der Besitz auf Grund einer *IUSTA CAUSA* erlangt wurde. Man spricht deshalb von *POSSESSIO EX IUSTA CAUSA;* sie heißt auch *POSSESSIO CIVILIS*.

IUSTA CAUSA in diesem Sinn ist jedes auf Übereignung abzielende Geschäft – zB Kauf, Schenkung, Darlehen oder Bestellung der Mitgift *(DOS)*.

Solch ein Grundgeschäft kann die *POSSESSIO* in zweifacher Hinsicht aufwerten:

---

[13] Freilich hätte Clara ihr dingliches Recht an der Vase gegen den Besitzer Leander durch eine *ACTIO IN REM* (petitorisches Verfahren) geltend machen können.

[14] Siehe unten XI.

[15] Siehe unter XII.

[16] Der *SEQUESTER* – auch Streitverwahrer genannt – verwahrt eine Sache, um die zwei andere prozessieren, und hat die Pflicht, sie dem Prozesssieger auszufolgen.

a. Hat der *POSSESSOR* die Sache auf Grund einer *IUSTA CAUSA TRADITIONIS* vom befugten Veräußerer tradiert erhalten, so ist er zugleich Eigentümer der Sache geworden.

> *Vgl Bsp 1: Der Kunsthändler Leander hat die Vase vom Altwarenhändler Ago gekauft und tradiert erhalten. Leander hat an der Vase rechtmäßigen Besitz, denn der Kauf ist eine IUSTA CAUSA TRADITIONIS. (Dasselbe gilt vorher für Ago, sofern dieser nicht als Hehler gemeinsame Sache mit dem Dieb Hektor macht.)*

> *Hingegen gab es für die POSSESSIO des Diebes Hektor keine CAUSA, der Besitz Hektors war also nicht rechtmäßig.*

> *Leander erlangt zwar rechtmäßigen Besitz, aber kein Eigentum an der Vase, weil sein Vormann – der Altwarenhändler Ago – weder Eigentümer war noch eine Ermächtigung hatte, über die Vase zu verfügen[17].*

> *Variante: Leander kann Eigentum an der Vase erwerben, wenn er die Vase von der Eigentümerin Clara kauft und tradiert erhält; auf Grund der IUSTA CAUSA verschafft die TRADITIO vom berechtigten Vormann dem Erwerber Leander Eigentum.*

b. Hat der *POSSESSOR* die Sache auf Grund einer *IUSTA CAUSA USUCAPIONIS* von einem zur Sachverfügung nicht ermächtigten, also unbefugten Veräußerer tradiert erhalten, dann kann der *POSSESSOR* unter Umständen durch Ersitzung Eigentum erwerben – *USUCAPIO*.

> *Vgl Bsp 1: Leander kann auf eine IUSTA CAUSA verweisen und erfüllt damit eine Voraussetzung der USUCAPIO. Allerdings lässt ein anderer Umstand die Ersitzung scheitern: Eine gestohlene Sache – RES FURTIVA – kann nicht ersessen werden[18].*

F. Exkurs: *FURTUM*

Wer sich unbefugt und in Bereicherungsabsicht einer fremden, beweglichen Sache bemächtigt, begeht ein *FURTUM.* / Diebstahl /

1. Der moderne Begriff des Diebstahls entspricht auch dem Kern des römischen *FURTUM;* freilich haben die Römer das *FURTUM* als einen relativ weit reichenden Tatbestand aufgefasst und damit Falltypen abgedeckt, die nach moderner Doktrin als eigene Deliktstypen neben dem Diebstahl stehen (zB Veruntreuung oder Unterschlagung).

---

[17]   Zum Eigentumserwerb durch *TRADITIO* siehe unten VII.B.

[18]   Siehe dazu unten VIII.C.2. und VIII.D.

Bsp 8: Wer etwa eine ihm anvertraute fremde Sache unbefugt in Berei-
cherungsabsicht veräußert, begeht eine Veruntreuung. Wenn Iris ihre Vase
Diogenes zur Verwahrung gibt, Diogenes aber diese unbefugt an Festus
verkauft und übergibt, begeht er ein FURTUM.

Bsp 9: Wer etwa eine fremde Sache findet und in Bereicherungsabsicht be-
hält, macht sich nach moderner Auffassung einer Unterschlagung schuldig.
Wenn Agathe einen goldenen Armreifen Carfinias findet und für sich be-
hält, begeht sie ein FURTUM.

2) Wesentlich für das *FURTUM* ist, dass sich jemand einen Vermögenswert zuwendet, von dem er weiß, dass er nicht ihm, sondern einem anderen zusteht:

a. Der Dieb – *FUR* – handelt mit der Absicht, sich zu bereichern.
Solch eine Absicht der unerlaubten Bereicherung bezeichnen die
Römer (wie den Schädigungsvorsatz) als *DOLUS MALUS*, kurz *DOLUS*
genannt.

Das *FURTUM* setzt *DOLUS* voraus; wenn die Bereicherungsabsicht
nicht gegeben ist, liegt kein Diebstahl vor.

Beachte den korrekten Ausdruck im Deutschen: Der Dieb handelt mit
DOLUS, also handelt er dolos.

b. Diese Absicht kommt einem *ANIMUS REM SIBI HABENDI* gleich.
Sie führt aber erst dann zu einem *FURTUM,* wenn sie sich durch
einen nach außen erkennbaren Akt der Bemächtigung manifestiert.
Geschieht dies, so sind zugleich die Besitzerwerbserfordernisse
ANIMUS und *CORPUS* erfüllt: Der Dieb ist *POSSESSOR*[19].

Beachte: Der bloße Willensentschluss, sich unbefugt einer Sache zu be-
mächtigen, ist noch kein FURTUM – selbst wenn sich die Sache bereits
in der Gewahrsame dessen befindet, der sie für sich haben will. Erst
wenn dieser Wille durch ein äußeres Verhalten erkennbar wird, liegt ein
FURTUM vor. Fasst etwa der Verwahrer den Entschluss, sich die bei ihm
hinterlegte Sache anzueignen, so liegt allein darin noch kein FURTUM;
dieses ist erst gegeben, wenn er die Sache in furtiver Absicht beiseite
schafft[20]*.*

---

[19]   Seine *POSSESSIO* ist freilich unrechtmäßig, da sie nicht auf einer *IUSTA CAUSA*
beruht, und gegenüber demjenigen, dem er den Besitz entzogen hat, fehlerhaft.
Siehe dazu oben E.

[20]   Vgl Paulus (Sabinus, Cassius) D 41.2.3.18 (Case 16).

c. Auch in Rom gibt es Diebstahl nur an beweglichen Sachen.

Spezielle Rechtsvorschriften knüpfen aber bisweilen an den Entzug unbeweglicher Sachen die gleichen Rechtsfolgen wie an den Diebstahl beweglicher. So ist etwa ein gewaltsam entzogenes Grundstück nach den LEGES IULIAE ET PLAUTIAE ebenso unersitzbar wie furtive Sachen nach der LEX ATINIA[21].

2. Auf Grund des *FURTUM* können zwei verschiedene Klagen erhoben werden: die pönale *ACTIO FURTI* und die sachverfolgende *CONDICTIO FURTIVA*.

a. Die *ACTIO FURTI* verkörpert ein Recht auf Buße, daher nennt man sie eine Pönalklage.

Der Bußbetrag ist in Rom nicht dem Staat, sondern dem Bestohlenen zu entrichten. Bei offenem Diebstahl *(FURTUM MANIFESTUM)* hat der Dieb das Vierfache des Werts der gestohlenen Sache zu leisten, bei geheimem *(FURTUM NEC MANIFESTUM)* das Doppelte.

b. Die *CONDICTIO FURTIVA*[22] ist eine sachverfolgende (reipersekutorische) Klage. Sie zielt darauf ab, dass der Dieb dem Bestohlenen die gestohlene Sache zurückgibt oder deren (einfachen) Wert ersetzt.

Beachte: Die CONDICTIO FURTIVA ist auf eine Sachverfolgung gegen den Dieb beschränkt. Dritte, die den gestohlenen Gegenstand besitzen, mit dem Diebstahl aber nichts zu tun haben, können mit dieser Klage nicht belangt werden, denn sie hat keinen dinglichen Charakter.

Die CONDICTIO FURTIVA greift selbst dann noch ein, wenn der Dieb die Sache nicht mehr besitzt, ja diese gar nicht mehr existiert.

Mit der Eigentumsklage – REI VINDICATIO[23] – kann der Eigentümer ebenfalls die Sache verfolgen. Sie hat den Vorteil, sich gegen jeden Sachbesitzer zu richten; allerdings kann sie – anders als die CONDICTIO FURTIVA – überhaupt nur erhoben werden, wenn die Sache noch existiert.

---

[21]   Siehe dazu unten VIII.C.2. und VIII.D.

[22]   Bisweilen nennt man sie *CONDICTIO EX CAUSA FURTIVA*.

CONDICTIONES sind (abgesehen von vertraglichen aus Stipulation und Darlehen) Klagen wegen ungerechtfertigter Bereicherung. Ihr Tatbestand verlangt eine Leistung – also eine bewusste Vermögenszuwendung –, die bereichernd wirkt.

Die *CONDICTIO FURTIVA* bildet unter den Bereicherungskondiktionen insofern eine Ausnahme, als sie eine Bereicherung rückgängig macht, die nicht auf einer Leistung beruht: Der Bestohlene hat ja nicht an den Dieb geleistet.

[23]   Siehe dazu unten X.D.

c. Pönale und sachverfolgende Klagen können zusammen angestellt werden. Man nennt dies eine Häufung oder Kumulation von Klagen.

Somit ist es auf Grund eines *FURTUM* möglich, die *ACTIO FURTI* und die *CONDICTIO FURTIVA* zu häufen.

> *Als sachverfolgende Klage steht die CONDICTIO FURTIVA in Konkurrenz zur REI VINDICATIO. Ist der Bestohlene noch Eigentümer der gestohlenen Sache, so muss er sich vor dem Prätor für eine der beiden Klagen entscheiden.*

d. Primär genießt der Eigentümer, dem seine Sache unbefugt in Bereicherungsabsicht weggenommen wird, auf Grund des *FURTUM* Rechtsschutz.

Darüber hinaus sind aber noch andere Personen zu Klagen aus dem *FURTUM* aktiv legitimiert.

> *Dazu gehört etwa der Pfandgläubiger, dem die Pfandsache gestohlen wird[24]; er hat zwar nicht Eigentum, wohl aber ein beschränktes dingliches Recht und ein vitales wirtschaftliches Interesse an der Pfandsache: Daher wird ihm die ACTIO FURTI gegen den FUR gewährt.*

> *Ebenfalls zu Diebstahlsklagen legitimiert sind Inhaber fremder Sachen, die auf Grund des Detentionsverhältnisses die Pflicht haben, für einen Diebstahl der Sache einzustehen – etwa der Wäscher für die zur Reinigung übernommene Wäsche; da sie ihrem Vertragspartner bei einem FURTUM Ersatz leisten müssen, steht ihnen, sofern sie zahlungsfähig sind, die pönale ACTIO FURTI zu; die sachverfolgende CONDICTIO FURTIVA steht dagegen auch in solchen Fällen dem Eigentümer zu (der sie aber an den bestohlenen Inhaber abzutreten hat, wenn dieser ihm Schadenersatz leistet).*

---

[24] Vgl Paulus (Cassius) D 41.3.4.21 (Case 74); siehe dazu unten VIII.D.

Wiederholungsfragen

1. Was ist Besitz?

2. Was sind die Erfordernisse des Besitzes?

3. Welche Rolle spielt der Besitz für die Sachenrechte?

4. Welche Funktion hat die *EXCEPTIO VITIOSAE POSSESSIONIS*?

5. Was bedeutet die Relativität des Besitzschutzes?

6. Was versteht man unter Eigenbesitz, was unter Fremdbesitz?

7. Wer ist Besitzmittler, wer Besitzdiener?

8. Wofür ist die Rechtmäßigkeit des Besitzes von Bedeutung?

9. Was bezwecken die Besitzinterdikte? Wie verfolgen sie diese Zwecke?

10. Welche Besitzposition hat der Dieb?

11. Welche Klagen können auf Grund eines *FURTUM* erhoben werden? Worauf gehen sie?

12. Was versteht man unter *DOLUS* beim *FURTUM*?

III. BESITZERWERB

A. Allgemeines

Die *POSSESSIO* beruht auf den Tatbestandselementen *ANIMUS* und *CORPUS*.

1. Der *ANIMUS* im Sinne des Eigenbesitzes ist gegeben, wenn Eigenbesitzwille vorliegt.

2. Das *CORPUS* verlangt eine faktische Herrschaft über die Sache. Diese Herrschaft besteht entweder in einem direkten Kontakt zur Sache, oder wenn eine sicher erscheinende Möglichkeit gegeben ist, den körperlichen Kontakt zur Sache herzustellen.

> *Beachte: Das CORPUS kann ohne körperliche Berührung der Sache bestehen. Es reduziert sich im römischen Recht aber nie auf eine bloß symbolische Größe[1].*

Für den Besitzerwerb unterziehen die römischen Juristen beide Tatbestandselemente – *ANIMUS* und *CORPUS* – einer strengeren Prüfung als für die Erhaltung des Besitzes.

Dies liegt am Wechsel der Sachzugehörigkeit, den der Besitzerwerb mit sich bringt. Im Sinne der Konfliktvermeidung muss gerade dieser Wechsel einem griffigen, gut kalkulierbaren und publizitätswirksamen Reglement unterliegen.

Ist die *POSSESSIO* aber einmal eingerichtet, dann kann sie forthin gelten, ohne dass *ANIMUS* und *CORPUS* eines dauernden, manifesten Nachweises bedürften.

> *Beachte: Dieser Unterschied im Anforderungsprofil ist offenbar der Grund, dass beim Besitzerwerb auf den Faktor CORPUS nie verzichtet wird. Dies gilt auch für die – unscharf so bezeichneten – Besitzerwerbsarten SOLO ANIMO: Die Erwerbsarten TRADITIO BREVI MANU[2] und*

---

[1] Die Römer lehnen eine Besitzübergabe bloß durch Zeichen oder Urkunden *(TRADITIO PER CARTAM),* ja jede fingierte Übergabe *(TRADITIO FICTA)* ab.

[2] Siehe dazu unten H.1.

CONSTITUTUM POSSESSORIUM[3] *betonen zwar den ANIMUS, sehen aber auch CORPUS vor.*

Besitzerhaltung hingegen wird manchmal noch nach Verlust des CORPUS, also bloß auf Grund des Besitzwillens – SOLO ANIMO – anerkannt.

B. Besitzerwerb und Geschäftsfähigkeit

Da der Besitzerwerb meist mit dem Erwerb dinglicher Rechte zusammenhängt, gesteht die Rechtsordnung die Bildung eines rechtserheblichen Besitzwillens nur entsprechend einsichtsfähigen Personen zu. Dabei wird die Grenze grundsätzlich mit der Geschäftsfähigkeit gezogen.

Geschäftsfähig ist, wer durch eigenes rechtsgeschäftliches Handeln für sich selbst Rechte erwerben und Pflichten begründen kann.

Wegen ihrer ungenügenden geistigen Kapazität sind Unmündige – *PUPILLI* – und Geisteskranke – *FURIOSI* – weitgehend von einem rechtserheblichen geschäftlichen Handeln ausgeschlossen[4].

Im Einzelfall kann jedoch ein *PUPILLUS,* der über die erforderliche geistige Reife verfügt, auch alleine, ohne Beistand seines Tutors, einen gültigen *ANIMUS POSSIDENDI* bilden.

> *Beachte: Das Problem der Fähigkeit zum Erwerb für sich selbst tritt in Rom nur bei gewaltfreien, also keiner Hausgewalt (PATRIA POTESTAS, MANUS, MANCIPIUM) unterworfenen Personen auf. Solange jemand unter Hausgewalt steht, kann er für sich nichts erwerben.*

Paulus (Ofilius, Nerva) D 41.2.1.3 (Case 22)

> Paulus formuliert zunächst zur Frage, wer für sich Besitz erwerben kann, dass mangels rechtserheblichen Besitzwillens ein *FURIOSUS* (Geisteskranker) und ein *PUPILLUS* (Unmündiger) ohne Beistand dazu nicht fähig sind.
>
> Er referiert dann die Ansicht zweier älterer Juristen: Ofilius und der jüngere Nerva meinen, da es sich beim Besitzerwerb um eine faktische Angelegenheit handle, könne ein *PUPILLUS* auch selbst, also ohne Beistand *(AUCTORITAS)* seines Tutors Besitz erwerben[5].

---

[3]   Siehe dazu unten H.2.

[4]   Zur Geschäftsfähigkeit siehe oben I.A.2.

[5]   Vgl Marcianus D 41.1.11 (Case 42).

Paulus: Dem sei zu folgen, wenn der *PUPILLUS* bereits eine gewisse geistige Reife *(INTELLECTUS)* erreicht hat.

Ein INTELLECTUS POSSIDENDI ist auch vom Gewaltunterworfenen verlangt, wenn er für den Gewalthaber Besitz erwerben soll. Solch eine Einsichtsfähigkeit muss gegeben sein, obwohl die Juristen bei diesem Erwerb auf den ANIMUS des Gewalthabers abstellen, während es auf einen spezifischen Besitzwillen des Gewaltunterworfenen nicht ankommt. Siehe dazu unten J.

C. Originärer und derivativer Besitzerwerb

Originär erwirbt Besitz, wer ihn aus eigener Machtvollkommenheit, ohne Hilfe eines Vormannes begründet.

Eine Art des originären Besitzerwerbs ist die OCCUPATIO: Unter OCCUPATIO versteht man die Ergreifung von Sachen, die in niemandes Besitz und Eigentum stehen. Solche Sachen werden als RES NULLIUS bezeichnet. Mit dem Okkupationsakt verschafft sich der Ergreifer originär Besitz (und Eigentum) an herrenlosen Sachen.

Beachte: Auch der Dieb erwirbt originär Besitz am Diebsgut, denn seine Besitzposition beruht auf Eigenmächtigkeit, sie leitet sich nicht vom letzten Besitzer her. Freilich hat der Dieb bloß Besitz, Eigentum erlangt er durch das FURTUM nicht.

Derivativ wird Besitz im Zusammenwirken mit einem Vormann erlangt; von diesem übernimmt der Erwerber die Herrschaft über die Sache und erlangt damit Besitz.

Die TRADITIO ist ein Rechtsgeschäft, das zwischen Veräußerer und Erwerber stattfindet: Der Veräußerer überträgt eine Sache aus seinem Besitz an den Erwerber. Der Erwerber erlangt mit Übernahme der Sache vom Veräußerer derivativ Besitz an dieser.

D. Der *ANIMUS*

Der *ANIMUS POSSIDENDI* kann ausdrücklich artikuliert werden; dies geschieht etwa, sobald der Käufer zum Verkäufer sagt, er wolle nun den Kaufgegenstand übernehmen.

Häufig wird der *ANIMUS POSSIDENDI* aber nicht eigens sprachlich zum Ausdruck gebracht, sondern ist aus einer bestimmten Verhaltensweise zu erschließen. So kann etwa der Besitzwille konkludent bereits dadurch zum Ausdruck kommen, dass der Erwerber bestimmte Herrschaftsakte setzt und dadurch das *CORPUS* herstellt (oder ausübt).

Weder die OCCUPATIO des Jägers am Wild noch das FURTUM des Diebes an der fremden Sache werden im Regelfall von einer sprachlichen Artikulation begleitet sein; als zielgerichtete Handlungen lassen sie den jeweiligen ANIMUS POSSIDENDI aber deutlich erkennen.

Die Prüfung, ob ein *ANIMUS POSSIDENDI* vorliegt, erfordert es, zwischen Verpflichtungsgeschäft und Verfügungsgeschäft zu unterscheiden:

1. Ein **Verpflichtungsgeschäft** schafft einen Anspruch einer Person (Gläubiger) gegen eine andere Person (Schuldner) auf ein bestimmtes Verhalten, zu dem sich der Schuldner verpflichtet.

Die Römer charakterisieren diese Ansprüche als Berechtigungen, vom Schuldner ein *DARE* (Hingabe einer Sache), *FACERE* (Tun) oder *PRAESTARE* (allgemein Schulden, Haften, Gewährleisten) zu fordern. Das Zustandekommen des Verpflichtungsgeschäfts (unter Lebenden) setzt die Willensübereinstimmung von Schuldner und Gläubiger voraus.

Ein Paradebeispiel aus dem Kreis römischer Verpflichtungsgeschäfte ist der Kaufvertrag, die EMPTIO VENDITIO. Sie kommt durch bloße Willensübereinstimmung über Ware und Preis zu Stande; weder Urkunden noch eine Sach- oder Geldleistung sind für das Entstehen der Berechtigungen bzw Verpflichtungen von Käufer und Verkäufer erforderlich: Allein auf Grund der Willensübereinstimmung ist der Verkäufer verpflichtet, die Ware zu leisten, und der Käufer, den Kaufpreis zu bezahlen.

Beachte: Durch den Abschluss einer EMPTIO VENDITIO wird weder Besitz noch Eigentum übertragen. Dies geschieht erst beim Vollzug des Kaufs. Die Verpflichtungen aus dem Kauf werden erfüllt, wenn der Käufer den Kaufgegenstand und der Verkäufer das Geld tradiert erhält. Diese TRADITIONES sind Verfügungsgeschäfte.

2. Sachenrechtliche **Verfügungsgeschäfte** sind Rechtsgeschäfte, durch die Inhalt oder Zugehörigkeit von dinglichen Rechten verändert werden.

So wird etwa mit der Begründung eines beschränkten dinglichen Rechts die Herrschaftsbefugnis über eine Sache neu verteilt. Bei der Übertragung eines dinglichen Rechts wird seine Zugehörigkeit geändert.

Meist kommt die sachenrechtliche Verfügung durch das Übertragen von Eigenbesitz *(TRADITIO)* zu Stande. Der Besitzerwerb ist dabei Teil des Verfügungsgeschäfts.

Die *TRADITIO* erfordert eine eigene Willensübereinstimmung zwischen Veräußerer und Erwerber mit dem Inhalt, dass durch den Übertragungsakt Besitz übergehen soll; die Willenskomponente des Erwerbers manifestiert sich im *ANIMUS POSSIDENDI*.

3. Der Wille, Gläubiger eines Verpflichtungsgeschäfts zu sein und der Wille, etwas durch Verfügungsgeschäft zu erwerben, müssen für die Zwecke der juristischen Analyse immer unterschieden werden.

> *Bsp 10: Leo kauft von Melitta am 1. 3. einen Wagen. Wie vereinbart händigt Melitta erst am 15. 3. Leo das Fahrzeug aus. Hier wurde am 1. 3. ein Verpflichtungsgeschäft geschlossen (Kaufvertrag), die Übertragung des Besitzes (Verfügung) findet indes zwei Wochen später statt.*

Wer eine Sache kauft, will sie zweifellos erwerben. Juristisch muss man jedoch den Willen, das Kaufgeschäft abzuschließen, vom Willen, die Sache zu übernehmen – und nur das ist der *ANIMUS POSSIDENDI* – getrennt betrachten.

Diese Unterscheidung entspricht den differenzierten Bedürfnissen des Wirtschaftsverkehrs: Der Kauf schafft das Forderungsrecht auf die Leistung einer Sache; die tatsächliche Leistung, also die Übergabe der Sache, kommt dem Käufer aber häufig erst zu einem späteren Zeitpunkt gelegen – etwa aus Gründen der Lagerhaltung. Zu diesem späteren Zeitpunkt, in dem eben der ANIMUS POSSIDENDI beim Käufer vorliegt, wird die Leistung erbracht, sobald der Käufer die Sache vom Verkäufer tradiert erhält; damit ist der Kauf, was die Sachleistung betrifft, erfüllt.

E. Falltypen zu *ANIMUS*

Die römischen Quellen enthalten relativ wenig Diskussion zum *ANIMUS POSSIDENDI*.

Ulpianus (Trebatius, Labeo) D 18.6.1.2 (Case 11)

Geschildert wird ein Fall, in dem der Käufer von Wein ein bestimmtes Weinfass des Verkäufers (offenbar in dessen Weinkeller) versiegelt. Es fragt sich, ob der Käufer damit Besitz am betreffenden Wein erwirbt.

Dazu gibt es zwei konträre Rechtsansichten[6]: Der spätrepublikanische Jurist Trebatius bejaht den Besitzerwerb des Weinkäufers, der Frühklassiker Labeo und der Spätklassiker Ulpian verneinen ihn.

Der kritische Punkt ist der Erklärungswert der Versiegelungshandlung:

Für Trebatius kommt im Versiegeln klar der *ANIMUS POSSIDENDI* des Käufers zum Ausdruck. Labeo und Ulpian hingegen meinen, das Versiegeln habe den Zweck, ein späteres Austauschen des Weins zu verhindern, stelle aber nicht den Erwerbswillen des Käufers dar. Aus der Ansicht Labeos und Ulpians folgt, dass ein Besitzerwerb durch Versiegeln des Weinfasses mangels *ANIMUS POSSIDENDI* nicht stattfindet.

Die voneinander abweichenden Entscheidungen als Ergebnis polemischer und spitzfindiger Juristenwillkür zu sehen, wäre sicher verfehlt. Vielmehr mag es hier einen unterschiedlichen Entscheidungshintergrund gegeben haben: Die Gepflogenheiten des römischen Weinhandels könnten zur Zeit des Trebatius das Versiegeln von Weinfässern als gleichzeitige Manifestation des Besitzwillens vorgesehen haben; zur Zeit des Labeo und später war es im römischen Weinhandel vielleicht üblich, Versiegeln nur als Akt der Warenaussonderung zu werten, nicht aber als Übernahme des Besitzes.

Da mit der Übertragung von Besitz bei Vorliegen der sonstigen Voraussetzungen (IUSTA CAUSA, Berechtigung des Vormannes) der Eigentumsübergang verbunden ist, könnte auch die Absicht, das Eigentum nicht schon beim Versiegeln übergehen zu lassen, die Entscheidung Labeos beeinflusst haben.

Das *CORPUS* erscheint bei diesem Fall unproblematisch, denn der Käufer erlangt ein körperliches Naheverhältnis zur Sache, ja er berührt sie sogar.

---

[6]   Grundsätzlich ist festzuhalten, dass auch konträre Juristenmeinungen zum Bestand der Normen des römischen Rechts gehören *(IUS CONTROVERSUM)*.

Von einer Juristenkontroverse spricht man korrekterweise aber nur dann, wenn zu demselben Fall, Falltyp oder sonstigen Gegenstand des Rechts abweichende Rechtsmeinungen vertreten werden, nicht aber, wenn sich verschiedene Lösungen auf verschiedene Fälle etc zurückführen lassen. Ebenso liegt keine Kontroverse vor, wenn sich ein Jurist kritisch mit einer älteren Rechtsansicht auseinander setzt, die inzwischen nicht mehr vertreten wird.

Paulus (Alfenus) D 18.6.15(14).1 (Case 7)

Jemand kauft Holzbalken, wohl aus einem größeren Lager; der Käufer markiert bestimmte Balken im Lager des Verkäufers. Der republikanische Jurist Alfenus und der Spätklassiker Paulus entscheiden, dass die vom Käufer angezeichneten Balken als übergeben gelten.

Hier werten die Juristen das Anzeichnen der Balken als klaren Ausdruck des käuferischen *ANIMUS POSSIDENDI*. Diese Rechtsmeinung erscheint unwidersprochen. Möglicherweise hatte sie ihre Grundlage in einem einheitlichen, beständigen Handelsbrauch der römischen Holzhändler, demzufolge das Markieren von gekauften Balken eben dem *ANIMUS POSSIDENDI* Ausdruck verlieh.

Eigene Sachprobleme des *ANIMUS POSSIDENDI* ergeben sich beim Besitzerwerb von Personen, die nicht voll geschäftsfähig sind (siehe oben B.), und beim Besitzerwerb durch Gewaltunterworfene (siehe unten J.).

F. Das *CORPUS*

■ Die Römer verlangen für den Besitzerwerb immer eine reale Herrschaftsbeziehung; so anerkennen sie etwa eine bloß fingierte Übergabe *(TRADITIO FICTA)*, eine Übergabe durch Urkunden- *(TRADITIO PER CARTAM)* oder durch Zeichen nicht als Akt des Besitzerwerbs.

■ Funktion und Eigenart des *CORPUS* lassen bestimmte Faktoren für die Prüfung, ob *CORPUS* vorliegt, als entscheidend hervortreten:

1. Bei derivativem Erwerb kann die Herrschaftsbeziehung des Erwerbers zur Sache schwächer sein als bei originärem. Der derivative Erwerber übernimmt nämlich eine etablierte, von der Rechtsgemeinschaft grundsätzlich anerkannte Besitzposition, während diese im Fall originären Erwerbs erst neu geschaffen werden muss.

2. Unbewegliche Sachen können nicht verschwinden und sind insofern leichter zu beherrschen als bewegliche, die stets Gefahr laufen, dem Gesichtskreis und der Machtsphäre eines potentiellen Erwerbers entzogen zu werden.

Beachte: Unbewegliche Sachen sind Grundstücke und mit ihnen fest ver-
bundene Sachen wie etwa Gebäude mit festen Fundamenten und auf
dem Grundstück eingewurzelte Pflanzen. Alle anderen Sachen sind beweg-
lich – selbst besonders schwere, unhandliche und deshalb nur mit Mühe
transportierbare.

Beachte: Unbewegliche Sachen kann man nicht stehlen, an ihnen gibt es
kein FURTUM.

3. Die äußere Beschaffenheit des Erwerbsgegenstands spielt für das
CORPUS ebenfalls eine Rolle: Handliche Gegenstände sind insofern
leichter zu beherrschen, als sie der Erwerber buchstäblich an sich
nehmen kann – man denke an das Einstecken eines Schmuckstücks –,
während etwa ein großer, nicht überblickbarer Warenbestand auf
einer schwer zugänglichen Lagerfläche die Herstellung des *CORPUS*
schwieriger erscheinen lässt.

4. Mitbestimmend für die Entscheidung, ob und wann jemand hinreichendes *CORPUS* für einen Besitzerwerb hat, ist die Art des
sozialen Umfelds: Besteht ein hohes Risiko, dass Dritte die begin-
nende Herrschaftsbeziehung des Erwerbers zur Sache stören, dann
wird eher ein manifester Erwerbsakt, zB tatsächliches Ergreifen der
Sache, verlangt sein. Hingegen kann im Kontext wohl geordneter
und wenig konfliktgeneigter sozialer Beziehungen *CORPUS* für den
Erwerber durchaus schon mit der Möglichkeit eines Zugriffs auf die
Sache gegeben sein.

Beachte: Die Juristensprache nennt jene Person, die eine vorgegebene
Rechtsposition oder ein vorgegebenes Rechtsverhältnis berührt, einen
„Dritten". Streng genommen passt diese Bezeichnung nur auf Rechtsver-
hältnisse zwischen zwei Personen – Schuldner und Gläubiger –, denn nur
dann ist der Hinzutretende ein „Dritter"; die Juristen sprechen aber auch
vom „Dritten" im Zusammenhang mit Rechtspositionen von Einzelperso-
nen – wie gelegentlich bei den Sachenrechten –, obwohl der „Dritte" dabei
in Wahrheit erst der Zweite ist.

G. Falltypen zu *CORPUS*

Zu *CORPUS* als Voraussetzung des Besitzerwerbs gibt es eine breit
gefächerte römische Kasuistik:

Paulus D 41.2.3.1 (Case 1)

Wer ein Grundstück erwerben will, muss nicht um die Fläche herumgehen; es genügt, wenn er es an einem beliebigen Teil in Erwerbsabsicht betritt.

Celsus D 41.2.18.2 (zweiter Satz) (Case 2)

Besitzerwerb kann auch stattfinden, wenn der Verkäufer eines Grundstücks dem Käufer dieses vom Turm des Käufers (der auf dem Nachbargrundstück steht, das der Käufer bereits besitzt) zum Zweck der Besitzübertragung zeigt.

Beachte: Grundsätzlich ist für den Besitzerwerb das Betreten des Grundstücks erforderlich. Erwerb durch Zeigen vom Turm stellt wohl einen Grenzfall dar; wesentlich erscheint dabei, dass der Käufer bereits Besitzer (und Eigentümer) des Nachbargrundstücks ist, auf dem sich der Turm befindet: Er kann seine Machtsphäre auf den Erwerbsgegenstand ausdehnen, und deshalb entsteht nach Ansicht des Juristen Celsus schon mit dem Zeigen vom Turm für den Käufer eine hinreichende Herrschaftsbeziehung.

Celsus D 41.2.18.2 (erster Satz) (Case 2)

A hat von B eine Sache gekauft, aber nicht tradiert erhalten. A und B vereinbaren, B solle die Sache im Haus des A abliefern. B entspricht dieser Abmachung und bringt die Sache in das Haus des A. Dort wird sie vorerst weder von A noch von dessen Gewaltunterworfenen übernommen.

Für den Juristen ist die Sache mit Zustellung in das Haus des A in dessen Herrschaftssphäre eingetreten. A hat also *CORPUS*. Sein *ANIMUS POSSIDENDI* wird nicht eigens erwähnt; aus der getroffenen Zustellvereinbarung ergibt sich aber, dass A mit Lieferung Besitz an der Sache erwerben will.

Beachte: A vereinbart die Lieferung der Kaufsache in sein Haus; er will offenbar erst dann Besitz erwerben, vorher fehlt ihm der ANIMUS POSSIDENDI. Aus diesem Grund – oder weil die Vereinbarung zwischen A und B nicht in Gegenwart der Sache getroffen wird – liegt hier keine sog Einigung in Sachpräsenz (vgl die folgenden vier Stellen) vor.

Iavolenus D 46.3.79 (Case 3)

C soll D einen abgezählten Geldbetrag oder eine Sache tradieren. D befiehlt C, das Geld/die Sache vor ihn hinzulegen. C legt das Geld/die Sache vor den Augen des D hin.

Der Klassiker Javolen bejaht den Besitzerwerb des D. Wichtig ist dabei der Zeitpunkt des Erwerbs: Schon mit dem anweisungsgemäßen Hinlegen gelangt die Sache so weit in die Herrschaftssphäre des D, dass sie dessen Besitz wird, obwohl D sie noch nicht ergriffen hat.

Beachte: Hier wie in den beiden vorangehenden Stellen wird CORPUS und damit Besitzerwerb ohne tatsächlichen, körperlichen Ergreifungsakt vertreten. Dieses im Wesentlichen auf die Möglichkeit des Sachzugriffs abstellende Verständnis von CORPUS ist hier mit den Worten QUODAMMODO MANU LONGA TRADITA – gleichsam von langer Hand übergeben – charakterisiert. Dieser Gedanke steht hinter jeder Besitzübertragung, die auf einen körperlichen Ergreifungsakt des Erwerbers verzichtet. Angesichts der unterschiedlichen Falltypen lässt sich freilich kein kompaktes Rechtsinstitut „LONGA MANU TRADITIO" ausnehmen.

Paulus D 41.2.1.21 (Case 4)

Der Text enthält vier Fälle zur sog Einigung in Sachpräsenz: Wenn sich Veräußerer und Erwerber in Gegenwart der Sache über die sofortige Besitzübertragung einigen, findet der Erwerb statt.

Verzichtet wird dabei auf ein körperliches Ergreifen; der Erwerb muss nicht *CORPORE ET TACTU* erfolgen – es genügt vielmehr, dass die Sache in den Gesichtskreis und in die Einflusssphäre des Erwerbers gelangt – insofern wird also *OCULIS ET AFFECTU* erworben.

1. Der Käufer vereinbart mit dem Verkäufer in Gegenwart der Kaufsache, dass dieser sie dem Prokurator des Käufers übergibt.

Eine konsequent der Idee des Besitzerwerbs durch Einigung in Sachpräsenz folgende Deutung des Textes wird annehmen, dass der Prokurator die Sache zu einem späteren Zeitpunkt abholen soll und bei der Einigung zwischen Käufer und Verkäufer vielleicht gar nicht anwesend ist.

2. Der Gläubiger vereinbart mit dem Schuldner in Gegenwart des geschuldeten Geldes, dass der Schuldner das Geld einem Dritten gibt.

Durch diese Vereinbarung in Gegenwart der Schuldsumme erwirbt der Gläubiger Besitz am Geld; damit tilgt der Schuldner zugleich seine Schuld. Wenn der Schuldner das Geld dann dem Dritten bringt, hat er es als Fremdbesitzer für den Gläubiger inne.

3. In Gegenwart einer besonders schweren Sache vereinbaren Veräußerer und Erwerber die Besitzübertragung.

4. Dem Käufer von Wein wird der Schlüssel des Weinkellers, in dem der Wein lagert, übergeben.

Der vierte Fall hat nur dann etwas mit Einigung in Sachpräsenz zu tun, wenn man hinzudenkt, dass die Schlüssel beim Weinkeller übergeben werden.

Papinianus D 18.1.74 (Case 5)

Bereits durch Schlüsselübergabe bei jenen Magazinen, in denen die gekauften Waren liegen, die tradiert werden sollen, erwirbt der Käufer Besitz an ihnen.

Gaius D 41.1.9.6 (Case 6)

Der Klassiker Gaius behandelt hier den Erwerb des Besitzes (und des Eigentums) an Waren, die in Magazinen lagern, durch Übergabe der Schlüssel zu diesen Magazinen.

Dass die Einigung in räumlicher Nähe zu den Waren erfolgen würde, erwähnt der Text nicht. Möglicherweise ist dieser Umstand hinzuzudenken – dann trifft Gaius die gleiche Aussage wie Papinian in D 18.1.74 (Case 5).

Anders lässt sich die Stelle mit der Annahme erklären, dass Gaius in den Schlüsseln das *CORPUS* hinreichend manifestiert sieht und deshalb die Sachpräsenz des Erwerbsgegenstands (also der Waren) nicht für nötig hält. Die Übergabe der Schlüssel an einem anderen Ort könnte hinreichendes *CORPUS* vermitteln, wenn das Magazin fest versperrt ist und die übergebenen Schlüssel die einzige Möglichkeit (abgesehen von extremer Brachialgewalt) darstellen, an die Waren zu kommen.

Gaius (Trebatius) D 41.1.5.1 (Case 8)

Der Fall handelt von einem Jäger, der ein wildes Tier so verwundet hat, dass es gefangen werden kann.

Es fragt sich, wann das Tier Besitz (und Eigentum) des Jägers wird.

Trebatius meint, der Jäger habe genügend *CORPUS* am Tier, sobald er es dermaßen verwundet, dass es gefangen werden kann, und solange er es verfolgt.

Gaius hingegen hält diese Herrschaftsbeziehung für zu labil, denn es könne noch viel geschehen, was letztlich das Ergreifen verhindert: *QUIA MULTA ACCIDERE POSSUNT, UT EAM NON*

CAPIAMUS. Gaius vertritt hier also eine strengere Auffassung von *CORPUS* und lässt den Jäger erst dann Besitz erwerben, wenn dieser das Tier tatsächlich ergreift.

Proculus D 41.1.55 (Case 9)

Ein Jäger legt eine Schlinge, in der sich ein Eber verfängt. Ein Dritter kommt vorbei und lässt das Tier frei.

Hat der Jäger Besitz (und Eigentum) am wilden Tier, sobald es sich in der Schlinge verfängt?

Der Frühklassiker Proculus erörtert ausgiebig, von welchen Faktoren das *CORPUS* hier beeinflusst sein kann. Ein griffiges Entscheidungskriterium bietet er nicht, wenn er bloß sagt, das Tier müsse in die Gewalt des Jägers gelangt sein: *SI IN MEAM POTESTATEM PERVENIT, MEUS FACTUS SIT.*

Proculus' differenzierte Überlegungen fassen vor allem zwei Aspekte ins Auge:

Erstens geht es um die Beherrschungsmöglichkeit durch das Fangen in der Schlinge (siehe oben F.3.); kann sich der Eber durch längeres Kämpfen befreien, dann erlangt der Jäger kein ausreichendes *CORPUS*.

Zweitens äußert sich Proculus zum Risiko, dass Dritte störend eingreifen (siehe oben F.4.). Dieses Risiko erscheint jedenfalls höher, wenn das Geschehen auf öffentlichem oder auf fremdem privatem Grund gegen den Willen des Grundstückseigentümers stattfindet als wenn der fremde Grundstückseigentümer der Jagd zustimmt oder der Jäger überhaupt auf eigenem Grund die Schlinge auslegt.

Beachte: Hier wie in der vorherigen Stelle wird nicht zuletzt deshalb eine relativ strenge Auffassung von CORPUS vertreten, weil es sich um originären Erwerb handelt (siehe oben F.1.).

Wiederholungsfragen

1. Was ist ein Verpflichtungsgeschäft, was ein Verfügungsgeschäft? Beispiele?

2. Kann ein *PUPILLUS* für sich Besitz erwerben?

3. Inwiefern spielt das soziale Umfeld eine Rolle für den Besitzerwerb?

4. Gilt der Willensentschluss, eine Sache zu kaufen, sogleich auch als *ANIMUS POSSIDENDI*?

5. Kann man in Rom Besitz durch ein Symbol übertragen?

6. Was bedeutet „Einigung in Sachpräsenz"?

7. Welche Bedeutung kann die Übergabe von Schlüsseln für den Besitzerwerb haben?

8. Was geschieht bei einer *TRADITIO,* wie läuft sie ab?

9. Worin unterscheiden sich originärer und derivativer Besitzerwerb?

10. Welche Sachen sind unbeweglich? Was bedeutet diese Eigenschaft für den Besitzerwerb?

Übungsfälle[7]

<u>ÜF 1:</u> Ago besichtigt mit Bellona[8] sein Gartengrundstück in Ostia, für dessen Erwerb sich Bellona interessiert.

a. Zwei Tage später treffen sich die beiden am Forum Romanum und einigen sich über den Verkauf. Bellona könne das Grundstück sofort als das Ihre betrachten, erklärt Ago. Bellona ist einverstanden. Eine Woche später betritt Bellona das Grundstück.

b. Variante: Zwei Tage nach der Besichtigung treffen sich Ago und Bellona in Bellonas Villa in Ostia, welche dem Garten des Ago benachbart ist, und einigen sich über den Verkauf. Von der Terrasse des Hauses aus überblicken beide Agos Garten. Ago erklärt, dass er Bellona hiemit den Besitz am Garten einräume. Bellona ist einverstanden. Eine Woche später betritt Bellona den Garten. Wie steht es um den Besitzerwerb der Bellona am Garten?

<u>ÜF 2:</u> Carus kauft von Daphne 500 Maßeinheiten Rotwein. Er kommt in den Keller der Daphne, versiegelt – in Daphnes Anwesenheit und mit deren Zustimmung – fünf Fässer zu je 100 Maßeinheiten und erklärt dabei: „Dieser Wein gehört jetzt mir."
Erwirbt Carus Besitz?

---

[7]   Siehe dazu unten Kapitel XIII: Tipps zur Lösung von Fällen.

[8]   Siehe dazu oben Kapitel I. Fn 13.

ÜF 3: Europa bringt am Zahltag jenen Geldbetrag, den sie dem Geldwechsler Felix schuldet, abgezählt in einem verschlossenen Sack zum Stand des Felix mitten am belebten Marktplatz. Europa stellt das Geld auf den großen Tisch vor Felix. Felix bemerkt dies nicht, weil er gerade in eine Debatte mit Gripus vertieft ist. Europa verlässt den Marktplatz. Dann wird das Geld vom Tisch des Felix gestohlen.

Hat Felix Besitz am Geld erworben?

ÜF 4: Helene geht zum Kunsthändler Stilo und lässt sich von diesem Silberstatuen zeigen. Helene entschließt sich, eine Statue, die ihr besonders gut gefällt, zu erwerben: sie erklärt, sie wolle die Statue sofort mitnehmen. Stilo stimmt dem zu.

Kurz darauf fällt Helene ein, dass sie noch andere Besorgungen zu machen hat und ersucht deshalb den Kunsthändler, die Statue für sie aufzubewahren, bis sie wiederkomme. Helene holt sie drei Tage später ab.

Wann erwirbt Helene Besitz an der Statue?

ÜF 5: Japyx hebt im großen Wald seines Nachbarn zum Zweck der Jagd eine tiefe Fallgrube aus. In diese gerät ein Reh, das sich beim Sturz den Hals bricht und in der Grube verendet.
Was spricht für, was gegen den Besitzerwerb des Japyx am Reh?

ÜF 6: Die Händlerin Kassandra kommt zum Kapitän Leo, um diesen für Transportleistungen zu entlohnen. Leo sieht, dass Kassandra das geschuldete Geld vor ihn hinlegt, nimmt es aber nicht an sich. Leo gibt Kassandra eine Zahlungsbestätigung und ersucht sie, das Geld dem Reeder Merops zu geben, bei dem Leo Schulden hat. Auf ihrem Weg zu Merops wird Kassandra von Wegelagerern überfallen, die ihr das Geld rauben.
Wer hat Besitz am Geld im Laufe der Geschichte?

ÜF 7: Die Sizilianerin Nike hat bei einem Rombesuch im Feber dem reichen Orion, der in Rom wohnt, ihr Grundstück in Sizilien verkauft und ist dorthin zurückgekehrt. Im März zieht sie von dem Grundstück weg und schreibt dem Orion: „Ich habe die Liegenschaft geräumt, sie gehört nunmehr dir." Orion denkt, er hat das Grundstück erworben, und freut sich darüber. Zwei Jahre später zieht Philo auf das leere Grundstück und fängt an, es zu bebauen.
Wer erwirbt Besitz? Wann?

ÜF 8: Quartus hat von Ismene Waren gekauft, die neben anderen Sachen in einem großen Magazin lagern. Vor dem Magazin übergibt ihm Ismene Schlüssel und geht weg.
a. Am nächsten Tag holt Quartus die Waren aus dem Magazin.
b. Variante: Als Quartus am nächsten Tag das Magazin öffnen will, um die gekauften Waren wegzuführen, stellt er fest, dass die Schlüssel nicht sperren.
Hat Quartus an den Waren Besitz erworben? Wann?

ÜF 9: Die Imkerin Niobe einigt sich mit Victor, der in die Honigproduktion einsteigen will, am 1.1. darüber, dass sie ihm gegen Zahlung von 1.000 einen geeigneten Stock (samt Bienenvolk) liefern wird. Eine Woche später bringt sie Victor einen Bienenstock, der ab nun auf dem Landgut des Victor steht. Ein halbes Jahr später verpachtet Victor das Landgut samt Bienenstock an Valerian. Prüfen Sie den Besitz am Bienenstock im Laufe des Falles.

ÜF 10: Ramses hat ein Pferd. Er gestattet Juno, sich das Pferd für zwei Tage auszuleihen. In der Nacht stiehlt Tiro das Pferd bei Juno; Tiro bringt es auf den Markt und verkauft und übergibt es an Vibia.
Wie sind die Besitzverhältnisse im Laufe des Falls?

H. Besitzerwerb *SOLO ANIMO*

Die *TRADITIO BREVI MANU* (Übergabe kurzer Hand) und das *CONSTITUTUM POSSESSORIUM* (Besitzkonstitut) werden als Besitzerwerbsarten *SOLO ANIMO* bezeichnet, weil beide Figuren primär von der Parteienvereinbarung geprägt sind und somit das *ANIMUS*-Element hervorsticht. Trotzdem bilden sie keine Ausnahmen zum allgemeinen Besitzerwerbsmodell *CORPORE ET ANIMO,* denn auf das Tatbestandselement *CORPUS* wird nicht verzichtet.

1. *BREVI MANU*

kann ein Detentor durch Vereinbarung mit dem Possessor Besitz erwerben: Die Parteien bestimmen einvernehmlich, dass der Possessor, der die Sache dem Detentor überlassen will, seinen *ANIMUS REM SIBI HABENDI* aufgibt und der den Besitz anstrebende Detentor erlaubterweise Eigenbesitzwillen fasst. Da dieser Übereinkunft das Detentionsverhältnis vorausgeht, hat der Erwerber den Gegenstand schon bei sich und erfüllt damit das Erfordernis des *CORPUS.*

Gaius D 41.1.9.5 (Case 12)

Der Sachverhalt nimmt eine Detentionsbeziehung zwischen A und B an und illustriert dies in drei Varianten: A leiht B eine Sache, A vermietet eine Sache an B, A hinterlegt eine Sache bei B.

Dann schließen A und B einen Kaufvertrag über den Gegenstand ab.

Die Leistung des Kaufgegenstands verlangt nun nicht, dass der Detentor B die Sache an den Possessor A zurückgibt, damit dieser als Verkäufer in einem eigenen Akt dem Käufer B Besitz an ihr überträgt; es genügt vielmehr die Vereinbarung zwischen A und B, dass die Sache beim Käufer B verbleibt.

Da dies auf Grund des Kaufes geschieht und der Verkäufer A offenbar Eigentümer der Sache ist, erwirbt B durch TRADITIO BREVI MANU nicht nur Besitz, sondern auch Eigentum.

2. Das *CONSTITUTUM POSSESSORIUM*

beruht ebenfalls auf einer Vereinbarung. Seine Eigenart liegt darin, dass der Erwerber den Gegenstand weder bei sich hat noch unmittelbar empfängt: Besitzerwerb durch *CONSTITUTUM POSSESSORIUM* findet statt, wenn jemand den *ANIMUS REM SIBI HABENDI* hinsichtlich einer Sache fasst, die er nicht innehat, und mit dem Possessor oder Detentor übereinkommt, dass ihm dieser künftig als Detentor die Sachherrschaft vermittelt.

Ulpianus D 6.1.77 (Case 20)

1. Eine Frau (F) schreibt einem mit ihr nicht verheirateten Mann (M), sie schenke ihm ein bestimmtes Grundstück, wolle es aber als Pächterin behalten.

Ulpian erörtert den Grundsachverhalt unter zwei verschiedenen Annahmen: Erstens, M befindet sich nicht auf dem Grundstück; zweitens, M befindet sich auf dem Grundstück.

Beachte: Eigens wird erwähnt, dass F und M nicht miteinander verheiratet sind, denn nach römischem Recht ist eine Schenkung unter Ehegatten ungültig.

Da der Text keine Reaktion des Mannes schildert, liegt die Annahme nahe, dass sich M schon vorher einverstanden erklärt hat, eine allfällige Schenkung Fs zu akzeptieren und ihr das Grundstück gleichzeitig in Pacht zu überlassen.

Nach der ersten Sachverhaltsvariante erwirbt M von F durch *CONSTITUTUM POSSESSORIUM.* Die sachenrechtlich relevante Vereinbarung liegt in den beiden Verträgen: Der Schenkungsvertrag impliziert den Besitzerwerbswillen des M, und durch den Pachtvertrag erklärt sich F bereit, M künftig die Sachherrschaft zu vermitteln.

2. Die zweite Sachverhaltsvariante[9] nimmt hingegen an, dass sich M auf dem Grundstück befindet; hier muss ihm die Sachherrschaft nicht vermittelt werden, denn er hat durch seine Anwesenheit selbst eine ausreichende Herrschaftsbeziehung zum Grundstück. Damit ist in dieser Variante der Pachtvertrag und die Detention Fs ohne Bedeutung für den Besitzerwerb des M.

Iavolenus D 41.2.21.3 (Case 19)

A erbittet von B, der sich fälschlicherweise als Eigentümer oder Verfügungsermächtigter ausgibt, eine Sache zum Prekarium

---

[9] Der Text lässt erkennen, dass der zweite Sachverhalt dem tatsächlichen Fall entspricht, während der erste wohl eine vom Juristen gebildete, also hypothetische Variante darstellt. Zu tatsächlichen und konstruierten Sachverhalten siehe unten XIII.C.1.

(Bittleihe). Später erkennt A, dass die Sache C gehört; um sie noch eine Zeit lang behalten zu können, schließt er mit C eine *LOCATIO CONDUCTIO* (Miet- oder Pachtvertrag).

Im Bittleihverhältnis ist A Detentor für B, dem er den Besitz vermittelt. Die Vereinbarung der *LOCATIO CONDUCTIO* bringt mit sich, dass A Detentor des C wird, denn C äußert seinen Eigenbesitzwillen, den A anerkennt; dabei erlangt C durch die ihm von A vermittelte Sachherrschaft Besitz am Gegenstand.

Der Text sagt nichts über das Verhältnis zwischen B und C. Ist B mit dem Abkommen der beiden anderen einverstanden (der Text enthält keinen Hinweis darauf), so würde sein Besitz auf C übergehen (derivativer Erwerb). Handelt A ohne Rücksicht auf B, dann wird die POSSESSIO wohl nicht von B an C übertragen, sondern für C neu begründet (originärer Erwerb). Denkbar erscheint auch, dass A zuerst selbst POSSESSOR wird und dann seine POSSESSIO mittels Besitzkonstituts an C überträgt.

3. *NEMO SIBI IPSE CAUSAM POSSESSIONIS MUTARE POTEST* – niemand kann bloß durch eigenen Willensentschluss seine Besitzlage verbessern.

Die Regel *NEMO SIBI IPSE* … betrifft die Rechtmäßigkeit einer *POSSESSIO*.

Einer Person, die sich eigenmächtig zum Besitzer einer Sache macht, fehlt es an der *IUSTA CAUSA* ihres Besitzes[10]; somit kommen ihr die allfälligen Vorteile eines rechtmäßigen Besitzes (zB Ersitzung) nicht zugute.

Dies gilt nicht nur für den *FUR*, der sich unbefugt einer Sache bemächtigt, indem er sie in seine Gewahrsame bringt, sondern auch für einen Inhaber, der bloß einseitig den Willen fasst, die Sache nicht mehr als Besitzmittler für den anderen, sondern für sich selbst zu haben[11].

Möglicherweise liegt dieser Regel die Vorstellung zu Grunde, dass sich im realen Vollzug der TRADITIO (oder in einem realen, erlaubten einseitigen

---

10 Eine Ausnahme stellen die Aneignung *(OCCUPATIO)* einer herrenlosen Sache dar sowie die *USUCAPIO PRO HEREDE*. Zur *OCCUPATIO* siehe unten IX.A., zur *USUCAPIO PRO HEREDE* siehe unten VIII.A.3.

11 Dieser Gedanke liegt auch dem § 319 Satz 1 ABGB zu Grunde: „Der Inhaber einer Sache ist nicht berechtigt, den Grund seiner Gewahrsame eigenmächtig zu verwechseln, und sich dadurch eines Titels anzumaßen."

Ergreifungsakt[12]*) ein rechtfertigender Grund für den Vermögenserwerb manifestiert; demnach musste bei Fehlen eines solchen äußeren Besitzerwerbsvorgangs der Verdacht entstehen, eine behauptete POSSESSIO sei nicht rechtmäßig und schließe deshalb eine Ersitzung aus.*

CONSTITUTUM POSSESSORIUM zwischen Veräußerer und Erwerber und TRADITIO BREVI MANU lassen Besitzwechsel eintreten, ohne dass die Parteien äußerlich erkennbare Übertragungs- und Bemächtigungshandlungen an der Sache durchführen.

Da beide Figuren also keine TRADITIO im Sinn einer körperlichen Betätigung darstellen, nennt man sie Traditionssurrogate.

Die Traditionssurrogate TRADITIO BREVI MANU und CONSTITUTUM POSSESSORIUM widersprechen allerdings nicht der Regel NEMO SIBI IPSE ..., weil sie auf dem Einvernehmen beider Parteien beruhen.

J. Besitzerwerb durch Gewaltunterworfene

Gewaltunterworfene sind nicht vermögensfähig[13]. Sie können nicht Träger von Vermögensrechten sein; es fehlt ihnen insofern die Rechtsfähigkeit. Haussohn *(FILIUS)*, Haustochter *(FILIA)*, Gattin in einer Manus-Ehe *(UXOR IN MANU)* stehen unter einer familienrechtlichen Gewalt des Hausvaters; Sklave *(SERVUS)* und Sklavin *(SERVA)* sind Eigentum ihres Herrn.

Mangels Vermögensfähigkeit sind Gewaltunterworfene auch nicht fähig, für sich selbst Besitz zu erwerben. Jedoch kann der Gewaltunterworfene für seinen Gewalthaber Besitz erwerben.

Solch ein Besitzerwerb des Gewalthabers muss wieder den Tatbestandselementen CORPUS und ANIMUS genügen. Da der Gewalthaber dabei die Sachherrschaft nicht durch eigenes Handeln herstellt, sagt der Jurist Paulus, der Erwerb geschehe ANIMO NOSTRO, CORPORE ALIENO[14].

---

[12]   Vor Erbschaftsantritt kann jeder Rechtsgenosse eigenmächtig an Gegenständen der fremden ruhenden Erbschaft Besitz ergreifen und durch Ersitzung – sog USUCAPIO PRO HEREDE – Eigentum erwerben.

Noch die Klassiker lehnen unter Berufung auf die Regel NEMO SIBI IPSE ... grundsätzlich ab, dass der Detentor nach dem Tod des Possessor die Sache einfach behält und durch USUCAPIO PRO HEREDE Eigentum daran erwirbt.

[13]   Vgl Papinianus D 41.2.49.1 (Case 23).

[14]   Vgl Paulus D 41.2.3.12 (Case 24).

1. Das *CORPUS* des Gewalthabers umfasst zwei Komponenten:

Erstens das Gewaltverhältnis an sich, das dem Gewalthaber die Möglichkeit gibt, den Gewaltunterworfenen gleichsam als seine „verlängerte Hand" einzusetzen.

Zweitens die konkrete Sachherrschaft, die der Gewaltunterworfene zum Erwerbsgegenstand herstellt.

Beachte: Damit der DOMINUS durch den Sklaven Besitz erwerben kann, muss er am Sklaven selbst Besitz haben.

Eine Ausnahme gilt für den USUFRUCTUARIUS (Nießbraucher): er ist zwar nur Detentor des SERVUS USUFRUCTUARIUS (Nießbrauchsklave), doch erlangt er Besitz an jenen Sachen, die der Nießbrauchsklave durch eigene Arbeit oder durch Mittel des Nießbrauchers erwirbt[15].

Andere Gewaltunterworfene als Sklaven stehen nicht im Besitz ihres PATER FAMILIAS; auch sie gelten als „Werkzeuge" des Dominus, doch beruht dies nicht auf einem Besitzverhältnis wie bei den Sklaven, sondern auf dem Gewaltverhältnis der PATRIA POTESTAS[16].

2. Der *ANIMUS* des Gewalthabers kann in zwei Formen zum Ausdruck kommen:

a. Durch *IUSSUM* ordnet der Gewalthaber dem Gewaltunterworfenen an, ein bestimmtes Erwerbsgeschäft durchzuführen.

b. Mit dem *PECULIUM* erhält der Gewaltunterworfene eine Generalermächtigung zum Besitzerwerb im Rahmen eines Sonderguts.

Das *PECULIUM* stellt ein Sondervermögen dar, welches der Gewalthaber dem Gewaltunterworfenen zur selbständigen Bewirtschaftung überlässt.

Organisatorisch wird dadurch ein Filialbetrieb eingerichtet. Zugleich ergibt sich aus der Einräumung des *PECULIUM* sachenrechtlich der generell-abstrakte Erwerbswille des Gewalthabers: Was der Pekuliumsinhaber im Geschäftsverkehr erwirbt, erwirbt er für den Gewalthaber.

Beachte: Die mit dem PECULIUM verbundene Ermächtigung zum Besitzerwerb beschränkt sich nicht auf die für den Wirtschaftszweig des Filialbetriebs typischen Transaktionen, sondern gilt für jedes Erwerbsgeschäft.

---

15 Vgl Gaius Inst 2.94 (Case 27).

16 Vgl Paulus D 41.2.1.8 letzter Satz (Case 30).

Im *PECULIUM* ist der Besitzwille des Gewalthabers bloß generell-abstrakt gegeben und muss daher jeweils im Hinblick auf ein bestimmtes Erwerbsgeschäft konkretisiert werden; diese Willenskonkretisierung geschieht durch den pekuliumsbetrauten Gewaltunterworfenen – weshalb man auch von einem Erwerb *ANIMO SERVORUM*[17] sprechen kann.

Beachte: Ein Erwerb für den Gewalthaber findet nur bei Vorliegen eines IUSSUM oder eines PECULIUM statt.

Wenn der Gewalthaber einen Erwerb nachträglich genehmigt – RATI-HABITIO[18] *–, dann wird dies so zu behandeln sein, als hätte der Gewaltunterworfene ein IUSSUM gehabt.*

Für einen Besitzerwerb des Gewalthabers muss der Gewaltunterworfene zwar eine – direkte oder indirekte – faktische Herrschaftsbeziehung zur Sache herstellen (Element des CORPUS), eines konkreten „ANIMUS REM ALTERI HABENDI" des Gewaltunterworfenen bedarf es allerdings nicht. Selbst wenn er den Gegenstand in Wahrheit für sich haben will, erwirbt er für seinen Gewalthaber. Da also bloß ein INTELLECTUS POSSIDENDI gefordert ist, kann der Besitzerwerb auch durch einen einsichtsfähigen unmündigen Gewaltunterworfenen erfolgen.

Papinianus D 41.2.48 (Case 21)

A schreibt B, er schenke B ein bestimmtes Grundstück samt den dort befindlichen Sklaven. Zu B, der die Schenkung annehmen will, kommt einer der ihm zugedachten Sklaven; B schickt ihn auf das Grundstück und zu den anderen Sklaven zurück.

Der Brief des A und die bloße Annahmeabsicht des B bewirken noch keine Änderung der Besitzverhältnisse. Jedoch erwirbt B dann *CORPORE ET ANIMO* Besitz an dem Sklaven, der zu ihm gekommen ist.

Schließlich sendet B den gerade erworbenen Sklaven mit dem *IUSSUM* auf das Grundstück, dieses und die dort befindlichen Sklaven für B zu erwerben; so erlangt B durch den Sklaven nun Besitz an den übrigen Schenkungsgegenständen *ANIMO NOSTRO CORPORE ALIENO.*

---

[17] Vgl Paulus D 41.2.3.12 (Case 24).

[18] Vgl allgemein Ulpianus D 46.3.12.4 ... *RATI ENIM HABITIO MANDATO COMPARATUR:* ... denn die nachträgliche Genehmigung wird der Ermächtigung gleichgehalten. Zur Rückwirkung einer *RATIHABITIO* bei einer Verpfändung vgl etwa Marcianus D 20.1.16.1.

Paulus (Sabinus, Cassius, Iulianus) D 41.2.1.5 (Case 25)

Durch die mit dem Pekulium verbundene Generalermächtigung kann der Gewalthaber Besitz erwerben, ohne von den einzelnen Erwerbsgeschäften zu wissen.

Der Erwerb kraft Pekuliums findet auch zu Gunsten von Personen statt, die das Pekulium nicht selbst eingerichtet haben (auch könnten sie es, wenn es ihnen an der Geschäftsfähigkeit mangelt, selbst nicht aufheben): Dazu gehören etwa der *INFANS* (Kind) – das Pekulium stammt wohl von seinem verstorbenen Paterfamilias –, der *FURIOSUS* (Geisteskranker) – er hat es wahrscheinlich selbst erteilt, als er noch geistig gesund war – und der *HERES* (Erbe), der einen Sklaven samt Pekulium geerbt hat.

K. Besitzerwerb durch gewaltfreie „Stellvertreter"

1. Besitzerwerb durch einen Freien ist nach vorklassischem und klassischem römischen Recht grundsätzlich nicht möglich[19].

Bsp 11: Primus bittet Secunda, für ihn eine Sache von Tertius zu erwerben. Der Erwerbsakt der Secunda kommt erst einmal in ihrer eigenen Person zum Tragen: Sie wird Besitzerin der Sache; dann übergibt sie die Sache in einem eigenen Akt an Primus[20].

Die geschilderte, dem römischen Recht vom Erwerb mit Hilfe eines Freien entsprechende Figur ist die der indirekten Stellvertretung. Direkte Stellvertretung läge vor, wenn die Erwerbshandlung der Secunda nicht bei ihr, sondern sofort beim vertretenen Primus zur Geltung käme, der Besitz also von Tertius unmittelbar auf Primus überginge.

2. Bestimmte freie Personen bilden Ausnahmen und können als direkte Stellvertreter beim Besitzerwerb wirken[21]:

a. Der *CURATOR* (Beistand etwa für einen Geisteskranken oder einen Verschwender) erwirbt direkt für seinen Pflegebefohlenen.

b. Der *TUTOR* (Vormund für einen Unmündigen) erwirbt direkt für sein Mündel.

---

[19] Vgl Gaius Inst 2.95 (Case 32); Paulus Sent 5.2.2 (Case 33).

[20] Vgl Callistratus D 41.1.59 (Case 35).

[21] Vgl Paulus D 41.2.1.20 (Case 34).

c. Der *PROCURATOR* (Vermögensverwalter) erwirbt direkt für seinen Herrn[22].

> *Erklären lässt sich die Sonderstellung des PROCURATOR aus dessen Ab-*
> *hängigkeit gegenüber dem DOMINUS: Der PROCURATOR ist meist ein ehe-*
> *maliger, von seinem Herrn freigelassener Sklave, der seinem Freilasser*
> *auch rechtlich in verschiedener Weise verpflichtet bleibt. Wohl deshalb*
> *erwirbt der DOMINUS Besitz durch den Freigelassenen wie durch einen*
> *Gewaltunterworfenen – nämlich im Weg der direkten Stellvertretung.*

3. Kaiser Justinian (6. Jh n Chr) eröffnet generell die Möglichkeit
der direkten Stellvertretung beim Besitzerwerb durch Freie.

> *Beachte: Der oben unter 1. geschilderte Ausschluss direkter Stellvertretung*
> *im vorjustinianischen Recht galt nur für den Besitzerwerb. Hingegen*
> *konnte man durch einen ermächtigten Freien Besitz an einen anderen über-*
> *tragen.*

Ulpianus D 41.1.20.2 (Case 36)

Titius (T) und Ego (E) schließen als Käufer einen Kaufvertrag
über eine Sache ab. Zur Übergabe erscheint nur T; er nimmt die
Sache auch für E in Empfang.

Diese Übergabe an T bewirkt, dass T und E die Sache gleichzeitig erwerben: Was den von E zu erwerbenden Anteil betrifft,
fungiert T gleichsam wie ein Prokurator und gibt einen direkten
Stellvertreter für E ab.

> *Ulpian meint wohl nicht, T sei von E zum Prokurator eingesetzt, sondern*
> *bloß, er wirke für E wie ein Prokurator. TITIO ET QUASI MEO PROCU-*
> *RATORI TRADITA zieht eine Parallele zum Besitzerwerb durch den Proku-*
> *rator; ein Indiz dafür ist auch Ulpians zurückhaltende Formulierung: er*
> *sagt PUTO – ich glaube.*

> *Wird ein Fall, auf den kein anerkannter Tatbestand zutrifft, unter Berufung*
> *auf einen als ähnlich eingestuften, anerkannten Tatbestand entschieden, so*
> *nennt man diese Art der Rechtsfindung Analogie.*

> *Ihrem Ton und Inhalt nach unpassend erscheint dann die Begründung, der*
> *Erwerb durch Freie sei allgemein anerkannt: QUIA PLACET PER LIBERAM*
> *PERSONAM etc; dieser Satzteil wurde offenbar erst von justinianischen*
> *Bearbeitern eingefügt.*

---

[22]   Vgl Paulus Sent 5.2.2 (Case 33).

Wiederholungsfragen

1. Unter welchen Voraussetzungen findet Besitzerwerb durch Gewaltunterworfene statt?

2. Wie sieht direkte Stellvertretung beim Besitzerwerb aus, wie indirekte Stellvertretung?

3. Was versteht man unter einem *PECULIUM*? Welche Rolle spielt es beim Besitzerwerb?

4. Was ist ein Besitzkonstitut?

5. Unter welchen Voraussetzungen findet Besitzerwerb durch Gewaltfreie statt?

6. Was besagt der Satz vom Besitzerwerb *ANIMO NOSTRO CORPORE ALIENO*?

7. Wie findet Besitzerwerb bei einer *TRADITIO BREVI MANU* statt?

8. Inwiefern kann Besitzerwerb durch Gewaltunterworfene *ANIMO SERVORUM* erfolgen?

9. Welchen Unterschied gibt es beim Besitzerwerb mit Hilfe Dritter zwischen dem Recht bis zur Spätklassik (frühes 3. Jh) und dem justinianischen Recht (frühes 6. Jh)?

10. Wie ist die Besitzlage eines Dominus, dessen Gewaltunterworfener ohne *IUSSUM* oder *PECULIUM* eine Sache übernommen hat?

11. Was versteht man unter Analogie?

Übungsfälle

<u>ÜF 11:</u> Agathe hat beim Pferdehändler Brontes ein Reitpferd gekauft. Nun schickt Agathe ihren Sklaven Carus mit der Anweisung zu Brontes, er solle das gekaufte Pferd abholen und bringen. Carus nimmt das Pferd von Brontes entgegen und führt es in den Stall der Agathe. Am nächsten Tag geht Agathe in ihren Stall und unternimmt mit dem Pferd ihren ersten Ausritt.
Wann erwirbt Agathe Besitz am Pferd?

<u>ÜF 12:</u> Felix ersucht seinen erwachsenen Haussohn Gripus, auf den Sklaven-markt zu gehen und einen Sklaven zu erwerben, der Flöte spielen kann. Gripus wählt einen Flötisten aus; dabei entdeckt er noch einen Harfenisten, der ihm in das Kammerorchester seines Vaters zu passen scheint. Der Sklavenhändler Hermes verkauft und übergibt Gripus beide Sklaven. Gripus bringt sie dem Vater; dieser zeigt sich mit der Vorgangsweise seines Sohns höchst zufrieden.
a. Wie sind die Besitzpositionen in den einzelnen Stadien?
b. Macht es einen Unterschied, wenn man annimmt, dass der Haussohn ein Pekulium hat?
c. Wie ist die Besitzlage, wenn Gripus ein emanzipierter (also gewaltfreier) Sohn ist?

<u>ÜF 13</u>: Leo ist ein Getreidegroßhändler in Rom. Er hat auch an anderen Orten Handelsniederlassungen; eine solche betreibt Melitta, Sklavin des Leo, mit einem Pekulium in Neapel. Eines Tages erwirbt Melitta drei Getreidespeicher; kurz darauf kauft sie einen Wanderzirkus und erhält ihn tradiert.
Wie steht es mit dem Besitz an den Getreidespeichern? Wie steht es mit dem Besitz am Wanderzirkus?

<u>ÜF 14</u>: Daphne überlässt ihrem Neffen Eros auf dessen Bitte hin ihren Wagen zum Gebrauch. Eros findet großen Gefallen am Wagen der Tante. Als Eros Geburtstag hat, erklärt ihm die Tante: „Ich schenke dir den Wagen, du kannst ihn behalten." Eros ist damit einverstanden.
Wie sind die Besitzpositionen im Verlauf der Geschichte?

ÜF 15: Nike verkauft und tradiert einen Zugochsen an Orion. Orion gibt den Ochsen seinem Sklaven Ramses, der im Nachbardorf ein Gehöft des Orion bewirtschaftet. Einige Zeit später erscheint Pius bei Orion und kann diesen davon überzeugen, dass der Zugochse ihm (also Pius) gehört. Orion bittet nun Pius, ihm für die bevorstehende Ernte den Zugochsen mietweise zu überlassen, womit Pius einverstanden ist.
Prüfen Sie den Besitz am Ochsen in den einzelnen Stadien des Falles.

ÜF 16: Japyx bittet Kassandra, für ihn bei einer Auktion ein bestimmtes Landgut zu ersteigern. Kassandra ersteigert das Gut und besichtigt es dann persönlich. Einen Monat später fragt Kassandra bei Japyx an, ob sie das Landgut für den Sommer mieten dürfe. Japyx stimmt zu, Kassandra zieht auf das Landgut. Im Spätsommer besucht Japyx das Landgut erstmals selbst.
a. Wie sehen die verschiedenen Besitzpositionen aus?
b. Macht es einen Unterschied, wenn Kassandra das Landgut nicht mietet?

IV. BESITZERHALTUNG, BESITZVERLUST

A. Allgemeines

1. Wie der Besitzerwerb erfolgt die Erhaltung des Besitzes durch *ANIMUS* und *CORPUS:* Die Aufgabe des Besitzwillens oder der völlige Verlust der Herrschaftsbeziehung zur Sache beenden den Besitz.

Im Hinblick auf die Besitzerhaltung beurteilen die Juristen *ANIMUS* und *CORPUS* weniger streng als beim Besitzerwerb.

Am *SERVUS FUGITIVUS*[1] (entflohener Sklave) und an unbeweglichen Sachen[2] kann Besitz sogar nach Verlust des *CORPUS,* also *SOLO ANIMO,* zeitweise aufrecht erhalten werden.

2. Die *POSSESSIO* einer Person kann entweder mit oder gegen ihren Willen beendet werden.

a. Freiwillig beendet wird der Besitz durch Übertragung auf einen anderen *(TRADITIO)* oder durch einseitige Aufgabe.

Beachte: Wer sich seines Besitzes entledigt, muss dies nicht in der Absicht tun, zugleich auch sein Eigentum aufzugeben; wenn etwa jemand in Seenot seine Waren über Bord wirft, verliert er Besitz, bleibt aber grundsätzlich Eigentümer dieser Waren.

b. Unfreiwillig geht Besitz verloren, wenn die Herrschaftsbeziehung zur Sache tief greifend gestört wird oder – bei *SOLO ANIMO* – Besitzerhaltung – schließlich keine neuerliche Verdichtung erfährt.

Beachte: Wer unfreiwillig Besitz verliert, behält zumeist Eigentum: Gestohlene bewegliche Sachen und gewaltsam entzogene Grundstücke können nicht ersessen werden, nicht einmal von nachfolgenden gutgläubigen Erwerbern[3]; auch wer eine offensichtlich verlorene Sache findet und für sich behält, gilt als FUR. Eigentum könnte ein bloßer Besitzer der Sache

---

[1]   Vgl Paulus D 41.2.1.14 (Case 31); siehe dazu unten C.

[2]   Vgl etwa Pomponius D 41.2.25.2 (Case 53); siehe dazu unten D.

[3]   Nach der *REVERSIO AD DOMINUM* ist eine Ersitzung freilich wieder möglich; siehe dazu unten VIII.D.

etwa erwerben, wenn er sie verarbeitet und eine Rückführung in den Aus-
gangszustand nicht möglich ist[4].

Mit dem Besitz geht auch Eigentum verloren, wenn ein wildes Tier wieder
in seine natürliche Freiheit gelangt.

3. Die detailliertere Analyse von Besitzerhaltung und (unfreiwilli-
gem) Besitzverlust erfolgt nicht nach einer einheitlichen Formel,
sondern im Lichte verschiedener Fallgruppen, für die jeweils spezifische Kriterien bestimmend sind.

Eine Hauptunterscheidung zeigt sich dabei zwischen beweglichen
Sachen und unbeweglichen:

a. Bewegliche Sachen

Besitzerhaltung nur bei aufrechter *CUSTODIA* (Gewahrsame)

Sonderfall: SERVUS FUGITIVUS

b. Unbewegliche Sachen

Besitzerhaltung *SOLO ANIMO* möglich, und zwar in zwei Varianten:

> *aa.* Besitzerhaltung, wenn der *POSSESSOR* keine Besitzmittler
> oder Besitzdiener eingesetzt hat[5]

> *bb.* Besitzerhaltung, wenn der *POSSESSOR* Besitzmittler oder
> Besitzdiener eingesetzt hat[6]

4. Im Sinne einer stabilen Zuweisung der Herrschaft über Sachen
fördert die Rechtsordnung das Beharrungsvermögen bestehender
Besitzverhältnisse. Dies zeigt sich besonders bei zwei Situationen:

a. Die Übertragung von Besitz – *TRADITIO* – ist ein rechtsgeschäftli-
cher Vorgang. Nun vertreten manche römische Juristen die Ansicht,
dass der Veräußerer trotz subjektiven Aufgabewillens und realen
Übertragungsakts Besitzer bleibt, wenn sein Partner den Besitz nicht
erwerben kann – etwa wenn der Empfänger wegen Geisteskrankheit
geschäftsunfähig ist. Dabei unterstellen sie dem Veräußerer, er wolle
seinen Besitz nur unter der Bedingung aufgeben, dass der Partner

---

[4]   Zum originären Eigentumserwerb durch Verarbeitung – *SPECIFICATIO* – siehe
unten IX.E.

[5]   Siehe unten D.

[6]   Siehe unten E.

erwerben werde; erwirbt der Empfänger nicht, dann bleibt die Bedingung unerfüllt und der Übertragende behält seinen Besitz[7].

Andere Juristen gehen nicht von dieser Konstruktion aus, sondern nehmen in Kauf, dass der Übertragende seinen Besitz jedenfalls aufgibt, unabhängig davon, ob der Erwerb seines Partners gelingt. Ist der Empfänger zu einem Erwerb nicht im Stande, dann hat die Sache keinen Besitzer[8].

b. Bei drohendem unfreiwilligen Besitzverlust wird die *POSSESSIO* so lange wie möglich aufrecht erhalten. Besitz bleibt etwa an unbeweglichen Sachen bestehen, wenn die Bemächtigung eines Dritten vorübergehend erscheint und nicht mit der Aussicht auf Dauerhaftigkeit verbunden ist[9].

Wer ein fremdes Grundstück besetzt, erwirbt erst dann Besitz, wenn der ausgeschlossene Possessor beim Wiederbemächtigungsversuch scheitert oder auf einen solchen verzichtet (siehe dazu unten D.2.), oder wenn der Eindringling die Besitzmittler oder Besitzdiener des POSSESSOR gewaltsam vertreibt (siehe dazu unten E.3.).

5. Ebenfalls besitzstabilisierend wirkt die allgemeine Rechtsauffassung, dass *PUPILLUS* und *FURIOSUS* selbständig ihre *POSSESSIO* weder übertragen noch auf andere Weise *ANIMO* aufgeben können[10].

Aus dem besonderen Schutzmotiv wird die tatsächliche mentale Einstellung des Besitzers hier nicht für erheblich gehalten.

Freiwillig können *PUPILLUS* und *FURIOSUS* nur mit *AUCTORITAS TUTORIS* bzw *CURATORIS* den Besitz beenden. Wo jedoch *CORPUS* zur Besitzerhaltung verlangt wird, lässt dessen Fehlen auch diese Personen Besitz verlieren.

B. Besitzerhaltung und Besitzverlust bei beweglichen Sachen

An beweglichen Sachen bleibt Besitz aufrecht, solange sie der *POSSESSOR* in seiner Herrschaftssphäre hat.

Die faktische Herrschaftsbeziehung, also *CORPUS*, wird bei Besitzerhaltung an beweglichen Sachen bisweilen mit dem Ausdruck

---

7   Vgl Ulpianus D 41.2.34 pr (Case 44).

8   Vgl Celsus D 41.2.18.1 (Case 43).

9   Vgl Iavolenus D 41.2.22 (Case 55).

10   Zum *PUPILLUS* vgl Ulpianus D 41.2.29 (Case 41), Marcianus D 41.1.11 (Case 42); zum *FURIOSUS* vgl Proculus D 41.2.27 (Case 49).

CUSTODIA bezeichnet[11]. *CUSTODIA* liegt jedenfalls vor, wenn jemand eine Sache so beherrscht, dass er sie jederzeit eigenhändig ergreifen oder in seine unmittelbare Einflusssphäre bringen könnte.

Beachte: Auch Sklaven sind bewegliche Sachen. Dennoch unterliegen sie im Hinblick auf Besitzerhaltung nicht dem Kriterium der CUSTODIA. Siehe dazu unten C.

Paulus D 41.2.3.13 (Case 46)

Der Text zeigt die eben geschilderte Anschauung von *CUSTODIA*.

Bloß verlegte Sachen bleiben, obwohl sie vorläufig nicht greifbar sind, in derselben Machtsphäre; an ihnen besteht die *CUSTODIA* und damit der Besitz fort.

Hingegen hat jemand jedenfalls dann keinen Besitz mehr, wenn er die Sache außerhalb seiner engeren Machtsphäre verliert und nicht weiß, wo sie sich befindet. Vgl Pomponius D 41.2.25 pr (Case 45).

Ulpianus D 41.2.13 pr (Case 47)

Steine werden auf dem Tiber transportiert und versinken infolge eines Schiffbruchs. Nach einiger Zeit werden die Steine gehoben.

Die Frage lautet, wie es sich mit Besitz und Eigentum an den Steinen nach dem Schiffbruch verhält: Besitz, so heißt es, geht verloren, Eigentum nicht. Die abschließende Unterscheidung vom *SERVUS FUGITIVUS* zeigt, dass der Eigentümer beim Schiffbruch die Sachherrschaft an den Steinen und damit seinen Besitz verliert.

Papinian D 41.2.44 pr (Case 47a)

A vergräbt Geld in der Erde zwecks sicherer Verwahrung und verreist. Als er zurückkehrt, ist ihm entfallen, wo er das Geld vergraben hat[12].

Solange kein anderer eingreift, bleibt das zur Sicherung vergrabene Geld in der Herrschaft des A; selbst wenn er es auf fremdem Grund eingegraben hat, schadet seine Vergesslichkeit nicht.

---

[11]   Beachte: Auch im Schuldrecht kommt der Begriff *CUSTODIA* vor, bezieht sich dort aber auf Nachteile, die den Inhaber bei Abhandenkommen einer Sache – va durch Diebstahl – treffen.

[12]   A hat gewiss noch den *ANIMUS POSSIDENDI,* fraglich ist hingegen seine Möglichkeit der Sachbeherrschung.

C. Sonderfall: *SERVUS FUGITIVUS*

SERVUS FUGITIVUS ist ein Sklave, der sich dem Zugriff des Herrn durch Flucht entzieht. Sachenrechtlich wirft der *SERVUS FUGITIVUS* drei Hauptfragen auf:

1. Wie verhält es sich mit dem Besitz (und allenfalls einer Ersitzung) am flüchtigen Sklaven?

2. Wie verhält es sich mit dem Besitz an Dingen, die der Sklave auf die Flucht mitgenommen hat?

3. Wem werden die Sachen zugerechnet, die der Sklave auf seiner Flucht „erwirbt"?

Hauptquelle der folgenden Erörterung ist Paulus D 41.2.1.14 (Case 31).

ad 1. Keine Anwendung auf Sklaven findet das Kriterium der *CUSTODIA*[13]: Sklaven sind wichtige Wirtschaftsfaktoren, sie zu „verwahren" – also einer beengenden Kontrolle zu unterwerfen – stünde meist dem ertragreichen Einsatz ihrer Arbeitskraft entgegen.

Aus diesem Grund und dem Gedanken Rechnung tragend, der wirtschaftlich wertvolle Sklave solle sich nicht einfach kraft seiner Intelligenz dem Herrn entziehen können[14], lassen die Römer Besitzerhaltung am Sklaven *SOLO ANIMO* zu.

Obwohl der Herr seine faktische Macht über den Sklaven verliert, behält er Besitz an ihm (und setzt seine Ersitzung des Sklaven fort). Dies gilt aber nur so lange, bis ein Dritter den flüchtigen Sklaven in Besitz nimmt.

ad 2. Da der *SERVUS FUGITIVUS* weiter im Besitz des Herrn steht, fungiert er auch als dessen Besitzdiener; somit geht die *POSSESSIO* an Sachen, die der Sklave auf die Flucht mitgenommen hat, dem Herrn nicht verloren.

ad 3. *SOLO ANIMO* wird der flüchtige Sklave weiter vom Herrn besessen; damit ist eine Voraussetzung gegeben, dass der *DOMINUS* auch durch den flüchtigen Sklaven Besitz erwerben kann[15].

---

[13] Vgl Paulus D 41.2.3.13 (Case 46).

[14] Vgl Ulpianus D 41.2.13 pr (Case 47).

[15] Siehe dazu oben III.J.

Das zweite Erfordernis für den Besitzerwerb, der *ANIMUS,* stellt einen heiklen Punkt dar: Ein *IUSSUM* an den Sklaven ist nicht denkbar, denn er hat sich dem Herrn ja entzogen; war dem Sklaven ein *PECULIUM* eingeräumt worden, so sind die damit verliehenen Befugnisse mit Beginn der Flucht erloschen[16]. Die Lösung liegt vielleicht in einer Fiktion: Erwerbsakte des *SERVUS FUGITIVUS* werden so behandelt, als geschähen sie im Rahmen eines gültigen Pekuliums.

Alle diese Maßnahmen zum SERVUS FUGITIVUS sind von der Absicht getragen, möglichst die Interessen des Herrn zu wahren, dem der Sklave weggelaufen ist.

Bei wirtschaftlichen Aktivitäten des SERVUS FUGITIVUS den Erwerb des DOMINUS zu konstruieren (siehe oben 3.) leuchtet schon deshalb ein, weil der Sklave mitgenommene Güter (vor allem Geld) auf der Flucht veräußert und damit meist endgültig dem Herrn entzieht: Zum Ausgleich soll jede rechtsgeschäftliche Erwerbshandlung des Sklaven sofort dem DOMINUS zugerechnet werden; dann kann der Herr unbesehen auf all das greifen, was der Sklave bei sich hat, wenn man ihn festnimmt[17].

---

[16]   Vgl Paulus D 15.1.48 pr *LIBERA PECULII ADMINISTRATIO NON PERMANET NEQUE IN FUGITIVO* etc: Die freie Verwaltung des Pekuliums dauert beim Flüchtenden nicht an etc.

[17]   Vgl den im vorrömischen Ägypten 156 v Chr abgefassten Steckbrief zur Verfolgung von zwei geflohenen Sklaven (UPZ I 121; Übersetzung des griechischen Originals aus: Griechische Papyri aus Ägypten als Zeugnisse des öffentlichen und privaten Lebens, ed. J. Hengstl, u. Mitarb. v. G. Häge u. H. Kühnert, München 1978, 298 ff).

Offenbar war der Steckbrief eine Zeit lang erfolglos, sodass die Prämien später von einer zweiten Hand erhöht wurden (Zahlen in Klammern).

„Am 16. Epeiph des 25. Jahres ist ein Sklave des Gesandten Aristogenes, des Sohnes des Chrysippos, aus Alabanda, in Alexandrien entlaufen, dessen Name Hermon ist, auch Neilos genannt, von der Herkunft Syrer aus Bambyke, ca. 18 Jahre alt, von Statur mittelgroß, bartlos, mit festen Waden, einem Grübchen im Kinn, einem Mal links neben der Nase, einer Narbe über dem linken Mundwinkel, auf dem rechten Handgelenk mit zwei nichtgriechischen Buchstaben gezeichnet; mit sich führend 3 Minenstücke in Gold, 10 Perlen, einen eisernen (Hals-)Ring, auf welchem ein Ölfläschchen und ein Schabeisen (abgebildet sind), und um den Leib ein Unterkleid und einen Schurz. Wer diesen zurückbringt, wird 2 (3) Kupfertalente erhalten, wer ihn in einem Heiligtum nachweist, 1 (2) Talente, bei einem zahlungsfähigen und belangbaren Mann 3 (5) Talente. Wer will, soll Anzeige bei den Untergebenen des Strategen erstatten. Ferner ist da der mit ihm entlaufene Bion, der Sklave des Kallikrates, eines der Archihypereten bei Hofe, von kleiner Statur, breit in den Schultern, mit kräftigen Waden, helläugig, der mit einem Umhang und mit einem Sklavenmantel, einer Frauenbüchse im Wert von 6 Talenten und 5000 Kupfer-

Der Besitz am *SERVUS FUGITIVUS* erlischt, wenn sich ein Dritter des Sklaven bemächtigt. Geschieht dies in gutem Glauben – der Dritte meint irrtümlich, der *DOMINUS* habe seinen Sklaven derelinquiert (sein Eigentum an ihm aufgegeben) –, dann kann der Sklave für seinen neuen *POSSESSOR* Besitz erwerben. Wenn der Dritte hingegen schlechtgläubig ist, kann er durch den von ihm in Beschlag genommenen Sklaven nicht Besitz erwerben[18].

D. Besitzerhaltung und Besitzverlust bei unbeweglichen Sachen ohne Besitzmittler oder Besitzdiener

1. Der Possessor kann seinen Besitz an der unbeweglichen Sache *CORPORE ET ANIMO* oder *SOLO ANIMO* aufrecht erhalten.

Die *SOLO ANIMO*-Besitzerhaltung wurde zuerst bei saisonal bewirtschafteten Grundstücken anerkannt (Sommer- und Winterweiden, *SALTUS*)[19]. Schon der Frühklassiker Proculus lässt sie bei allen Grundstücken gelten[20].

> *Die Besitzerhaltung SOLO ANIMO ist freilich nicht für unbeschränkte Dauer, sondern mit Blick auf eine Wiederherstellung des CORPUS möglich. Wenn die erwartete Rückkehr des Possessors oder seiner Besitzmittler/ Besitzdiener ausbleibt, geht der SOLO ANIMO-Besitz wohl verloren[21].*

2. Wenn A unbefugt und in Bemächtigungsabsicht das Grundstück des *POSSESSOR* B besetzt, so hat er zwar *ANIMUS* und auch eine Herrschaftsbeziehung zur Sache, wird aber dennoch nicht sofort Besitzer.

Entscheidend ist, ob sich B der Sache wieder bemächtigt: Geschieht dies, dann hat sich für die Juristen nichts am Besitz geändert; B ist Besitzer geblieben.

Jedoch erwirbt der Eindringling A Besitz, sobald B auf einen Wiederbemächtigungsversuch verzichtet oder dabei scheitert.

---

drachmen entflohen ist. Wer ihn beibringt, wird ebenso viel erhalten wie für den oben Genannten. Anzeige soll auch seinetwegen bei den Untergebenen des Strategen erstattet werden."
Stratege im Ägypten dieser Epoche war ein Zivilgouverneur.

[18] Vgl Paulus D 41.2.1.6 (Case 28).

[19] Vgl Ulpianus D 41.2.3.11 (Case 48); vgl auch Proculus D 41.2.27 (Case 49).

[20] Vgl Ulpianus D 43.16.1.25 (Case 50); vgl auch Papinianus D 41.2.44.2 (Case 51).

[21] Vgl Papinianus D 41.2.46 (Case 51).

Ist B im Wege der Selbsthilfe nicht zu seiner Sache gelangt und hat er somit seinen Besitz verloren, dann steht es ihm offen, diesen durch Rechtsbehelfe wieder zu erlangen: In Frage kommt ein possessorisches Verfahren (INTERDICTUM UTI POSSIDETIS, INTERDICTUM UNDE VI) oder ein petitorisches (ACTIO PUBLICIANA, REI VINDICATIO).

Insgesamt zeigt sich die rechtspolitische Tendenz, bestehenden Besitz so lange wie möglich aufrecht zu erhalten; erst bei Aussicht auf Dauerhaftigkeit wird die Bemächtigung eines Dritten als neue *POSSESSIO* anerkannt[22].

Ulpianus (Labeo) D 41.2.6.1 (Case 52)

A besetzt das Grundstück des B, der auf den Markt gegangen ist und niemanden zurückgelassen hat. Es stellt sich die Frage nach der Besitzerhaltung des Marktbesuchers.

Der Text zeigt zwei Rechtsansichten, die unverbunden hintereinander stehen: Der Frühklassiker Labeo gibt zu verstehen, A werde schon *POSSESSOR,* wenn er eindringt, und damit verliere der abwesende B seinen Besitz[23]. Labeos Meinung hat sich in der Folge nicht durchgesetzt.

Ulpianus gibt die herrschende Lehre wieder, wenn er sagt, B verliere erst Besitz, wenn er bei seiner Rückkehr A nicht vertreiben könne.

Beachte: Solange niemand eindringt, hat der abwesende Marktbesucher jedenfalls auch CORPUS am Grundstück, denn eine bloß vorübergehende Abwesenheit lässt die Sachherrschaft nicht erlöschen.

Pomponius D 41.2.25.2 (Case 53)

In diesem Fall ist der *POSSESSOR* B offenbar längere Zeit abwesend, er hat *SOLO ANIMO* Besitz am Grundstück.

Der Eindringling A erwirbt erst Besitz, wenn der zurückkehrende B auf einen Wiederbemächtigungsversuch verzichtet oder dabei scheitert.

---

[22]   Vgl Iavolenus D 41.2.22 (Case 55).

[23]   Ähnlich meint der Hochklassiker Celsus, dass eine bewaffnete Heerestruppe, die in ein Grundstück einfällt, sogleich Besitz erwirbt; allerdings erlangt die Truppe nur im Ausmaß des tatsächlich besetzten Areals *POSSESSIO,* am übrigen Grundstück aber nicht. Vgl Celsus D 41.2.18.4 (Case 54).

E. Besitzerhaltung und Besitzverlust bei unbeweglichen, Besitzmittlern oder Besitzdienern anvertrauten Sachen

Wenn Besitzmittler oder Besitzdiener die ihnen übertragene Aufgabe einer konkreten Sachherrschaft beenden, so bedeutet dies (vorerst) nicht, dass der betroffene *POSSESSOR* seinen Besitz verliert.

1. Wenn die Besitzmittler oder Besitzdiener sterben oder vom Grundstück fortziehen, erhält der Besitzer seinen Besitz *SOLO ANIMO* aufrecht[24].

Auch diese SOLO ANIMO-Besitzerhaltung gilt wohl nur so lange, bis der Possessor von den Ereignissen erfährt und entsprechende Maßnahmen ergreifen kann, sein CORPUS wiederherzustellen.

2. Wenn die Besitzmittler oder Besitzdiener geisteskrank werden oder die Sachherrschaft durch andere ausüben (etwa untervermieten[25]), ändert sich die *POSSESSIO* nicht[26].

Fasst der Detentor einen ANIMUS REM SIBI HABENDI, ohne einen äußeren Bemächtigungsakt zu setzen, so ändert dies die Besitzlage nicht.

3. Werden Besitzmittler oder Besitzdiener hingegen gewaltsam vertrieben, dann geht – wohl wegen des drastischen, radikalen Einbruchs in den Besitzstand – die *POSSESSIO* sofort verloren[27].

---

[24] Vgl Paulus D 41.2.3.8 (Case 65); vgl auch Proculus D 4.3.31 (Case 66); weiters Pomponius D 41.2.25.1 (Case 61).

Im Gegensatz dazu entscheidet der Hochklassiker Julian, dass ein Verpächter Besitz verliert, sobald sein Pächter freiwillig vom Grundstück fortzieht. Vgl Africanus D 41.2.40.1: ... *ALIUD EXISTIMANDUM AIT, SI COLONUS SPONTE POSSESSIONE DISCESSERIT* etc. ... Anderes müsse man annehmen, sagt er (Julian), wenn der Pächter freiwillig wegzieht etc.

Der Erbe des Pächters vermittelt dem *POSSESSOR* auch dann Besitz, wenn er selbst nicht Pächter ist; vgl Labeo/Iavolenus D 19.2.60.1 (Case 60).

[25] Man spricht hier von einer Detentorenkette: Der Untermieter besitzt für den Untervermieter, dieser selbst als Mieter für seinen Vermieter.

[26] Vgl Pomponius D 41.2.25.1 (Case 61). Vgl auch Paulus D 41.2.30.6 (Case 62), wo verschiedene Detentionstypen angeführt sind und festgestellt wird, dass eine Verlängerung der Detentorenkette der *POSSESSIO* nicht schadet – selbst dann nicht, wenn ein späterer Detentor seinen Vormann für den Eigenbesitzer hält.

[27] Vgl Papinianus D 41.2.44.2 (Case 51).

Wiederholungsfragen

1. Nach welchen Kriterien bestimmt sich die Besitzerhaltung an beweglichen Sachen? Was gilt bei unbeweglichen?

2. Worin gleichen sich die Beurteilung von Besitzerwerb und Besitzerhaltung, worin unterscheiden sie sich? Welche Grundtendenzen bestimmen die römische Vorstellung von Besitzerhaltung?

3. Wann geht Besitz an beweglichen Sachen verloren? Wie wird am *SERVUS FUGITIVUS* Besitz aufrecht erhalten?

4. Was ist Besitzerhaltung *SOLO ANIMO?* Wie lange kann Besitz *SOLO ANIMO* aufrecht erhalten werden?

5. Welche Möglichkeiten hat der Heimkehrer, dem eine Wiederbemächtigung seines von anderen besetzten Hauses nicht gelingt?

6. Was bedeutet es für den Besitz, wenn Besitzmittler oder Besitzdiener gewaltsam von einem Grundstück vertrieben werden?

7. Was bedeutet es für den Besitz, wenn Besitzmittler oder Besitzdiener ihre Funktion der Herrschaftsausübung nicht mehr erfüllen?

Übungsfälle

<u>ÜF 17</u>: Ago bittet Bellona um die sichere Verwahrung seiner Marmorstatue. Bellona übernimmt die Statue und bewahrt sie vorerst sorgfältig auf. Als sie später von Ago beleidigt wird, versenkt sie die Statue boshafterweise im Tiber. Welches Schicksal haben Agos Besitz und Eigentum an der Statue?

<u>ÜF 18</u>: Carus verlässt sein Haus in Rom mit seinem Gesinde und zieht für die Sommermonate auf seinen Landsitz. Kurz darauf bricht Daphne das leer stehende Haus des Carus auf und nimmt dort Wohnung. Carus bemerkt dies, als er einige Wochen später zufällig in Rom weilt, unternimmt aber nichts. Wie steht es mit dem Besitz des Carus an seinem Haus?

ÜF 19: Eros schreibt Flora, er wolle ihr ein Zuchtpferd schenken. Daraufhin schickt Flora ihren Sklaven Gripus zu Eros, damit Gripus das Pferd abhole. Gripus nimmt das Tier von Eros in Empfang, kehrt aber nicht zu Flora zurück, sondern setzt sich in die Berge ab. Nach einer Woche wird Gripus samt Pferd von einer Räuberbande verschleppt.
Prüfen Sie den Besitz an Gripus und am Pferd.

ÜF 20: Helene hat ein Landgut in Oberitalien und verpachtet dieses an Felix. Ein Jahr bewirtschaftet Felix das Gut eigenhändig. Dann schließt er mit Kreon einen Unterpachtvertrag und überlässt diesem das gesamte Landgut, ohne Helene davon zu verständigen. Wenig später fallen Germanenstämme ein und vertreiben Kreon.
Was geschieht mit dem Besitz der Helene im Laufe der Geschichte?

<u>ÜF 21</u>: Leo weidet seine Schafe auf seiner Wiese. Ein Widder springt über den Weidezaun und verirrt sich im weitläufigen Wald der Marcia. Marcia findet den Widder und erkennt ihn als zur Herde des Leo gehörig; Marcia beschließt, ihn für sich zu behalten.
Beurteilen Sie den Besitz an den Schafen und am Widder.

<u>ÜF 22</u>: Nike, wohnhaft in Rom, hat ein Zinshaus in Neapel, das ihr Sklave Orion verwaltet. Im Sommer bricht in Neapel eine Seuche aus, an der auch Orion stirbt. Die Mieter Pius, Diana und Ismene verlassen eilends die Stadt. Nike erfährt drei Monate später davon und schickt den Sklaven Solon als neuen Verwalter.
Wie ist der Besitz der Nike zu beurteilen?

V. EIGENTUM

A. Begriff

Unter Eigentum versteht man das dingliche Recht, auf Grund dessen einer Person – dem Eigentümer – eine Sache umfassend zugeordnet ist.

Das Eigentum heißt in Rom *DOMINIUM* oder *PROPRIETAS,* der Eigentümer wird *DOMINUS* genannt. Jedoch umschreiben die römischen Juristen die Eigentumszuordnung einer Sache zu einer Person auch einfach mit Ausdrücken wie *SUUM EST* oä – „der Gegenstand ist der seine".

Eine auch für das römische Recht brauchbare Definition des Eigentums findet sich in § 354 ABGB: „Als ein Recht betrachtet, ist Eigentum das Befugnis, mit der Substanz und den Nutzungen einer Sache nach Willkür zu schalten, und jeden anderen davon auszuschließen."

B. Eigentum und Besitz

Während Besitz als gewollte faktische Sachherrschaft am Tatsächlichen ausgerichtet ist, bezeichnet Eigentum das Recht, eine Sache für sich zu haben.

Besitz verlangt neben der tatsächlichen Sachgewalt den Besitzwillen; der Eigenbesitzwille ist nichts anderes als der Wille, eine Sache wie ein Eigentümer zu haben. Der Eigentümer aber hat das dingliche Recht, die Sache für sich zu haben: Als Besitzer will man eine Sache für sich haben, als Eigentümer aber darf man es.

Ein *IUSTUS POSSESSOR* hat gegen Besitzstörung und -entzug *INTERDICTA,* die ihm vorläufigen Rechtsschutz gewähren. Diese Interdikte stehen auch dem Eigentümer einer Sache zu, sofern er als *IUSTUS POSSESSOR* in Mitleidenschaft gezogen wird.

Darüber hinaus hat der Eigentümer aber eine Klage, mit der er seine Sache von jedem anderen, in dessen Besitz sie gelangt ist, herausverlangen kann. Diese Eigentumsklage heißt *REI VINDICATIO*[1].

Die *REI VINDICATIO* stellt klar, wem die Sache gehört. Das Interdiktenverfahren trifft eine vorläufige Zuordnung des Besitzes an einer Sache, die Eigentumsklage hingegen ist auf eine endgültige Klärung der rechtlichen Zuordnung gerichtet.

C. Eigentum und beschränkte dingliche Rechte

Eigentum ist das umfassendste dingliche Recht **(Vollrecht)**. Dem Eigentümer sind sowohl die Substanz als auch die Nutzungen einer Sache rechtlich zugewiesen, dh dass grundsätzlich der Eigentümer – und nur er – seine Sache beherrschen darf.

Neben dem Eigentumsrecht als Vollrecht gibt es aber auch **beschränkte dingliche Rechte**. Diese gewähren den jeweils Berechtigten lediglich eine beschränkte Nutzung einer Sache, die einem anderen gehört. Sie werden deshalb auch als *IURA IN RE ALIENA* (Rechte an einer fremden Sache) bezeichnet.

Vom umfassenden Spektrum an Befugnissen, die der Eigentümer einer Sache genießt, stehen den beschränkt dinglich Berechtigten nur einzelne zu. Der Inhalt dieser Befugnisse ist vom Typus her fixiert:

1. Der aus einer Dienstbarkeit (SERVITUS) Berechtigte hat das Recht, dass der Eigentümer einer Sache etwas duldet oder unterlässt. Besteht etwa die Dienstbarkeit des Viehtriebs (ACTUS), so hat der Eigentümer zu dulden, dass der Servitutsberechtigte Vieh über das Grundstück treibt.

2. Der aus einem Pfandrecht (PIGNUS) berechtigte Gläubiger hat das Recht, eine fremde Sache zu verwerten, um seine Forderung zu befriedigen.

3. Der Baurechtsberechtigte (SUPERFICIARIUS) darf auf einem fremden Grund ein Bauwerk errichten und alleine nutzen.

Bestehen beschränkte dingliche Rechte an einer Sache, so ist das Vollrecht des Eigentümers an der Sache insofern eingeschränkt, als er die Nutzung seiner Sache durch die beschränkt dinglich Berech-

---

[1]   Vgl § 366 Satz 1 ABGB: „Mit dem Rechte des Eigentümers, jeden anderen von dem Besitze seiner Sache auszuschließen, ist auch das Recht verbunden, seine ihm vorenthaltene Sache von jedem Inhaber durch die Eigentumsklage gerichtlich zu fordern."

tigten nicht verhindern darf. Bestehen aber an einer Sache keine beschränkten dinglichen Rechte, so hat es der Eigentümer prinzipiell in der Hand, andere Personen von der Nutzung seiner Sache auszuschließen.

Ein Servitutsberechtigter kann etwa das Recht haben, über ein fremdes Grundstück seine Wasserleitung zu führen (Servitut des AQUAE DUCTUS); er darf es aber weder bebauen und die Früchte ziehen, noch darf er es veräußern. Er hat somit ein bloß punktuelles Recht am fremden Grundstück.

Der Eigentümer des Grundstücks, an dem die Servitut besteht, muss die Wasserleitung des Servitutsberechtigten dulden; führt ein anderer als der Servitutsberechtigte eine Wasserleitung über sein Grundstück, so kann der Eigentümer mit einer Klage gegen ihn vorgehen.

D. Befugnisse des Eigentümers

1. Der Eigentümer ist befugt, seine Sache zu benützen und andere an der Benützung seiner Sache zu hindern; er kann aber auch gestatten, dass andere seine Sache gebrauchen.

Bsp 12: Aulus, der Eigentümer eines Lustgartens, darf darin wandeln und jeden anderen durch Aufstellen eines Zaunes am Betreten seines Refugiums hindern.

2. Der Eigentümer ist befugt, Früchte aus seiner Sache zu ziehen. Unter Früchten versteht man wiederkehrende Erträgnisse, die aus einer Sache – der „Muttersache" – bestimmungsgemäß gewonnen werden. Die Früchte gehören primär dem Eigentümer der Muttersache[2].

Bei den Früchten unterscheidet man solche, die „natürlich" aus einer Sache gewonnen werden (FRUCTUS NATURALES) und solche, die auf Grund von Rechtsverhältnissen aus einer Sache entstehen (FRUCTUS CIVILES). Zu den FRUCTUS NATURALES zählen etwa Obst und Gemüse, zu den FRUCTUS CIVILES etwa der Mietzins, der auf Grund eines Mietvertrages dem Vermieter zufließt.

Bsp 13: Der Lustgärtnerin Lysippe gehören die Kirschen und Äpfel, die auf den Bäumen in ihrem Garten wachsen. Sie könnte ihren Garten aber auch einem Pächter überlassen und dabei den Pachtzins als zivile Frucht ziehen.

---

[2]   Näheres zum Fruchterwerb siehe unten IX.B.

3. Der Eigentümer ist befugt, in die Substanz seiner Sache einzugreifen. Er darf sie verändern, sie verarbeiten, ja sogar zerstören.

Bsp 14: Es steht Lysippe frei, aus ihrem Lustgarten einen Rübenacker zu machen, sie kann den Garten aber auch in ein unberührtes Biotop verwandeln.

4. Der Eigentümer ist befugt, anderen Personen an seiner Sache beschränkte dingliche Rechte einzuräumen.

Bsp 15: Lysippe kann ihrer Bank zur Sicherung einer Forderung der Bank gegen sie ein Pfandrecht an ihrem Grundstück einräumen. Sie kann ihrem Nachbarn aber auch die Servitut einräumen, Schafe auf ihrem Grundstück grasen zu lassen.

5. Der Eigentümer ist befugt, sein Eigentumsrecht einem anderen zu übertragen. Nach der wirksamen Übertragung seines Eigentumsrechtes – der Verfügung – hat der Erwerber Eigentum und der bisherige Eigentümer kein dingliches Recht mehr.

Bsp 16: Lysippe hat dem Nachbarn eine Kiste Äpfel aus der letzten Ernte ihres Obstgartens verkauft. Lysippe übergibt die Äpfel dem Nachbarn. Nach vollzogener TRADITIO ist der Nachbar Eigentümer der Äpfel, während Lysippe an ihnen kein Recht mehr hat.

6. Der Eigentümer ist befugt, einem anderen die Ermächtigung zu erteilen, das Eigentumsrecht an seiner Sache zu übertragen.

Durch diese Ermächtigung wird der andere Verfügungsbefugter. Auf Grund der Verfügungsbefugnis kann ein Nichteigentümer wirksam über eine fremde Sache dinglich verfügen.

Bsp 17: Aulus muss in den Krieg ziehen und kann daher die Äpfel seiner letzten Ernte nicht selbst veräußern. So bittet Aulus seinen Bruder Balbus, dies für ihn zu tun, und ermächtigt Balbus zur Verfügung über die Ware. In der Folge veräußert Balbus die Äpfel für Aulus.

7. Der Eigentümer kann sich des Eigentums an seiner Sache entledigen, ohne es einem anderen zu übertragen, indem er die Sache derelinquiert (preisgibt). Dereliktion liegt vor, wenn der Eigentümer den Besitz an seiner Sache freiwillig mit der erkennbaren Absicht aufgibt, sein Eigentum aufzugeben. Solch eine Sache nennt man *RES DERELICTA*[3].

---

[3]   Zu *RES DERELICTA* und *OCCUPATIO* siehe unten IX.A.

8. Der Dominus eines Sklaven hat das Recht, ihn freizulassen. Auf Grund der Freilassung *(MANUMISSIO)* wird der Sklave zum Rechtssubjekt.

Zur Durchsetzung seiner Befugnisse stehen dem Eigentümer dingliche Klagen zur Verfügung[4].

E. Grenzen der Eigentümerbefugnisse

Das Eigentumsrecht ist das umfassendste Recht, das eine Person an einer Sache haben kann. Aber auch das umfassendste Recht leitet sich von der Rechtsordnung ab und ist den Grenzen der Rechtsordnung unterworfen. Daher darf selbst der Eigentümer keineswegs alles mit seiner Sache machen, sondern ist bei der Ausübung seines Eigentumsrechts an zwingende rechtliche Vorschriften gebunden. Zwingendes Recht – also Recht, das nicht durch private Vereinbarungen verdrängt werden kann – bezeichnet man als *IUS COGENS*.

Auch im römischen Recht finden sich bereits verschiedene „Eigentumsbeschränkungen".

> *Bsp 18: Seit alters her galt in Rom unter Ehegatten ein Schenkungsverbot. Aulus kann deshalb seinen Garten zu Lebzeiten nicht unentgeltlich an seine Frau Aurelia übertragen.*

> *Bsp 19: Aulus darf sein Grundstück dazu nutzen, ein Haus darauf zu errichten; dabei muss er aber verschiedene Bauvorschriften einhalten, zB eine Konstitution von Kaiser Augustus, die es verbietet, höher als 70 Fuß[5] zu bauen.*

Der Eigentümer trägt für seine Sache auch eine gewisse Verantwortung. Er muss darauf achten, dass durch seine Sache niemand anderer Schaden nimmt.

> *Der Eigentümer eines Hauses darf dieses nicht derart vernachlässigen, dass es droht, einzustürzen und dabei ein Nachbarhaus zu beschädigen. Gegebenenfalls kann er vom Nachbarn sogar gezwungen werden, eine Sicherheitsleistung (CAUTIO DAMNI INFECTI) für einen drohenden Schaden am Nachbarhaus zu erbringen.*

Insbesondere die Eigentümer von Grundstücken müssen bei der Nutzung ihres Eigentums Beschränkungen im Interesse ihrer Nachbarn

---

[4]   Siehe dazu unten X.

[5]   Vgl Strabo 5.3.7; Suet. Aug. 89.2.70 *PEDES* sind etwa 21 Meter.

dulden. Diese nachbarrechtlichen Beschränkungen ähneln ihrer Struktur nach Servituten zu Gunsten der Nachbarn. Sie werden deshalb auch manchmal als „Legalservituten"[6] – gleichsam von der Rechtsordnung zwangsweise eingeräumte Servituten – bezeichnet.

F. Eigentumsbefugnisse mehrerer an einer Sache

Das Eigentum an einer Sache kann auch mehreren Personen zustehen; man spricht hier von Miteigentum. Die Miteigentümer haben gemeinsam dieselben Rechte an einer Sache, die sonst ein einzelner Eigentümer hat. Aus der Tatsache, dass das Eigentum mehreren Personen gemeinsam zusteht, ergeben sich aber Probleme bei der Ausübung der Eigentümerbefugnisse.

Das römische Recht kennt zwei Formen von Miteigentum: die Erbengemeinschaft des altzivilen Rechts *(CONSORTIUM ERCTO NON CITO)* und im klassischen Recht das Miteigentum nach Quoten *(CONDOMINIUM)*.

1. *CONSORTIUM*

a. Die Miteigentumsform des *CONSORTIUM ERCTO NON CITO* ist eine in der Klassik bereits verschwundene Einrichtung des altrömischen Erbrechts, an die in den Gaius-Institutionen (um 160 n Chr) noch kurz erinnert wird.

Gaius Institutionen 3.154a und b

EST AUTEM ALIUD GENUS SOCIETATIS PROPRIUM CIVIUM ROMANORUM. OLIM ENIM SIMUL ET NATURALIS SOCIETAS, QUAE APPELLABATUR «ERCTO NON CITO», ID EST «DOMINIO NON DIVISO» ...

IN HAC AUTEM SOCIETATE FRATRUM CETERORUMVE, QUI AD EXEMPLUM FRATRUM SUORUM SOCIETATEM COIERINT, ILLUD PROPRIUM ERAT, [UNUS] QUOD VEL UNUS EX SOCIIS COMMUNEM SERVUM MANUMITTENDO LIBERUM FACIEBAT ET OMNIBUS LIBERTATEM ADQUIREBAT; ITEM UNUS REM COMMUNEM MANCIPANDO EIUS FACIEBAT, QUI MANCIPIO ACCIPIEBAT.

---

6   Näheres zu den „Legalservituten" siehe unten XI.F.

Es gibt jedoch eine andere Art der Gesellschaft, die dem Son-
derrecht der römischen Bürger angehört. Einst gab es nämlich
nach dem Tod des Familienvaters eine bestimmte Gesellschaft
unter den Hauserben, die auf gesetzlicher und gleichzeitig natürlicher Grundlage beruhte; diese wurde *ERCTO NON CITO* genannt, das bedeutet „ohne, dass das Eigentum geteilt worden
ist" ...

Für diese Gesellschaft von Brüdern jedoch und von allen anderen, die nach dem Vorbild von Brüdern, die Hauserben waren,
eine Gesellschaft eingegangen waren, war dies eigentümlich,
dass sogar nur einer von den Gesellschaftern einen gemeinsamen Sklaven durch Freilassung zu einem freien Menschen
und damit zum Freigelassenen aller machen konnte. Ferner
übertrug ein Einziger eine gemeinsame Sache durch Manzipation zum Eigentum desjenigen, der sie durch Manzipation
erwarb.

Wenn ein Hausvater *(PATER FAMILIAS)* stirbt, so werden die Haus-
töchter *(FILIAE FAMILIAS)*, Haussöhne *(FILII FAMILIAS)* und die
Ehefrau *(UXOR IN MANU)*, die bisher unter seiner Familiengewalt gestanden sind, gewaltfrei. Als *SUI HEREDES*[7] treten sie rechtlich mit
dem Tod des *PATER FAMILIAS* an dessen Stelle: Solange der *PATER
FAMILIAS* gelebt hat, waren die *SUI* als Gewaltunterworfene vermögensunfähig; nun setzen sie gemeinsam seine Vermögensrechte fort.

Den Mitgliedern dieser Miteigentumsgemeinschaft *ERCTO NON
CITO* kommt das Eigentum gemeinsam zu. Keinem Miterben gehört
ein bestimmter Anteil am Vermögen.

Diese familienrechtliche „Genossenschaft" beruht auf einem besonderen Vertrauensverhältnis: Verfügungen sollen gemeinschaftlich
getroffen werden; wenn aber einer der Miterben über eine Sache, die
zur Gemeinschaft *ERCTO NON CITO* gehört, verfügt, so ist diese Verfügung (für alle Mitglieder des *CONSORTIUM*) wirksam.

b. Jeder Miterbe kann die Beendigung der Gemeinschaft *ERCTO
NON CITO* und die Aufteilung des Vermögens fordern. Zu diesem
Zweck hat er die *ACTIO FAMILIAE ERCISCUNDAE*. Auf Grund der

---

[7]   Zu den *SUI HEREDES* gehören auch Adoptivkinder und die Kinder vorverstor-
bener Kinder des *PATER FAMILIAS*, die unter seiner *PATRIA POTESTAS* gestanden
sind.

Aufteilung erlangt jeder Miterbe an einem Teil des Vermögens Alleineigentum.

2. *CONDOMINIUM*

a. Die im klassischen römischen Recht anzutreffende Fortentwicklung des *CONSORTIUM,* die in ihrem Anwendungsbereich nicht auf Erbengemeinschaften beschränkt ist, stellt das Miteigentum nach ideellen Bruchteilen *(CONDOMINIUM,* auch *COMMUNIO PRO INDIVISO)*[8] dar. Beim *CONDOMINIUM* steht das Eigentumsrecht an einer (real ungeteilten) Sache mehreren Berechtigten in der Form eines ideellen Anteils zu.

> *Die Miteigentumsform des CONDOMINIUM kann vertraglich etwa bei Erwerbsgesellschaften vereinbart werden, wenn sich mehrere Personen durch den Gesellschaftsvertrag (SOCIETAS) zusammenschließen, um einen wirtschaftlichen Zweck zu erreichen.*

Beim *CONDOMINIUM* ist jedem Miteigentümer ein ideeller Anteil – die Quote – am Eigentumsrecht zugewiesen (zB 1/8). Über seinen ideellen Anteil kann jeder Miteigentümer frei verfügen. Eine wirksame Verfügung über die Sache selbst, die im Miteigentum steht, ist aber nur im Zusammenwirken aller Miteigentümer möglich. Trifft ein Miteigentümer ohne Zustimmung der anderen eine Verfügung, so wirkt diese allenfalls zu Gunsten oder zu Lasten seines Anteils, ist aber hinsichtlich der übrigen Anteile in der Regel unwirksam.

> *Bsp 20 a: Manzipiert Leo den Sklaven Pamphilus, der zur Hälfte Leo und zur anderen Hälfte Irene gehört, an Crassus, so erwirbt dieser nur am Hälfteanteil Eigentum; der andere Hälfteanteil am Sklaven verbleibt bei Irene. Will Crassus den Pamphilus freilassen, so kann er dies nur im Einverständnis mit Irene oder nach erfolgtem Erwerb des Anteils der Irene.*

b. Zur Aufhebung der Gemeinschaft und Aufteilung des Vermögens dient die *ACTIO COMMUNI DIVIDUNDO.*

Lassen sich die im Miteigentum stehenden Sachen ohne Wertverlust teilen (sogenannte teilbare Sachen, zB Geld), so weist der Richter den Miteigentümern entsprechend ihren Quoten je an einem Teil Alleineigentum zu (Naturalteilung). Ansonsten kann der Richter ent-

---

[8]   Siehe dazu auch unten IX.D.

weder einzelnen Miteigentümern Alleineigentum zuweisen und sie zu Gunsten der anderen zu Ausgleichszahlungen verpflichten, oder aber die Sache versteigern lassen und den Erlös aufteilen (Zivilteilung).

> *Bsp 20 b: Agathe, Babrios und Cato haben je ein Drittel Anteil am Fundus[9] Sulficianus. Will Babrios auf dem Fundus ein Amphitheater errichten, so muss er die Zustimmung der beiden Miteigentümer Agathe und Cato einholen. Wenn sie sich nicht einigen können, besteht die Möglichkeit der Teilungsklage. Babrios kann freilich auch versuchen, Agathe und Cato ihre Drittelanteile jeweils abzukaufen und so zum Alleineigentümer zu werden.*

Wiederholungsfragen

1. Wie definiert das ABGB Eigentum?

2. Ulpianus in D 41.2.12.1: NIHIL COMMUNE HABET PROPRIETAS CUM POSSESSIONE (Das Eigentum hat mit dem Besitz nichts gemeinsam). Inwiefern trifft diese Aussage zu, inwiefern ist sie übertrieben?

3. Wie heißt die Klage des nichtbesitzenden Eigentümers gegen den besitzenden Nichteigentümer? Wo findet sich diese im ABGB geregelt?

4. Was unterscheidet Eigentum von den beschränkten dinglichen Rechten? Welche beschränkten dinglichen Rechte gibt es in Rom?

5. Was bedeutet IUS COGENS? Beispiele?

6. Worin bestehen die Befugnisse des Eigentümers?

7. Was versteht man unter Verfügungsbefugnis?

8. Was ist die CAUTIO DAMNI INFECTI?

9. Welche Besonderheiten weist das altrömische CONSORTIUM ERCTO NON CITO auf?

---

[9] FUNDUS heißt Landgut.

10. Wodurch ist das Miteigentum nach Bruchteilen *(CONDOMI-NIUM)* gekennzeichnet? Worüber kann ein Miteigentümer beim *CONDOMINIUM* verfügen?

11. Wie kann ein Sklave, der im *CONDOMINIUM* von A und B steht, freigelassen werden?

VI. EIGENTUMSERWERB – ÜBERBLICK

A. Arten des Eigentumserwerbs

Der Erwerb des Eigentums kann auf verschiedene Arten erfolgen. Dabei lassen sich zunächst drei Tatbestandsgruppen unterscheiden: die Übereignungsgeschäfte, die Ersitzung und die sog „natürlichen" Erwerbsarten.

Der Eigentumserwerb leitet sich entweder vom Recht des Vormannes ab (derivativ) oder er ist ursprünglich (originär).

B. Eigentumserwerb durch Übereignungsgeschäft [1]

1. Das Eigentum kann vom Eigentümer (oder von dessen ermächtigtem Vertreter) durch ein Rechtsgeschäft auf den Erwerber übertragen werden. Veräußerer und Erwerber wickeln dabei ein Verfügungsgeschäft[2] ab.

2. Die Römer kennen drei Typen von Übereignungsgeschäften: *MANCIPATIO, IN IURE CESSIO* und *TRADITIO*.

3. Durch die Übereignung gelangt das Eigentum des Veräußerers an den Erwerber. Da sich die Rechtsposition des Erwerbers also von der des Veräußerers ableitet, handelt es sich um derivativen Eigentumserwerb.

Der Denkform nach wandern die Eigentümerbefugnisse des Veräußerers zum Erwerber; was der Empfänger an Rechten erhalten kann, hängt also direkt davon ab, was sein Partner an Rechten hat: Mehr Rechte als dem Veräußerer zustehen, kann der Erwerber nicht bekommen.

---

[1] Ausführlicher zur Übereignung unten VII.

[2] Zum Verfügungsgeschäft siehe oben III.D.2.

Die Römer haben diesen Satz vom Standpunkt des Veräußerers her formuliert: Niemand kann mehr Rechte übertragen, als er selbst hat – *NEMO PLUS IURIS TRANSFERRE POTEST QUAM IPSE HABET*[3].

Bsp 21: Leo ist Eigentümer der Sklavin Pomona, an der Verres einen USUSFRUCTUS hat. Leo manzipiert die Sklavin schenkweise seinem Freund Ajax. Dadurch wird Ajax zwar Eigentümer von Pomona, doch bekommt er bloß das mit dem USUSFRUCTUS belastete Eigentum: Leo konnte dem Ajax nicht mehr Rechte übertragen, als er selbst hatte. Verres wird seine Nießbrauchsrechte nun gegen Ajax behaupten.

Beachte: Niemand kann mehr Rechte übertragen, als er selbst hat – wohl aber weniger: Solon, dem ein unbelastetes Landgut samt Villa gehört, kann dieses etwa an Viktor manzipieren und sich dabei eine Wohnservitut (HABITATIO) an der Villa vorbehalten.

C. Eigentumserwerb durch Ersitzung – *USUCAPIO*[4]

Ersitzung – *USUCAPIO* – ist Eigentumserwerb durch qualifizierten Besitz während einer bestimmten Zeit.

Der Ersitzung kommt vor allem dort eine wichtige Funktion zu, wo ein Übereignungsgeschäft von einem Mangel beeinträchtigt war und der Erwerber deshalb kein Eigentum erhalten konnte[5].

Hat etwa der Veräußerer weder Eigentum noch Verfügungsbefugnis, so kann der Empfänger am Gegenstand zwar Besitz erlangen, nicht aber Eigentum; ebenso steht der Mangel einer gültigen CAUSA dem Eigentumserwerb durch TRADITIO entgegen.

Ist also ein derivativer Eigentumserwerb misslungen, dann kann – unter besonderen Voraussetzungen – die originäre Erwerbsart der *USUCAPIO* dem Empfänger zustatten kommen.

Durch qualifizierten Besitz mag der rechtliche Mangel geheilt werden: Nach Ablauf der Ersitzungsfrist gehört die Sache dem Usukapienten. Der bisherige Eigentümer verliert sein Recht, ohne dass ihm ein Wertersatzanspruch gegen den Usukapienten zukommt.

---

3   Vgl Ulpianus D 41.1.20 pr (Case 67).

4   Ausführlicher zur *USUCAPIO* unten VIII.

5   Zur Ersitzung des quiritischen Eigentums nach bloßer *TRADITIO* einer *RES MANCIPI*, Ersitzung derelinquierter *RES MANCIPI* und *USUCAPIO PRO HEREDE* siehe unten VIII.A. und B.

D. „Natürlicher" Eigentumserwerb

Für den klassischen Juristen Gaius beruhen einige Erwerbstatbestände auf natürlicher Vernunft – *NATURALIS RATIO;* auf diese Erklärung des Gaius geht der Sammelname „natürliche" Erwerbsarten zurück.

1. *OCCUPATIO* (Aneignung)[6]

Wer eine herrenlose Sache – *RES NULLIUS* – (zB ein wildes Tier, eine derelinquierte Sache oder einen Schatz) in Besitz nimmt, wird ihr Eigentümer. Mangels Bezugs zu einem Vormann ist dieser Erwerb originär.

> *Bsp 22: Diana erlegt im Wald ein Wildschwein und trägt es nach Hause. Durch OCCUPATIO hat sie Eigentum erworben.*

2. Fruchterwerb[7]

Die Frucht ist im Verlauf ihres Wachsens unselbständiger Bestandteil der Muttersache und gehört daher dessen Eigentümer. Mit der Trennung von der Muttersache wird die Frucht ein selbständiges Objekt mit eigenem rechtlichen Schicksal; sie gehört dann dem Eigentümer der Muttersache, sofern nicht einer der folgenden speziellen Erwerbstatbestände eingreift:

a. Der gutgläubige Besitzer der Muttersache (*BONAE FIDEI POSSESSOR:* er hält sich gutgläubig, aber irrtümlich für den Eigentümer der Muttersache) erwirbt die Früchte durch *SEPARATIO* (Trennung).

b. Der Erbpächter *(EMPHYTEUTA)* erwirbt ebenfalls durch *SEPARATIO* (Trennung) Eigentum an den Früchten.

In zwei anderen Fällen – beim Pächter und beim Nießbraucher – findet ein Fruchterwerb erst mit dem Ergreifen statt; bei bloßer Lostrennung stehen die Früchte zunächst im Eigentum des Eigentümers der Muttersache.

c. Der Pächter *(COLONUS, CONDUCTOR)* erwirbt durch *PERCEPTIO* (Ergreifen) Eigentum an den Früchten.

---

[6]   Zur *OCCUPATIO* siehe unten IX.A.

[7]   Zum Fruchterwerb siehe unten IX.B.

d. Auch der Nießbraucher *(USUFRUCTUARIUS)* erwirbt durch *PER-CEPTIO* (Ergreifen) Eigentum an den Früchten.

3. *ACCESSIO* (Verbindung)[8]

Werden die Gegenstände verschiedener Eigentümer miteinander fest verbunden, dann erwirbt der Eigentümer der Hauptsache originär Eigentum an der verbundenen Nebensache. Dem vormaligen Eigentümer der Nebensache steht gegen den, der durch *ACCESSIO* erworben hat, ein Wertersatzanspruch zu.

> *Bsp 23: Charinus nimmt eine Bodenplatte der Vibia und schweißt sie an seinen Streitwagen. Nach vollendeter ACCESSIO gehört die Bodenplatte Charinus.*

4. *CONFUSIO, COMMIXTIO* (Vermischung, Vermengung)[9]

Bei den Fällen von *CONFUSIO* und *COMMIXTIO,* der ununterscheidbaren Vermischung bzw Vermengung gleichartiger Stoffe, tritt insofern keine Änderung der dinglichen Rechtslage ein, als jeder Betroffene sogleich im Umfang seines Beitrags vindizieren kann (sog Quantitätsvindikation, *VINDICATIO PRO PARTE*).

> *Bsp 24: Europa, eine Lagerhalterin, schüttet irrtümlich zwei Tonnen Weizen des Gripus und vier Tonnen Weizen des Stichus zusammen. Nach dieser COMMIXTIO gehören zwei Tonnen des Gemenges Gripus und vier Tonnen Stichus.*

5. *SPECIFICATIO* (Verarbeitung)[10]

Eine *SPECIFICATIO* nimmt vor, wer aus fremdem Material unbefugt eine Sache mit veränderter Art herstellt.

Als Eigentümer der hergestellten Sache wird von den Sabinianern der Eigentümer des Materials, von den Prokulianern jedoch der Verarbeiter angesehen.

Schließlich bildet sich ein Kompromiss aus dem Schulenkonflikt (sog *MEDIA SENTENTIA*): Besteht die Möglichkeit, die Verarbeitung rückgängig zu machen, so gehört das Produkt dem Materialeigen-

---

8   Zur *ACCESSIO* siehe unten IX.C.

9   Zu *CONFUSIO* und *COMMIXTIO* siehe unten IX.D.

10 Zur *SPECIFICATIO* siehe unten IX.E.

tümer. Ist hingegen das Rückführen in den Ausgangszustand nicht möglich, dann gehört das Produkt dem Verarbeiter; er hat dem ehemaligen Materialeigentümer Wertersatz zu leisten.

Bsp 25: Peitho produziert aus den Trauben des Simon Wein. Der Wein gehört Peitho.

Wiederholungsfragen

1. Was versteht man unter derivativem, was unter originärem Eigentumserwerb?

2. Was ist ein Übereignungsgeschäft? Welche Übereignungsgeschäfte gibt es im römischen Recht?

3. Was bedeutet der Satz *NEMO PLUS IURIS TRANSFERRE POTEST QUAM IPSE HABET*?

4. Was versteht man unter *USUCAPIO*?

5. A hat die Sache des B ersessen. Kann B vom nunmehrigen Eigentümer A Wertersatz verlangen?

6. Welche Eigentumserwerbstatbestände gehören zu den „natürlichen" Erwerbsarten?

VII. EIGENTUMSERWERB DURCH ÜBEREIGNUNG

A. Übereignung durch *MANCIPATIO* und *IN IURE CESSIO*

MANCIPATIO und *IN IURE CESSIO* sind altrömische Verfügungsgeschäfte, mit denen Eigentum übertragen werden kann. Als Geschäfte
des *IUS CIVILE* stehen sie nur römischen Bürgern (Quiriten) offen
und verschaffen dem Erwerber ziviles (quiritisches) Eigentum[1].

1. Die *MANCIPATIO*

ist ein Formalakt: Sie erfordert acht Personen – neben dem Veräußerer und dem Erwerber einen Waagehalter und fünf Zeugen. Der
Empfänger muss die betreffende *RES MANCIPI* (oder ein Symbol für
diese) ergreifen, nach einem bestimmten Formelwortlaut seinen Erwerb behaupten und mit einer Münze auf die Waage schlagen. Der
Veräußerer schweigt dazu.

> Beim kaufweisen Erwerb eines Sklaven etwa lautet die Manzipationsformel
> so: *HUNC EGO HOMINEM EX IURE QUIRITIUM MEUM ESSE AIO ISQUE MIHI
> EMPTUS ESTO HOC AERE AENEAQUE LIBRA* – „ich behaupte, dass dieser
> Sklave nach dem Recht römischer Bürger mir gehört, und er soll für mich
> gekauft sein durch dieses Kupfer und diese kupferne Waage".

---

[1] Neben der älteren Rechtsschicht des *IUS CIVILE* gibt es eine jüngere, das *IUS
HONORARIUM*. Während das (republikanische) *IUS CIVILE* römische Vätersitte *(MOS
MAIORUM)* und die römischen Gesetze *(LEGES,* Plebiszite), samt der darauf bezoge-
nen Rechtsfindung *(INTERPRETATIO)* umfasst, beruht das *IUS HONORARIUM* auf
dem rechtsschöpferischen Wirken des Prätors. Normsetzend greift der Prätor häufig
dann ein, wenn das als verfestigt geltende und somit kaum adaptierbare *IUS CIVILE*
neuen rechtspolitischen Vorstellungen – zB Formfreiheit von Geschäften – nicht
mehr genügt. Seine Schöpfung gleicht inhaltlich oft einem bekannten Institut des
IUS CIVILE, findet aber in einer eigenen Klage Ausdruck und Geltung: So sind etwa
die inhaltlichen Befugnisse des bonitarischen Eigentümers (prätorisches Recht,
Honorarrecht) nicht anders als die des zivilen (ziviles, quiritisches Recht), doch prozessual wird das bonitarische Eigentum mit der *ACTIO PUBLICIANA* durchgesetzt,
das zivile hingegen mit der *REI VINDICATIO.*

Die Manzipation ist das auf *RES MANCIPI* zugeschnittene Übereignungsgeschäft. *RES MANCIPI* sind italische Grundstücke[2] samt Gebäuden, bestimmte Feldservituten, Sklaven sowie bestimmte Zug- und Tragtiere[3]. Diese Güter stellen wohl die wichtigsten Produktionsfaktoren der Agrargesellschaft des frühen Rom dar. Gehört eine Sache nicht zu den *RES MANCIPI,* dann ist sie eine *RES NEC MANCIPI.*

Durch die Manzipation wird dem Empfänger vom berechtigten Veräußerer ziviles (quiritisches) Eigentum an einer *RES MANCIPI* übertragen.

> Beachte: Eine gültige Manzipation verschafft ziviles Eigentum an RES
> MANCIPI, eine reale Sachübergabe kann aber unterbleiben. So lässt sich
> etwa ein oberitalienisches Grundstück in Rom manzipieren; wie der Ver-
> äußerer dem Erwerber dann Besitz überträgt, ist getrennt von der Manzi-
> pation zu betrachten.

Die Manzipation ist ein abstraktes Verfügungsgeschäft: Voraussetzungen für den Erwerb sind das zivile Eigentum des Veräußerers und der korrekte Vollzug des Formalaktes. Anders als bei der formfreien *TRADITIO* erwirbt der Empfänger selbst dann ziviles Eigentum, wenn es an einer gültigen *IUSTA CAUSA* mangelt.

Sollte sich später herausstellen, dass die Übereignung wirtschaftlich nicht gerechtfertigt ist – etwa weil der von den Parteien beabsichtigte Kauf nicht (gültig) zustandegekommen war –, dann kann der Veräußerer mit einer *CONDICTIO* verlangen, dass ihm die Sache oder deren Wert zurückgegeben wird.

> Diese CONDICTIO ist eine Klage, mit der eine Vermögensverschiebung
> rückgängig gemacht wird, wenn die Vermögensverschiebung nicht oder
> nicht mehr gerechtfertigt ist (sog ungerechtfertigte Bereicherung)[4].

Die Manzipation wirkt zwar abstrakt, aber derivativ: Vom nichtberechtigten Veräußerer kann man durch Manzipation kein Eigentum erwerben; es gilt *NEMO PLUS IURIS TRANSFERRE POTEST QUAM IPSE HABET.*

---

[2]   Nicht zu den *RES MANCIPI* gehören laut Gai Inst 2.14a Grundstücke in den Senatsprovinzen *(PRAEDIA STIPENDIARIA)* und in den Kaiserprovinzen *(PRAEDIA TRIBUTARIA).*

[3]   Rinder, Pferde, Esel, Maultiere und Maulesel.

[4]   Zu den *CONDICTIONES* siehe auch oben II.F bei *CONDICTIO FURTIVA.*

2. Die *IN IURE CESSIO*

ist gleich der Manzipation ein abstraktes, derivatives Verfügungsgeschäft, das einen Formalakt verlangt.

Ihr Vorbild hat die *IN IURE CESSIO* im alt-römischen Eigentumsprozess: Er sieht vor, dass jede der Parteien vor dem Prätor behauptet, Eigentümer zu sein. Die *IN IURE CESSIO* macht diesen prozessualen Mechanismus nun rechtsgeschäftlich nutzbar, indem sie vorsieht, dass die Parteien vor dem Prätor erscheinen, der Empfänger die Sache als sein Eigentum beansprucht und der Veräußerer dies nicht bestreitet. Daraufhin wird dem Empfänger das Eigentum zugesprochen – *ADDICTIO*.

Die *IN IURE CESSIO* lässt ziviles Eigentum an *RES MANCIPI* übergehen; anders als die Manzipation erfasst sie allerdings auch *RES NEC MANCIPI*.

→ Anders als bei der formfreien Traditio erwirb [handschriftliche Notiz]

B. Übereignung durch *TRADITIO*

Neben *MANCIPATIO* und *IN IURE CESSIO* gewinnt im Laufe der römischen Rechtsentwicklung die auch für Nichtbürger verwendbare *TRADITIO* an Bedeutung. Sie verlangt kein bestimmtes Verfahrensritual, sondern ist eine formfreie Verfügung.

Eigentumserwerb durch *TRADITIO* hängt von drei Voraussetzungen ab:

1. Dingliche Berechtigung

Der Vormann muss Eigentümer oder zumindest Verfügungsbefugter (etwa ein vom Eigentümer Ermächtigter) sein – *NEMO PLUS IURIS TRANSFERRE POTEST QUAM IPSE HABET*.

2. Besitzübertragung

Es muss die *POSSESSIO* vom Veräußerer auf den Erwerber übertragen werden.

> *Dies kann durch formlose Übergabe (TRADITIO), aber auch durch eines der Traditionssurrogate (TRADITIO BREVI MANU, CONSTITUTUM POSSESSORIUM) erfolgen.*

3. Erwerbstitel

Die Übertragung der Sache muss auf einer *IUSTA CAUSA (= TITULUS)*, dh einem rechtlich anerkannten Erwerbstitel, beruhen.

Darunter versteht man bestimmte ökonomisch-soziale Zwecke, welche die Rechtsordnung als Grund des Behaltendürfens normiert. So ist es Inhalt verschiedener Vereinbarungen, dass eine Sache auf Dauer einem anderen zugeordnet werden soll. Zu den wichtigsten IUSTAE CAUSAE TRADITIONIS, die einen Eigentumserwerb rechtfertigen, gehören etwa Kauf, Darlehen, Schenkung oder Mitgiftbestellung.

Anders als Manzipation und In-Iure-Cessio ist die *TRADITIO* ein kausales Verfügungsgeschäft: Der Verfügungsakt – auch *MODUS* genannt – führt nur auf der Basis eines rechtfertigenden Kausalgeschäfts – *TITULUS (CAUSA)* – zur Übereignung.

Das österreichische Zivilrecht normiert dieses zweigleisige Konzept von TITULUS und MODUS allgemein für die Wirksamkeit dinglicher Verfügungen. So bestimmt etwa § 380 ABGB: „Ohne Titel und ohne rechtliche Erwerbungsart kann kein Eigentum erlangt werden."

Mit der *TRADITIO* kann man **ziviles** (quiritisches) Eigentum nur an *RES NEC MANCIPI* übertragen.

Wird eine *RES MANCIPI* nicht manzipiert (oder durch In-Iure-Cessio übertragen), sondern bloß tradiert, dann kann der Empfänger nicht unmittelbar, sondern erst mit Ablauf der Ersitzungsfrist quiritisches Eigentum (Eigentum nach *IUS CIVILE)* erwerben.

Wenn eine *RES MANCIPI* von einem berechtigten Vormann auf Grund einer *IUSTA CAUSA* bloß tradiert wird, so wird der Erwerber vom Prätor aber besonders geschützt. Er erwirbt nicht bloßen Ersitzungsbesitz, sondern **bonitarisches** Eigentum, dh die Stellung eines Eigentümers nach prätorischem Recht. Als bonitarischer (prätorischer) Eigentümer genießt er Rechtsschutz gegenüber jedermann; seine Klage ist aber nicht die (zivile) *REI VINDICATIO,* sondern die (prätorische) *ACTIO PUBLICIANA*[5].

Iavolenus D 39.5.25 (Case 68)

E gibt T eine Sache mit der Absprache, T solle sie im Namen des E dem Titius schenken. T übernimmt die Sache und schenkt sie Titius, allerdings gegen die Absprache nicht im Namen des E, sondern im eigenen.

---

[5]   Zum zivilen und prätorischen Recht siehe oben Fn 1. Zur Ersitzung bei bloßem Formmangel siehe unten VIII.B.

Die Frage, ob Titius Eigentum an der Sache übertragen wurde, verneint Iavolenus.

Der Blick ist hier auf das Verhältnis zwischen T und Titius zu richten: Die Übereignung an Titius scheitert, denn T hat die Sache nicht in seinem Eigentum und handelt insofern unbefugt, als er im eigenen Namen schenkt; T wurde von E zwar zur Verfügung ermächtigt (oder agiert gar nur als Bote), doch überschreitet er die Ermächtigung, wenn er das Geschäft im eigenen Namen durchführt.

Unproblematisch erscheinen hingegen die beiden anderen Erwerbsvoraussetzungen: Es findet eine reale Übergabe der Sache von T an Titius statt, auf Grund derer Titius POSSESSIO erlangt. Dabei sind sich T und Titius über den Charakter des Geschäfts als Schenkung einig – insofern liegt eine IUSTA CAUSA vor.

Strengrechtlich bleibt demnach E Eigentümer der Sache, da die Übereignung an Titius gescheitert ist. Die ihm gegen Titius zustehende *REI VINDICATIO* wird jedoch mit einer vom beklagten Titius erhobenen *EXCEPTIO DOLI*[6] wirkungslos gemacht.

Die von Javolen vertretene „großzügigere" Lösung – *BENIGNIUS EST* – stützt sich wohl darauf, dass der Schenkungsabsicht des E im Ergebnis Rechnung getragen worden ist und dieser nicht durch einen rigiden juristischen Mechanismus die Möglichkeit haben soll, seinen Gesinnungswandel in einer für Titius schikanösen Weise durchzusetzen.

Solch eine unerwartete Meinungsänderung, die jemand im Verstoß gegen einen zuvor von ihm geschaffenen Vertrauenstatbestand vornimmt, nennt man VENIRE CONTRA FACTUM PROPRIUM – Handeln im treuwidrigen Gegensatz zu eigenem früheren Verhalten.

Titius hat das Geschenk zwar nicht in sein Eigentum erworben, doch dank der *EXCEPTIO DOLI* verbleibt es bei ihm. T muss sich gegenüber E für sein Überschreiten der Ermächtigung, das ein *FURTUM* darstellt[7], als *FUR* verantworten[8].

---

6   Zur *EXCEPTIO DOLI* siehe auch unten X.E.1.

7   Zum *FURTUM* siehe oben II.F.

8   Liegt demnach eine *RES FURTIVA* vor, so kann sie nach dem Wortlaut der *LEX ATINIA* von niemandem ersessen werden – auch von Titius nicht. Zur *RES FURTIVA* und *LEX ATINIA* siehe unten VIII.D.

Iulianus D 41.1.36 (Case 70)

Der Text enthält zwei Problemfälle zur Übereignung durch *TRADITIO*. Recht des Vormanns und Übergabe sind dabei unproblematisch, im Blickpunkt steht jeweils die *CAUSA:*

1. A übergibt B eines seiner Grundstücke; A meint, er schulde B das Grundstück aus einem Testament, B empfängt es im Glauben, A sei ihm zu dieser Leistung aus einer Stipulation verpflichtet.

Obwohl A und B von unterschiedlichen Schuld-*CAUSAE* ausgehen, meint Julian, für die Übereignung genüge der übereinstimmende Wille, dass der Gegenstand zum Zweck der Schulderfüllung geleistet wird.

Unproblematisch erscheint das causa-Erfordernis, wenn eine der beiden angenommenen Verpflichtungen (Testament oder Stipulation) tatsächlich vorlagen.

Unklar ist aber, ob Julian nicht an den Fall denkt, dass weder ein Anspruch aus Testament, noch aus Stipulation gegeben ist. Manche moderne Interpreten nehmen das an und gehen davon aus, dass schon allein darin, dass A und B einvernehmlich den Geschäftszweck der Tilgung einer Schuld verfolgen, ein eigener Rechtsgrund liege: die sog *CAUSA SOLVENDI*. Eine solche *CAUSA SOLVENDI* soll den Eigentumserwerb rechtfertigen, selbst wenn die angenommene Verpflichtung, die erfüllt werden sollte, gar nicht wirksam bestand.

2. C tradiert D einen Geldbetrag; C übergibt D das Geld in Schenkungsabsicht, während es D im Glauben und mit dem Willen empfängt, man begründe ein Darlehen.

Mangels Einigung entsteht keine anerkannte *IUSTA CAUSA TRADITIONIS:* Weder für eine Schenkung noch für ein Darlehen liegt Konsens vor.

Eine CAUSA SOLVENDI ist auszuschließen, da die Leistung nicht mit Bezug auf eine früher begründete Schuld erfolgt.

Formlose Schenkung (DONATIO) und Darlehen (MUTUUM) kennen in Rom kein der Traditio vorangehendes Verpflichtungsgeschäft, sondern kommen als CAUSA jeweils mit der realen, einvernehmlichen Sachübergabe zu Stande.

Trotz Fehlens einer der römischen Typik entsprechenden *CAUSA* bejaht der Hochklassiker Julian hier die Übereignung durch Traditio:

Seine Lösung setzt wohl bei der Ähnlichkeit von Schenkung und Darlehen an. Mit jedem der beiden Geschäfte wird unentgeltlich etwas in das Vermögen des Empfängers übertragen; der Unterschied liegt im Zeithorizont der Vermögensverschiebung: Beim *MUTUUM* ist der Empfänger zur Rückzahlung verpflichtet, bei der *DONATIO* nicht.

Angesichts dieser Parallelität wird klar, dass zwischen C und D zwar nicht über den Geschäftstyp, aber über wesentliche Teile des Geschäftsinhalts Konsens herrscht; somit gibt es einen gemeinsamen Nenner, den Julian wie eine *IUSTA CAUSA TRADITIONIS* wertet: Für Julian wird D mit der Übergabe Eigentümer des Geldes.

Beachte: Julian behält nach dieser Interpretation das Erfordernis der IUSTA CAUSA im Auge und bejaht es auch mit seiner auf Analogie beruhenden Lösung; seine Äußerung lässt nicht erkennen, dass er die IUSTA CAUSA überhaupt als obsolet betrachtet.

Der von Julian eingangs formulierte Satz, für die Übereignung genüge die Einigung zwischen Veräußerer und Erwerber darüber, dass ein Gegenstand übereignet werden soll, wird im deutschen BGB konsequent vertreten. Das BGB normiert das Prinzip der abstrakten Tradition. Die Abstraktheit besteht darin, dass man bei der Übereignung auf das Erfordernis der CAUSA gänzlich verzichtet. Demzufolge verlangt die Übereignung nur eine Einigung zwischen Veräußerer und Erwerber darüber, dass Eigentum übergehen soll; eine CAUSA muss nicht vorliegen[9].

Beachte: Nach Julian erwirbt D das Geld bereits bei der Traditio, also derivativ, nicht erst durch den originären Erwerbstatbestand der Vermengung mit eigenem Geld[10].

Ulpianus D 12.1.18 pr (Case 71)

Hier liegt derselbe Sachverhalt vor wie im zweiten Fall der eben besprochenen Julianstelle D 41.1.36: C übergibt D Geld in Schenkungsabsicht, D nimmt es als Darlehen an.

---

[9]   Vgl § 929 BGB: „Zur Übertragung des Eigentums an einer beweglichen Sache ist erforderlich, dass der Eigentümer die Sache dem Erwerber übergibt und beide darüber einig sind, dass das Eigentum übergehen soll." Bei Grundstücken nennt man diese Einigung über den Rechtserwerb Auflassung (§ 873 BGB).

[10]   Zum originären Eigentumserwerb an Geld siehe unten IX.D.2.

Der etwa zwei Generationen nach Julian wirkende Spätklassiker Ulpian vertritt eine strengere Auffassung vom Erfordernis der *IUSTA CAUSA TRADITIONIS* als Julian: Da sich C und D weder über eine Schenkung noch über ein Darlehen geeinigt haben, liegt mangels Konsenses keine *IUSTA CAUSA* vor; daran scheitert nach Ulpian der derivative Eigentumserwerb des D.

Ulpian überlegt dann das weitere sachenrechtliche Schicksal des Geldes bei D: Originär erwirbt D Eigentum an den Münzen, sobald er sie verbraucht. Zum Verbrauch in diesem Sinn kommt es vor allem[11], wenn D das erhaltene Geld ununterscheidbar mit eigenem vermengt.

C mag sich nun an D wenden und das Geld unter Hinweis auf das Fehlen der *CAUSA* zurückfordern; er wird D nach Verbrauch des Geldes mit einer *CONDICTIO*[12] klagen.

Für Ulpian wäre C vor dem Verbrauch noch Eigentümer der Münzen und könnte gegen D die REI VINDICATIO anstellen.

Im Lichte der ursprünglichen Schenkungsabsicht des C erachtet Ulpian dessen Rückforderung freilich als unstatthaftes Ansinnen[13]: D macht diesen Umstand mit einer gegen die *CONDICTIO* des C gerichteten *EXCEPTIO DOLI* geltend und wehrt damit Cs Begehren ab.

---

[11] Weiters wird durch das gutgläubige Ausgeben fremden Geldes dieses verbraucht; bei diesem Ausgeben erlangt der Empfänger sofort originär Eigentum am Geld. Zum originären Eigentumserwerb an Geld siehe unten IX.D.2.

[12] Die *CONDICTIO* des C beruht auf der ungerechtfertigten – eben ohne *IUSTA CAUSA* eingetretenen – Bereicherung des D. Zur *CONDICTIO* siehe oben bei A.1.

[13] Zu *VENIRE CONTRA FACTUM PROPRIUM* siehe oben bei Iavolenus D 39.5.25 (Case 68).

Nachmachen

C. Derivativer Eigentumserwerb in modernen Privat~~~~ kodifikationen

Ausgehend von den Quellen des römischen Rechts, dabei aber zum Teil das eine oder andere Element isolierend, finden sich in den modernen europäischen Privatrechtsordnungen durchaus Modelle des derivativen Eigentumserwerbs. Dabei lassen sich für die Übertragung des Eigentums an Mobilien va drei Konzeptionen unterscheiden:

- Die Eigentumsübertragung durch bloßen Konsens
- Die Eigentumsübertragung durch abstrakte Übergabe
- Die Eigentumsübertragung durch kausale Übergabe

1. Das Konsensprinzip bei der Übereignung

In den justinianischen Quellen finden sich die altzivilen Übereignungsgeschäfte der *MANCIPATIO* und der *IN IURE CESSIO* nicht mehr, sondern lediglich die formlose *TRADITIO*. Auch die Unterscheidung von zivilem und bonitarischem Eigentum ist im justinianischen Recht verschwunden. Demgegenüber betonen die justinianischen Institutionen 2. 1. 40, dass bereits durch die *TRADITIO* an jeglicher körperlichen Sache (ungeachtet der älteren Unterscheidung von *RES MANCIPI* und *RES NEC MANCIPI*) das Eigentum übertragen wird:

Institutionen 2. 1. 40

> *PER TRADITIONEM QUOQUE IURE NATURALI RES NOBIS AD-QUIRUNTUR: NIHIL ENIM TAM CONVENIENS EST NATURALI AEQUITATI, QUAM VOLUNTATEM DOMINI, VOLENTIS REM SUAM IN ALIUM TRANSFERRE, RATAM HABERI. ET IDEO CUIUSCUM-QUE GENERIS SIT CORPORALIS RES, TRADI POTEST ET A DOMINO TRADITA ALIENATUR.*

Auch durch Übergabe erwerben wir Sachen nach Naturrecht. Denn nichts entspricht mehr der natürlichen Gerechtigkeit, als den Willen des Eigentümers, der seine Sache einem anderen übereignen möchte, als wirksam anzuerkennen. Daher braucht eine körperliche Sache gleich welcher Art nur übergeben zu werden, und sie wird durch die Übergabe seitens des Eigentümers übereignet.

In der frühen Neuzeit wird von manchen Vertretern des Naturrechts Institutionen 2. 1. 40 als Beleg dafür gesehen, dass nach *IUS NATURALE* bereits der Wille des Eigentümers, sein Eigentum an jemand anderen zu übertragen *(VOLUNTAS DOMINI REM SUAM TRANSFERENDI)*, für die wirksame Übereignung ausreichend sei. Dementprechend lehrt etwa Hugo Grotius, dass die *TRADITIO* zwar für die Eigentumsübertragung nach römisch-gemeinem Recht nötig ist, nach Naturrecht aber bereits der Übereignungswille des Eigentümers für den Rechtsübergang genüge[14].

Solch ein voluntaristischer Ansatz findet sich schließlich im Konsensprinzip des französischen Code civil 1804 und den von diesem beeinflussten Kodifikationen der romanischen Privatrechtsfamilie[15] wieder.

Das französische Privatrecht sieht vor, dass bereits durch eine schuldrechtliche Verpflichtung des Eigentümers (zB den wirksam zustande gekommenen Verkauf einer spezifizierten Sache) das Eigentum übergeht.

> *Beachte: Kein sofortiger Eigentumserwerb findet hingegen bei einem Gattungskauf statt, solange keine Konkretisierung vorliegt. Die Regeln des Eigentumserwerbs korrespondieren damit nach französischem Recht mit jenen der Gefahrtragung: In den Fällen, in denen der Käufer im Sinne der auch im klassischen römischen Recht anzutreffenden Regel PERICULUM EST EMPTORIS ab Perfektion des Kaufs die Gefahr ihres zufälligen Untergangs trägt (siehe dazu Übungsbuch Römisches Schuldrecht V.C.3.1), kommt dem Käufer nach Code civil bereits das Eigentum an ihr zu[16].*

---

[14]   Vgl Hugo Grotius, De iure belli ac pacis II.8.25, erstmals publiziert im Jahr 1625.

[15]   Vgl etwa die ebenfalls dem Konsensprinzip zuzurechnenden Regeln im italienischen Recht Art 922, 1376–1378 Codice Civile; anders aber das spanische Recht, welches gem Art 609 Codigo Civil an der Notwendigkeit einer Übergabe und damit am Traditionsprinzip festhält.

[16]   Vgl Art 1583 Code civil: „*[La vente] est parfaite entre les parties, et la propriété est acquise de droit à l'acheteur à l'égard du vendeur, dès qu'on est convenu de la chose et du prix, quoique la chose n'ait pas encore été livrée ni le prix payé.* – [Der Kaufvertrag] ist unter den Parteien perfekt, und das Eigentum wird, kraft Gesetzes, dem Käufer in Beziehung zum Verkäufer erworben, sobald man über die Sache und den Preis übereingekommen ist, wenngleich die Sache noch nicht geliefert und der Preis noch nicht bezahlt worden ist."

Dem Grundsatz nach geht im französischen Recht durch die bloße Einigung über einen Vertrag, der zum Eigentumserwerb dient (Konsensprinzip), das Eigentum über:

Art 711 Code civil
La propriété des biens s'acquiert et se transmet par ... l'effet des obligations.
Eigentum erwirbt und überträgt man ... als Folge persönlicher Verbindlichkeiten.

Art 938 Code civil
La donation dûment acceptée sera parfaite par le seul consentement des parties; et la propriété des objets donnés sera transférée au donataire, sans qu'il soit besoin d'autre tradition.
Die gehörig angenommene Schenkung erhält durch die bloße Einwilligung der Parteien volle Gültigkeit, und das Eigentum der geschenkten Gegenstände geht, ohne dass es einer weiteren Übergabe bedürfte, auf den Beschenkten über.

Art 1138 Code civil
L'obligation de livrer la chose est parfaite par le seul consentement des parties contractantes.
Elle rend le créancier propriétaire et met la chose à ses risques...
Die Verbindlichkeit, eine Sache zu übergeben, wird vollkommen begründet durch die bloße Einwilligung der kontrahierenden Teile.
Sie macht den Gläubiger zum Eigentümer und überträgt auf ihn die Gefahr der Sache ...

Nach geltendem französischen Recht ergibt sich somit der Übergang des Eigentums als unmittelbare Folge des wirksamen Entstehens einer auf Eigentumsübertragung abzielenden Obligation *(cause)*. Man spricht hier auch von der „Eigentumstranslativwirkung" schuldrechtlicher Verpflichtungen.

Freilich kommt auch nach Code civil der Übergabe der Sache vielfach zentrale Bedeutung zu, so vor allem für die Frage, ob jemand gutgläubig

Eigentum erwerben kann[17]. *Auch beim Doppelverkauf kommt es auf die Übergabe an: Wird vom Eigentümer dieselbe Sache zweimal verkauft, so bleibt sie gem Art 1141 Code civil im Eigentum desjenigen, dem sie zuerst übergeben wurde, sofern es sich um einen gutgläubigen Besitz handelt.*

2. Die Eigentumsübertragung durch abstrakte Übergabe (BGB)

Während im französischen Recht schuldrechtliche Verpflichtungen und Eigentumsübergang dem Grundsatz nach weitgehend synchron laufen, ist nach der Regelung des deutschen Bürgerlichen Gesetzbuches (BGB) zwischen dem Entstehen schuldrechtlicher Verpflichtungen einerseits und der sachenrechtlichen Verfügung anderseits streng zu unterscheiden (sog Trennungsprinzip). Die Wirksamkeit einer Verfügung ist nach deutschem Recht grundsätzlich nicht von der Wirksamkeit des Schuldverhältnisses *(CAUSA)* abhängig, was als Abstraktionsprinzip bezeichnet wird.

Eine Abschwächung des CAUSA-Erfordernisses lässt sich bereits bei Julian D 41.1.36 (Case 70) beobachten, wenn dieser betont, dass es für die Eigentumsübertragung darauf ankommt, „dass wir uns über den Gegenstand einigen, der übergeben wird", selbst wenn im konkreten Fall hinsichtlich der CAUSA ein Dissens vorliege. Freilich dürfte Julian noch nicht schlechthin auf das Vorliegen einer CAUSA verzichtet haben, sondern bloß auf den Konsens hinsichtlich der CAUSA.

Für die Übereignung beweglicher Sachen ist gem § 929 Satz 1 BGB erforderlich, dass „der Eigentümer die Sache dem Erwerber übergibt und beide darüber einig sind, dass das Eigentum übergehen soll".

Erforderlich ist damit nach deutschem Recht

- die dingliche Berechtigung des Veräußerers (Eigentum oder Verfügungsbefugnis);
- die Übergabe;
- die „dingliche Einigung", dh eine Einigung, dass das Eigentum an den Erwerber übergehen soll („dinglicher Vertrag").

Nicht erforderlich ist hingegen eine Einigung hinsichtlich des Rechtsgrundes, weshalb das Eigentum übergehen soll.

---

[17]   Dazu näher unten VIII.

Dementsprechend bleibt nach deutschem Recht der Eigentumsübergang auch dann aufrecht, wenn der Vertrag wirksam wegen Irrtum oder einem sonstigen Willensmangel angefochten wird oder von vornherein unwirksam war. Eine Rückabwicklung erfolgt hier lediglich über schuldrechtliche Behelfe (in der Regel über solche aus ungerechtfertiger Bereicherung).

3. Die Eigentumsübertragung durch kausale Übergabe

Eine Reihe von europäischen Rechtsordnungen folgt nach wie vor dem Mainstream des römisch-gemeinen Rechts und geht vom System der kausalen Übergabe aus. So gehört insbesondere das ABGB (neben dem Schweizer ZGB und dem niederländischen Nieuw Burgerlijk Wetboek) zu den Kodifikationen, die für die Eigentumsübertragung an beweglichen Sachen (Mobilien) neben dem Vorliegen eines gültigen Erwerbstitels *(IUSTA CAUSA)* auch die Übergabe der Sache *(TRADITIO)* verlangen.

Im Sinne der Lehre von Titulus und Modus, derzufolge beim Erwerb dinglicher Rechte jeweils ein anerkannter Erwerbstitel *(TITULUS)* und eine rechtliche Erwerbungsart *(MODUS)* nötig sind, heißt es in § 425 ABGB: „Der bloße Titel gibt noch kein Eigentum. Das Eigentum und alle dinglichen Rechte überhaupt können, außer den in dem Gesetze bestimmten Fällen, nur durch die rechtliche Übergabe und Übernahme erworben werden."

Die Übergabe beweglicher Sachen erfolgt in der Regel durch körperliche Übergabe von Hand zu Hand (§ 426 ABGB) oder durch Erklärung (dh durch *CONSTITUTUM POSSESSORIUM* oder *TRADITIO BREVI MANU* gem § 428 ABGB sowie durch Besitzanweisung); bei bestimmten beweglichen Sachen (wie zB Frachtgütern oder einem Warenlager) ist auch eine Übergabe durch Zeichen gem § 427 ABGB zulässig.

Für die Übereignung unbeweglicher Sachen (Immobilien) tritt an die Stelle der Übergabe eine Förmlichkeit: Hier ist die Eintragung im Grundbuch konstitutiv. Vgl § 431 ABGB: „Zur Übertragung des Eigentums unbeweglicher Sachen muß das Erwerbungsgeschäft in die dazu bestimmten öffentlichen Bücher eingetragen werden. Diese Eintragung nennt man Einverleibung (Intabulation)."

Wiederholungsfragen

1. Was versteht man unter zivilem (quiritischem) Eigentum, was unter bonitarischem?

2. Welchen Rechtsschutz genießt der bonitarische Eigentümer?

3. Wie läuft eine *MANCIPATIO* ab, wie eine *IN IURE CESSIO*?

4. Was versteht man unter einem abstrakten Verfügungsgeschäft, was unter einem kausalen?

5. Sind *MANCIPATIO, IN IURE CESSIO* und *TRADITIO* abstrakte oder kausale Geschäfte? Lassen sie den Erwerb originär oder derivativ eintreten?

6. Was sind die Voraussetzungen für den Eigentumserwerb durch *TRADITIO*?

7. Welche besitzrechtlichen Elemente umfasst eine *TRADITIO*?

8. Was bedeutet *VENIRE CONTRA FACTUM PROPRIUM*?

9. Was versteht man unter *IUSTA CAUSA TRADITIONIS*?

10. Unter welchen Voraussetzungen erwirbt man im geltenden österreichischen Recht derivativ Eigentum an beweglichen Sachen?

11. Unter welchen Voraussetzungen erwirbt man nach § 929 BGB Eigentum an beweglichen Sachen?

12. Vergleichen Sie den Eigentumserwerb durch abstrakte Übergabe im deutschen Recht (§ 929 BGB) mit der Meinung Julians in D 41.1.36 (Case 70)!

13. Was versteht man unter dem Konsensprinzip beim Eigentumserwerb nach Code civil?

14. In welchen Fällen kann man nach römischem Recht ohne körperliche Übergabe Eigentum an einer Sache übertragen erhalten?

15. In welchen Fällen kann man nach römischem Recht ohne gültige *CAUSA* Eigentum übertragen erhalten?

16. Welche modernrechtliche Übereignung zeigt eine ähnliche Betonung von Formvorschriften wie die *IN IURE CESSIO* und die *MANCIPATIO?*

17. Welche Rolle spielt der gute Glaube beim derivativen Eigentumserwerb vom dinglich berechtigten Vormann?

18. Ist die Besitzübertragung unwirksam, wenn der Käufer irrtümlich einen anderen Gegenstand übertragen erhält/übernimmt als den gekauften?

19. Wie sieht das sachenrechtliche Schicksal einer Sache aus, die vom Eigentümer zweimal verkauft wird

a. nach römischem Recht?

b. nach BGB?

c. nach Code civil?

d. nach ABGB?

Übungsfälle

ÜF 23: Am 1. 1. verkauft Ramses der Juno seine Vase. Zwei Wochen später schickt Juno ihren Sklaven Solon, um die Vase abzuholen. Noch bevor Solon die Vase seiner Herrin übergeben kann, wird sie ihm auf dem Rückweg von Tiro gestohlen.

Wer ist Eigentümer der Vase im Laufe des Geschehens? Mit welchen Klagen kann gegen Tiro vorgegangen werden? Wem stehen diese Klagen zu?

ÜF 24: Ufens kommt zu Secundus und behauptet, Secundus schulde ihm aus einem Kaufvertrag einen seiner Ochsen. Daraufhin überträgt ihm Secundus einen seiner Ochsen mittels *IN IURE CESSIO*. Später stellt sich heraus, dass der Kaufvertrag gar nicht gültig zustande gekommen war.

Erwirbt Ufens Eigentum an dem Ochsen? Kann Secundus den Ochsen zurückverlangen?

Variante: Wie ist die Rechtslage, wenn statt der *IN IURE CESSIO* eine bloße Übergabe des Ochsen stattfand?

<u>ÜF 25:</u> Ago besichtigt bei der Bildhauerin Bellona eine Skulptur der Göttin Diana und kauft sie. Als Ago zwei Wochen danach die Statue von Bellona entgegennehmen will, wird ihm irrtümlich eine Statue, die die Amazonenkönigin Pentesilea darstellt, übergeben. Auch Ago bemerkt die Verwechslung nicht sofort.

Welche Voraussetzung des derivativen Eigentumserwerbs erscheint hier problematisch?

<u>ÜF 26:</u> Europa trifft ihren Onkel Felix und erklärt ihm, sie brauche Geld. Felix gibt ihr einen versiegelten Sack mit Goldmünzen. Als ihn Europa fragt, ob sie das Geld zurückzahlen müsse, meint Felix: „Das besprechen wir übermorgen, ich bin in Eile." Ein paar Stunden danach verstirbt Felix; Gripus ist sein Erbe.

Kann Gripus das Geld von Europa vindizieren? Was gilt, wenn Europa das Geld bereits verbraucht hat?

ÜF 27: Kassandra möchte Leo zum Geburtstag eine Freude machen. Sie übergibt Leo ihr Pferd als Geschenk. Leo ist hocherfreut. Zwei Tage später stiehlt
Xerxes das Pferd bei Leo. Xerxes verkauft und übergibt das Pferd der ahnungslosen Thisbe.
Kann Leo von Thisbe das Pferd erlangen?

ÜF 28: Merops hat von Omphale eine Landwirtschaft geerbt, die er aber nicht
weiterführen, sondern veräußern will. Zu diesem Zweck verkauft und manzipiert Merops eine Kuh und einen Stier an Nastes. Bald danach erweist sich,
dass die Kuh von Pomona stammt, die sie für die Dauer einer Auslandsreise bei
Omphale eingestellt hatte und dass der Stier je zur Hälfte im Miteigentum von
Omphale und ihrem Nachbarn Lucius stand.
Hat Nastes am Stier Eigentum erworben? Hat Nastes an der Kuh Eigentum
erworben?

VIII. EIGENTUMSERWERB DURCH ERSITZUNG – *USUCAPIO*

A. Allgemeines

Ihrer Funktion nach lassen sich drei Arten der *USUCAPIO* unterscheiden:

1. Ersitzung bei Vorliegen eines Formmangels, wenn nämlich *RES MANCIPI* nicht in Form der Manzipation oder In-Iure-Cessio erworben worden sind und der Erwerber daher zunächst bloß bonitarisches Eigentum hat.

2. Ersitzung bei einem wegen eines rechtlichen Mangels beim Vormann fehlgeschlagenen Versuch, die Sache derivativ zu erwerben.

Hier wirkt die Ersitzung einem dauernden Auseinanderfallen von Besitz und Eigentum entgegen, indem sie den rechtmäßigen, gutgläubigen Besitzer einer ersitzungsfähigen Sache nach einer bestimmten Zeit zum Eigentümer werden lässt[1].

Beachte: Bei der Ersitzung wegen eines rechtlichen Mangels beim Vormann kommt dem Erwerber nicht die Stellung eines bonitarischen Eigentümers zu; er ist bloßer Ersitzungsbesitzer.

3. Ersitzung einer ruhenden Erbschaft oder von Teilen einer solchen, wenn keine Hauserben *(SUI HEREDES)* vorhanden sind *(USUCAPIO PRO HEREDE)*; sie erfordert einen sinnfälligen Bemächtigungsakt[2] und anschließend ungestörten Besitz während eines Jahres.

---

[1]   Vgl Neratius D 41.10.5 pr (Case 87).

Die in Rom durch die *USUCAPIO* erfassten Problemfälle werden in den modernen Privatrechten teils durch Tatbestände des sog Gutglaubenserwerbs bewältigt: Wer vom Nichtberechtigten gutgläubig erwirbt, kann unter bestimmten Voraussetzungen sofort – ohne Ablauf einer Frist – originär Eigentum erlangen. Siehe dazu unten E.

[2]   Der Detentor, der nach dem Tod des Possessor die Sache für sich behält, kann nicht *PRO HEREDE* ersitzen: *NEMO SIBI IPSE CAUSAM POSSESSIONIS MUTARE POTEST;* siehe dazu oben III.H.3.

Die USUCAPIO PRO HEREDE hat den Zweck, im Interesse des Toten-
kultes den Erben zum Antritt einer ruhenden Erbschaft zu drängen. Durch
ein SENATUS CONSULTUM unter Hadrian konnte die USUCAPIO PRO
HEREDE aber durch den Erben wieder rückgängig gemacht werden (Gai
Inst. 2.57).

B. Ersitzung infolge eines Formmangels

Wer *RES MANCIPI* nicht durch Manzipation oder In-Iure-Cessio erwirbt, erlangt an ihnen kein ziviles (quiritisches) Eigentum, wohl
aber (unter bestimmten Voraussetzungen) bonitarisches Eigentum.
Erst nach Ablauf der Ersitzungsfrist wird der bonitarische Eigentümer ziviler Eigentümer.

Der Formmangel kann in zwei Erwerbssituationen bedeutsam werden.

1. Jemand okkupiert eine herrenlose *RES MANCIPI:* nach klassischem Recht wird der Okkupierende zunächst bonitarischer (prätorischer) Eigentümer, nach Ablauf von einem Jahr (bei beweglichen
Sachen) oder von zwei Jahren (bei unbeweglichen) wird er ziviler
Eigentümer.

2. Jemand erwirbt eine *RES MANCIPI* durch bloße Traditio vom Eigentümer bzw Verfügungsbefugten auf Grund einer *IUSTA CAUSA:*
Auch hier erlangt der Empfänger vorerst bonitarisches Eigentum und
ersitzt dann das zivile.

Beachte: Hier ist Voraussetzung, dass die RES MANCIPI vom Berechtig-
ten veräußert wird; erhält man vom Nichtberechtigten eine RES MANCIPI
übertragen, wird man nicht bonitarischer Eigentümer, sondern – bei Vor-
liegen der unten bei C. genannten Voraussetzungen – bloßer Ersitzungs-
besitzer.

Ziviles, freilich auf eine Formalposition reduziertes Eigentum –
NUDUM IUS QUIRITIUM – hat während der Ersitzung des bonitarischen Eigentümers noch der Veräußerer[3].

Beachte: Liegt bloß ein Formmangel vor, dann wird der Erwerber jeden-
falls Eigentümer; dies bedeutet, dass er prinzipiell das stärkste Recht an
der Sache hat. Wie sich der zivile (= quiritische) Eigentümer gegen jeden
Dritten behaupten kann – seine Klage ist die REI VINDICATIO –, so hat

---

[3]   Zum *NUDUM IUS QUIRITIUM* siehe unten X.J.2.

auch der bonitarische Eigentümer das dingliche Vollrecht; es kommt pro-
zessual freilich anders zum Tragen, nämlich durch die ACTIO PUBLICIANA.

C. Ersitzung infolge eines rechtlichen Mangels beim Vormann

1. Problemtypen

Nach der Ursache, die den derivativen Erwerb durch Übereignung
zum Scheitern bringt, lassen sich drei Problemtypen unterscheiden:

a. Dem Veräußerer fehlt es am Eigentum bzw an einer entsprechenden Verfügungsbefugnis.

Gemäß dem Grundsatz *NEMO PLUS IURIS TRANSFERRE POTEST
QUAM IPSE HABET* erlangt der Empfänger an der Sache Besitz, nicht
aber Eigentum.

b. Jemand erwirbt von einem *PUPILLUS* (Unmündigen) oder von
einem *FURIOSUS* (Geisteskranken) oder von einem interdizierten
(mit prätorischem Veräußerungsverbot belegten) *PRODIGUS* (Verschwender), ohne dass die *AUCTORITAS* (Genehmigung) des jeweiligen Beistands *(TUTOR* oder *CURATOR)* gegeben ist.

Es handelt sich hier um gewaltfreie Personen; sie machen etwas
aus ihrem eigenen Vermögen zum Gegenstand eines Geschäfts.
Probleme ergeben sich nun aus ihrer unzureichenden Geschäftsfähigkeit:

Als Gewaltfreie können die genannten Personen eigenes Vermögen
haben; allerdings betrachtet sie die Rechtsordnung als unfähig, allein
gültige Veräußerungen vorzunehmen; sie können zwar Eigentümer
sein, aber über dieses Eigentum ohne *AUCTORITAS* ihres Beistands
nicht rechtsgeschäftlich verfügen.

Am Defekt der Geschäftsfähigkeit scheitert bereits das Verpflichtungsgeschäft: Diese Personen können selbständig keine Pflichten
begründen; daher kommt mit ihnen auch die für den derivativen Erwerb erforderliche *IUSTA CAUSA TRADITIONIS* nicht zu Stande.

Beachte: Der berechtigende Teil eines Geschäftes ist zu Gunsten von be-
schränkt Geschäftsfähigen aber gültig (NEGOTIUM CLAUDICANS). Kauft

etwa ein PUPILLUS eine Sache, so wirkt der Kaufvertrag zu seinen Gunsten als CAUSA für den Eigentumserwerb[4].

c. Auch beim Erwerb von einem voll Geschäftsfähigen kann es an der gültigen *CAUSA* mangeln – etwa wenn im Kausalgeschäft kein Konsens vorliegt.

In einigen dieser Fälle begnügen sich die römischen Juristen mit einer bloß vermeintlichen *CAUSA* – sog Putativtitel: Auf Grund des guten Glaubens *(BONA FIDES)* des Empfängers, der irrtümlich annimmt, es gebe eine gültige *CAUSA,* lassen sie die Ersitzung zu[5].

2. Voraussetzungen

Bei Ersitzung infolge rechtlichen Mangels beim Vormann sind jeweils fünf Elemente zu überprüfen:

RES HABILIS (ersitzungsfähige Sache),

TITULUS (Rechtsgrund),

BONA FIDES (guter Glaube),

POSSESSIO (Besitz),

TEMPUS (Ersitzungsfrist).

2.1. *RES HABILIS*

a. Absolut von einer Ersitzung ausgeschlossen sind jene Sachen, die auch sonst außerhalb des Privatrechtsverkehrs stehen – *RES EXTRA COMMERCIUM.*

Dazu gehören Sachen der öffentlichen Sphäre (RES PUBLICAE) – zB ein Marktplatz – sowie Sachen des religiösen Bereichs (RES DIVINI IURIS) – etwa ein Tempel.

---

[4]   Zum *NEGOTIUM CLAUDICANS* siehe oben I.A.2.a; vgl auch Marcian D 41.1.11 (Case 42).

[5]   Den Quellen nach erscheint es möglich, dass die römischen Juristen dabei nicht nur an den Fall eines Erwerbs vom Vormann ohne Verfügungsmacht denken, sondern auch an den eines Erwerbs vom berechtigten Vormann (Eigentümer, Verfügungsbefugter).

b. Eine gestohlene Sache – *RES FURTIVA*[6] – kann nicht ersessen werden. Dies ist in einem eigenen Gesetz, der *LEX ATINIA,* festgelegt. Das Ersitzungsverbot der *LEX ATINIA* trifft den *FUR* genauso wie jeden späteren Erwerber der Sache, sei er schlecht- oder gutgläubig[7].

Davon nicht erfasst sind Grundstücke, denn an ihnen gibt es kein FURTUM. Grundstücke fallen erst unter ein Ersitzungsverbot der jüngeren LEGES IULIAE ET PLAUTIAE (1. Jh v Chr): Diese schließen alles von der Usukapion aus, was gewaltsam in Besitz genommen worden ist.

Darüber hinaus bestimmt die *LEX ATINIA,* wie die gestohlene Sache vom Makel der Furtivität befreit wird und dann wieder einer Ersitzung zugänglich ist: Gelangt die Sache zurück in den unmittelbaren Machtbereich ihres Eigentümers – sog *REVERSIO IN POTESTATEM* –, so gilt sie nicht mehr als furtiv und kann in Hinkunft ersessen werden (siehe unten D.).

2.2. *TITULUS (CAUSA)*

a. Die Possessio des Ersitzenden muss durch eine *IUSTA CAUSA* qualifiziert sein.

Die Ersitzung findet prinzipiell nur auf Grund eines *TITULUS* statt, der dem Erwerber Eigentum verschafft hätte, wäre die Sachübergabe vom berechtigten Vormann erfolgt; somit entspricht die *IUSTA CAUSA USUCAPIONIS* der *IUSTA CAUSA TRADITIONIS* des derivativen Erwerbs.

b. Das Usukapionserfordernis des *IUSTUS TITULUS* wird in zwei Problemkreisen weitgehend gelockert:

■ Beim Erwerb vom beschränkt Geschäftsfähigen *(PUPILLUS, FURIOSUS, PRODIGUS)* verlangen die Juristen vom Empfänger bloß guten Glauben *(BONA FIDES):* Unterliegt der Empfänger dem Irrtum, er habe es mit einem voll Geschäftsfähigen zu tun, dann wird eine Ersitzung zugelassen – obwohl es streng genommen keine gültige *IUSTA CAUSA* gibt[8].

---

6   Zum *FURTUM* siehe oben II.F.

7   Vgl Pomponius D 41.3.24 pr (Case 81).

8   Siehe dazu oben 1.b.

■ Wenn beim Erwerb vom voll Geschäftsfähigen das Titelgeschäft misslungen ist, kann nach Ansicht mancher Juristen eine Putativtitelersitzung abhelfen. Dabei gilt ebenfalls die *BONA FIDES* als rechtfertigende Grundlage[9].

Zur Putativtitelersitzung sind unterschiedliche Ansichten römischer Juristen überliefert:

1. Manche Juristen verlangen streng eine gültige IUSTA CAUSA und lehnen damit die Putativtitelersitzung ab[10].

2. Andere Juristen lehnen den Putativtitel ab, wenn es um einen Kauf geht, akzeptieren ihn aber in anderen Fällen[11]. *Die CAUSA für die Ersitzung wird dann entweder vom missglückten Titelgeschäft hergeleitet – etwa PRO DOTE – oder als eigener Titel – PRO SUO – verstanden.*

3. Selbst bei missglücktem Kaufvertrag lassen einige Juristen eine Putativtitelersitzung zu, sofern der Erwerber in entschuldbarer Weise dem Irrtum unterlag, der Kauf sei gültig zustandegekommen. Solch einen entschuldbaren Irrtum – TOLERABILIS (PROBABILIS) ERROR – nehmen die Juristen etwa an, wenn der Erwerber durch das Verhalten eines anderen – zB seines Sklaven oder Prokurators – getäuscht wird[12].

■ Zu beachten ist, dass auf die Gültigkeit der *CAUSA* verzichtet wird, nicht auf das äußere Phänomen der *CAUSA* überhaupt: Es werden zumindest seriöse äußere Anhaltspunkte eines Titelgeschäfts vorliegen müssen. Nur ein Empfänger, der bei Übergabe der Sache annehmen kann, er erwerbe derivativ Eigentum, erscheint im Falle eines rechtlichen Mangels der *USUCAPIO* würdig.

2.3. *BONA FIDES*

a. *BONA FIDES* bedeutet Gutgläubigkeit. Der Erwerber ist gutgläubig – und kann somit eine Ersitzung beginnen –, wenn er sich beim Erwerb der Sache über bestimmte Umstände des Geschäfts im Irrtum befindet.

---

[9]   Siehe dazu oben 1.c.

[10]   Vgl Celsus in Ulpianus D 41.3.27 (Case 91).

[11]   Vgl Pomponius (Neratius) D 41.10.3 (Case 88); Paulus (Priscus) D 41.4.2.6 (Case 89); Pomponius D 41.5.3 (Case 92); Papinianus D 41.8.3 (Case 93); Pomponius D 41.10.4.2 (Case 93).

[12]   Vgl Neratius D 41.10.5.1 (Case 87); Africanus (Iulianus) D 41.4.11 (Case 90).

Dabei gilt nur als gutgläubig, wer über Tatsachen irrt; wer hingegen ein falsches oder lückenhaftes Bild von der Rechtsordnung hat, unterliegt einem Rechtsirrtum und kann nicht ersitzen[13].

Beachte die lateinischen Endungen: Hat man BONA FIDES, so ist man BONA FIDE (Qualitätsablativ). Mit dem Besitzerwerb im Zustand der BONA FIDES wird man BONAE FIDEI (Genetiv) POSSESSOR.

■ *BONA FIDE* ist, wer beim Erwerb vom voll Geschäftsfähigen den Mangel des Eigentums bzw der Verfügungsbefugnis nicht kennt[14].

■ *BONA FIDE* ist, wer beim Erwerb vom beschränkt Geschäftsfähigen (Pupillus, Furiosus, Prodigus) den Mangel der Geschäftsfähigkeit nicht kennt[15].

■ *BONA FIDE* ist, wer von einem nichtberechtigten Vormann ohne gültigen Titel erwirbt und beide Mängel nicht kennt (Putativtitelfall)[16].

Beachte: Bei der Ersitzung wegen bloßen Formmangels hat die BONA FIDES keinen Platz. Bis Kaiser Hadrian (Hochklassik) spielt sie auch für die USUCAPIO PRO HEREDE keine Rolle.

b. Die *BONA FIDES* ist als Ersitzungsvoraussetzung im Zeitpunkt des Besitzerwerbs an der Sache erforderlich – später nicht mehr.

Für die römische *USUCAPIO* gilt der Grundsatz *MALA FIDES SUPERVENIENS NON NOCET*: Schlechter Glaube, der sich nachträglich einstellt, schadet der Ersitzung nicht.

Kontrovers äußern sich die Juristen zum Fruchterwerb[17] eines Ersitzungsbesitzers, der nachträglich MALA FIDE wird.

Pomponius und Paulus beurteilen die FIDES für den Fruchterwerb anders als für die Ersitzung: MALA FIDES SUPERVENIENS störe zwar die Usu-

---

13   Vgl Pomponius D 41.3.24 pr (Case 81); Pomponius D 41.3.32.1 (Case 84); Paulus D 41.4.2.15 (Case 86).

14   Vgl Modestinus D 50.16.109 (Case 80).

15   Vgl Paulus D 41.4.2.15 (Case 86); Paulus D 41.3.12 (Case 82).

16   Zum Putativtitelfall siehe auch oben Fn 4. Im Übrigen kann sich auch derjenige, der von einem berechtigten Vormann eine Sache erworben hat, im Prozess darauf berufen, zumindest durch Ersitzung (allenfalls auf Grund eines Putativtitels) Eigentümer geworden zu sein.

17   Zum Fruchterwerb siehe unten IX.B.

kapion der fruchttragenden Sache nicht, lasse aber fortan keinen Frucht-
erwerb des Ersitzungsbesitzers zu[18].

Julian hingegen lässt bei BONA FIDE begonnener Ersitzung den guten
Glauben trotz Kenntnis der wahren Umstände auch für den Fruchterwerb
weiter gelten – bis die Sache von ihrem Eigentümer vindiziert wird[19].

c. *BONA FIDES* liegt nicht vor, wenn der Erwerber im Erwerbszeit-
punkt einen Mangel kennt, der die Übereignung verhindert.

Als *MALA FIDES* gilt die Kenntnis des Mangels: Bloße Zweifel –
etwa ob der Veräußerer voll geschäftsfähig ist – werden von den
römischen Juristen noch als *BONA FIDES* gewertet.

Den Erwerber trifft im römischen Recht wohl keine Pflicht, über die fragli-
chen Umstände nähere Erhebungen anzustellen[20].

Paulus D 22.6.9.4 (Case 83)

A ist Eigentümer einer Sache, die er B verkauft; bei der Übergabe
denkt B irrtümlicherweise, er erwerbe vom Nichteigentümer.

Nach den Regeln der *USUCAPIO* ist B *MALA FIDE* und könnte
daher nicht ersitzen. Das Erwerbshindernis der *MALA FIDES* hat
hier aber keine Wirkung: B wird Eigentümer, weil er die Erfordernisse des derivativen Eigentumserwerbs erfüllt; dabei spielt
Bs Glaube, er erwerbe vom Nichtberechtigten, keine Rolle.

Paulus D 41.4.2.15 (Case 86)

1. C kauft vom unmündigen D ohne Genehmigung von Ds Tutor
eine Sache und erhält sie übertragen. C hält D für mündig, weil er
über Ds Alter irrt.

2. E kauft vom unmündigen F ohne Genehmigung von Fs Tutor
eine Sache und erhält sie übertragen. E weiß, dass F unmündig
ist, glaubt aber, Unmündige könnten ohne Genehmigung des
Tutors verfügen.

Im ersten Fall befindet sich der Erwerber in einem Tatsachen-
irrtum, im zweiten liegt ein Rechtsirrtum vor. Demnach lässt
Paulus eine Ersitzung nur im ersten Fall zu.

---

[18]   Vgl Paulus (Pomponius) D 41.1.48.1 (Case 103).

[19]   Vgl Iulianus D 22.1.25.2 (Case 102).

[20]   Hingegen ist nach geltendem Recht nur derjenige gutgläubig, dessen Irrtum
nicht auf Fahrlässigkeit beruht.

Pomponius D 41.3.32.1 (Case 84)

G veräußert unbefugt eine fremde Sache an H. H meint fälschlich, es liege ein Ersitzungsverbot vor, das es in Wahrheit aber nicht gibt. H ist in dem Irrtum befangen, die Sache könne gar nicht ersessen werden.

H, der vom nichtberechtigten G einen Sklaven erhalten hat, glaubt etwa, die Ersitzung von Sklaven sei überhaupt verboten. Dabei ist anzunehmen, dass H den G für den Eigentümer des Sklaven hält, über die Tatsache der mangelnden Berechtigung des G also irrt.

Pomponius legt das Schwergewicht auf die subjektive Einstellung des Erwerbers: Wenn dieser kategorisch nicht an die Ersitzbarkeit der Sache glaubt, mangle es an der *BONA FIDES*. Für Pomponius ist H offenbar nicht schutzwürdig; dass H mit seiner Annahme fehl geht, begründe keine *BONA FIDES*, denn es handelt sich um einen Rechtsirrtum.

2.4. *POSSESSIO*

Die Ersitzung beruht wesentlich auf dem Umstand des Besitzes. Die Usukapion beginnt, sobald der Erwerber die *POSSESSIO* am Gegenstand erlangt; dies ist auch der Zeitpunkt, zu dem die übrigen Usukapionserfordernisse gegeben sein müssen.

a. Ersitzungsbesitz setzt fehlerfreie (echte) *POSSESSIO* voraus, dh sie darf nicht *VI, CLAM* oder *PRECARIO* erlangt sein.

Hat A von B, den er für den Eigentümer hielt, eine Sache gekauft, aber nicht von B übergeben erhalten, sondern eigenmächtig in seinen Besitz gebracht, so scheidet nach Paulus D 41.2.5 eine Ersitzung aus.

b. Nur der im Ersitzungszeitraum ununterbrochene Besitz führt zum Eigentumserwerb. Der Usukapient muss allerdings an der Sache nicht unmittelbar Sachherrschaft haben; auch durch einen Detentor kann die erforderliche *POSSESSIO* aufrecht erhalten werden.

Wenn dem Usukapienten seine *POSSESSIO* verloren geht, ist die Ersitzung beendet. Wird der Besitz am Gegenstand wieder erworben, dann beginnt die Ersitzungsfrist neu zu laufen.

Beachte: Eine neuerliche Ersitzung ist ausgeschlossen, wenn der Wiedererwerb des Gegenstands nicht BONA FIDE erfolgt.

c. Hat der Usukapient Besitz verloren, so kann er die *ACTIO PUBLICIANA* anstellen, um wieder Besitz am Gegenstand zu erlangen[21].

Freilich sind im Rahmen ihrer Maßgabe auch die Besitzinterdikte anwendbar.

2.5. *TEMPUS*

Der ununterbrochene Ersitzungsbesitz lässt den Besitzer originär ziviles Eigentum erwerben: bei beweglichen Sachen nach Ablauf eines Jahres, bei unbeweglichen Sachen nach zwei Jahren.

Die Frist läuft ab Erwerb der *POSSESSIO;* nach einem Besitzverlust beginnt die Frist mit der Wiedererlangung des Besitzes neu zu laufen.

Findet im Laufe einer *USUCAPIO* die Übertragung des Besitzes auf eine andere Person statt, so kann sich diese die Ersitzung des Vormannes grundsätzlich nicht anrechnen, sondern fängt mit einer eigenen Ersitzung an. Erst nach spätklassischen Kaiserreskripten wird die Ersitzungszeit eines Vormannes berücksichtigt *(ACCESSIO TEMPORIS)*.

Anderes gilt seit jeher für den Erben: Er kann in die vom Erblasser begonnene Ersitzung eintreten und sie vollenden (SUCCESSIO IN POSSESSIONEM); BONA FIDES wird dabei von ihm nicht verlangt.

D. Exkurs: *LEX ATINIA*

Die *LEX ATINIA* bestimmt, dass eine gestohlene Sache nicht ersessen werden kann, bis sie in die *POTESTAS* ihres Eigentümers zurückgekehrt ist.

Eine *REVERSIO IN POTESTATEM* tilgt demnach den Makel der Furtivität; zur Interpretation dieses Gesetzesbegriffs ist einige Kasuistik überliefert.

---

[21] Zur *ACTIO PUBLICIANA* siehe unten X.H.

- Grundsätzlich liegt die *REVERSIO* erst vor, wenn der Eigentümer an seiner Sache fehlerfrei wieder Besitz erlangt, und zwar derart, dass er die unmittelbare Gewahrsame über die Sache gewinnt und er sie als die seine erkennt[22].

Hat man dem Eigentümer eine Sache gestohlen, so genügt es für die REVERSIO nicht, dass er durch einen Prokurator Besitz an ihr wiedererlangt[23]. Ist der Gegenstand beim Besitzmittler gestohlen worden und gelangt er bloß an diesen zurück, so liegt ebenfalls keine REVERSIO vor[24].

- Die relativ strenge Konzeption der *REVERSIO* ist eine Konsequenz des Eigentümerschutzes: Es geht nicht an, dass der Eigentümer bestohlen wird und durch eine auf diesem Weg ermöglichte Ersitzung eines (gutgläubigen) Dritten auch noch sein Eigentum verliert.

Wenn die Sache allerdings in die Hände des Eigentümers zurückgelangt, ist sein Interesse, den Gegenstand zu verfolgen und wieder zu bekommen, voll befriedigt. Gerät dieselbe Sache später, ohne dass sie gestohlen wird, an einen gutgläubigen Erwerber *EX IUSTA CAUSA,* dann spricht nichts mehr gegen eine Ersitzung.

Das Recht des Eigentümers bleibt ja auch in diesem Fall insofern gewahrt, als er seine Sache bis zum Ablauf der Ersitzungsfrist mit der REI VINDICATIO erlangen kann.

- Die Aussagen der Juristen zur *REVERSIO IN POTESTATEM* setzen ein komplexes Fallgeschehen voraus, das dem Quellentext jeweils hinzugedacht werden muss:

A entdeckt eine Sache, die ihm abhanden gekommen ist, bei B und verlangt sie heraus. B macht geltend, dass er den Tatbestand der Ersitzung erfüllt habe, also ziviler Eigentümer geworden sei. Die Chance des A liegt nun darin nachzuweisen, die Sache sei furtiv und somit überhaupt unersitzbar. Doch selbst wenn das *FURTUM* feststeht, kann B ersessen haben, wenn vor seinem Erwerb eine *REVERSIO IN POTESTATEM* an A stattgefunden hat und dadurch die Furtivität getilgt worden ist.

---

[22] Vgl Paulus D 41.3.4.6 (Case 72); Neratius D 41.3.41 (Case 73); Paulus D 41.3.4.12 (Case 77); Paulus D 41.3.4.25 (Case 78).

[23] Vgl Neratius D 41.3.41 (Case 73).

[24] Vgl Paulus D 41.3.4.6 (Case 72).

<u>Paulus (Cassius) D 41.3.4.21 (Case 74)</u>

A hat B eine seiner Sachen verpfändet und übergeben; später stiehlt er sie (zurück).

A haftet B zwar als Dieb, denn A hat die verpfändete Sache unbefugt an sich genommen, aber dadurch ist sie in die *POTESTAS* ihres Eigentümers gelangt, sodass sie als ersitzbar gelten kann.

<u>Labeo (Paulus) D 41.3.49 (Case 75)</u>

A hat B eine seiner Sachen verpfändet und übergeben. A entwendet B die Sache. Dann gelangt sie zurück an B.

Hier wird gerade umgekehrt wie in der vorherigen Stelle entschieden: Lässt man das dingliche Recht des Pfandgläubigers schwerer wiegen als das belastete Eigentum des Verpfänders, so bleibt das Interesse des Verpfänders nur dann umfassend gewahrt, wenn auch der Diebstahl des Eigentümers die Ersitzung ausschließt; demnach kann die Sache erst mit ihrer Rückkehr an den Pfandgläubiger wieder ersitzbar werden.

<u>Paulus D 41.3.4.13, 14 (Case 79)</u>

Wenn der Eigentümer die gestohlene Sache vindiziert, sie ihm aber nicht naturalrestituiert wird, sondern er ihren Streitwert erhält[25], ist die Furtivität aufgehoben.

Ebenfalls als ersitzbar gilt eine ehedem gestohlene Sache, die zwar nicht in die Hände ihres Eigentümers zurückgelangt, aber mit dessen Zustimmung vom Inhaber an einen anderen übergeben wird.

---

[25] Siehe dazu bei der *REI VINDICATIO* X.D.b.

E. Römische *USUCAPIO* und moderne Tatbestände des sogenannten „Gutglaubenserwerbs"[26]

Die römische *USUCAPIO* zeigt, dass der Schutz des Vertrauens auf den redlichen Verkehr bisweilen höher bewertet wird als der Schutz bestehenden Eigentums: Mit erfolgreichem Abschluss seiner Ersitzung wird der Usukapient originär Eigentümer, wodurch der bisherige Eigentümer sein Eigentumsrecht verliert.

Rechtsordnungen, die den Schutz des Vertrauens auf den redlichen Verkehr – kurz: Verkehrsschutz – noch stärker betonen als das römische Recht, lassen beim gutgläubigen Erwerb vom nichtberechtigten Vormann originären Eigentumserwerb sogar unverzüglich zu, also ohne Zeitspanne einer Ausübung qualifizierten Besitzes (*TEMPUS* der *POSSESSIO* bei der *USUCAPIO*). Diese Arten des Eigentumserwerbs werden mit dem Terminus „Gutglaubenserwerb" bezeichnet.

1. Grundlegende Tatbestandselemente des Gutglaubenserwerbs

1.1. Bewegliche Sache

Der Gutglaubenserwerb moderner Privatrechte ist primär beim Erwerb beweglicher Sachen von Bedeutung.

Nach österreichischem Recht lassen sich Grundstücke originär allenfalls im Vertrauen auf eine unrichtige Grundbucheintragung (§ 1500 ABGB) sowie durch Ersitzung erwerben[27].

1.2. Gutgläubigkeit

Das zentrale Tatbestandselement des Gutglaubenserwerbs ist die Überzeugung des Erwerbers, er erhalte die Sache von einem dinglich

---

[26]   Siehe dazu E. Karner, Gutgläubiger Mobiliarerwerb. Zum Spannungsverhältnis von Bestandschutz und Verkehrsinteressen (2006); derselbe, Der redliche Mobiliarerwerb aus rechtsvergleichender und rechtsgeschichtlicher Perspektive, ZfRV 2004, 83–91.

[27]   Siehe unten 3.2.

berechtigten Veräußerer und erwerbe somit Eigentum. Demnach gilt prinzipiell als erforderlich, dass der Erwerber den Mangel der Berechtigung nicht kennt und ihn auch keine Fahrlässigkeit hinsichtlich seiner Unkenntnis trifft.

Bisweilen bezeichnen die Rechtsquellen den gutgläubigen Erwerber als redlichen Erwerber[28].

Eine Rechtsordnung kann den Verkehrsschutz unter anderem dadurch verstärken, dass sie ihre Anforderungen an den guten Glauben des Erwerbers etwas herabsetzt: Solch ein geringerer Gutgläubigkeitsstandard ist gegeben, wenn ein Erwerber noch als gutgläubig gilt, der aus leichter Fahrlässigkeit den Mangel der dinglichen Berechtigung des Veräußerers nicht erkannt hat (§ 932 Abs 2 BGB)[29]. Eine Lockerung des Gutgläubigkeitserfordernisses liegt auch darin, vom Erwerber nicht den Glauben an das Eigentum des Veräußerers zu verlangen, sondern den Glauben an die Verfügungsbefugnis des Veräußerers genügen zu lassen (vgl § 368 Abs 1 Satz 2 ABGB)[30].

Ein Gegengewicht im Sinne des Bestandsschutzes bildet die Vorkehrung mancher Rechtsordnungen, öffentliche Register beweglicher Sachen einzurichten (zB für Schiffe oder Kraftfahrzeuge) und für die in diese Register eingetragenen Sachen den Gutglaubenserwerb auszuschließen (zB Codice Civile Art 1156)[31].

1.3. Fehlerfreier und rechtmäßiger Besitz des Erwerbers

Gutglaubenserwerb hängt auch davon ab, dass der Besitz des Erwerbers fehlerfrei (echt) begründet worden ist[32].

Weiters verlangt der Gutglaubenserwerb in der Regel ein gültiges Titelgeschäft zwischen Veräußerer und Erwerber[33].

---

[28] § 326 ABGB.

[29] Siehe unten 2.2.

[30] Siehe unten 2.1.

[31] Siehe unten 2.5.

[32] § 367 iVm § 345 ABGB.

[33] § 367 iVm § 316 ABGB. Vgl auch das Titelerfordernis in Art 1153 Abs 1 Codice Civile, siehe unten 2.5. Das deutsche und das französische Recht stellen beim Gutglaubenserwerb nicht auf einen gültigen Titel ab, siehe unten 2.2. und 2.4.

Nach österreichischem Recht kann bei Fehlen eines gültigen Titelgeschäfts die Ersitzung mit der Frist von 30 Jahren greifen, wenn der Besitz redlich und echt ist[34].

1.4. Entgeltlichkeit

Unter dem Gesichtspunkt des Verkehrsschutzes erweist sich die Privilegierung gutgläubigen Erwerbs insbesondere für entgeltliche Geschäfte als gerechtfertigt[35]. Wenn die Person A der Person B eine Sache schenkt, die C gehört, dann leuchtet es ein, B selbst bei gutem Glauben weniger zu schützen als die Eigentümerin C. Demnach sehen etliche Privatrechte Gutglaubenserwerb nur bei entgeltlichen Geschäften vor[36].

1.5. Professionelles Wirtschaften

Professionelles Wirtschaften braucht schlanke Formen, rasche Abläufe und gesteigerten Erwerberschutz. Diesem Anforderungsprofil kommt die Rechtsfigur des Gutglaubenserwerbes entgegen: Der gutgläubige Erwerb erspart dem Erwerber das aufwendige Recherchieren von Veräußerungsketten und Eigentumsverhältnissen, das Risiko von Eviktionsprozessen und den Schwebezustand während eines Zeitablaufs, wie ihn die Ersitzung vorsieht. Daher nimmt der Gutglaubenserwerb bei Geschäften der professionellen Wirtschaft (Geschäfte auf Märkten und Messen, Geschäfte mit Unternehmern, öffentliche Versteigerungen) traditionell einen breiteren Raum ein als bei Geschäften unter Privatpersonen.

Zwei der drei Gutglaubenserwerbstatbestände des österreichischen Privatrechts greifen diesen Faktor auf: Sie setzen an beim Erwerb „von einem Unternehmer im gewöhnlichen Betrieb seines Unternehmens" und beim Erwerb „in einer öffentlichen Versteigerung"[37] (§ 367 Abs 1 Fall 1 und Fall 2 ABGB)[38].

---

[34] Siehe unten 3.2.

[35] Vgl § 367 ABGB. In Deutschland, der Schweiz, Frankreich und Italien hingegen ist Entgeltlichkeit nicht erforderlich.

[36] Dies ist etwa im anglo-amerikanischen Rechtskreis der Fall, wo der gutgläubige Erwerber als BONA FIDE PURCHASER FOR VALUE bezeichnet wird.

[37] Bei der öffentlichen Versteigerung wird der Vertrauensschutz auch durch deren Öffentlichkeit und reglementierten Ablauf gestärkt.

[38] Siehe unten 2.1.

Den Anforderungen professionellen Wirtschaftens verdanken sich auch privilegierte Erwerbsmöglichkeiten von Geld und Inhaberpapieren (§ 935 Abs 2 BGB)[39].

1.6. Erwerb vom Vertrauensmann des Eigentümers

Neben den bislang genannten Arten gibt es einen Gutglaubenserwerb, der daran anknüpft, dass der bisherige Eigentümer seine Sache einer anderen Person anvertraut hat. Anvertrauen meint in diesem Zusammenhang das freiwillige Übertragen der ausschließlichen Gewahrsame an der Sache[40]. Anvertrauen ist etwa im Rahmen einer Leihe gegeben, aber auch beim betrügerischen Herauslocken einer Sache[41]. Veräußert der „Vertrauensmann" an einen gutgläubigen Erwerber, so schlägt sich das Handeln des vom Eigentümer gewählten Vertrauensmannes in der Weise nieder, dass der gutgläubige Erwerber originär Eigentümer wird.

Diesen Erwerbstatbestand sieht das österreichische Recht vor (§ 367 Abs 1 Fall 3 ABGB)[42]. Die Transaktion zwischen Vertrauensmann und Erwerber muss nicht im „gewöhnlichen Betrieb eines Unternehmens" oder „in einer öffentlichen Versteigerung" stattfinden.

Auch das Schweizer Recht lässt einen gutgläubigen Erwerb vom Vertrauensmann zu (Art 933 ZGB)[43].

1.7. Gutglaubenserwerb an Sachen, die gestohlen worden, abhanden gekommen oder verloren gegangen sind

Während das römische Recht gestohlene Sachen als *RES INHABILES* von der Ersitzung ausschließt[44], lassen moderne Privatrechte unter bestimmten Voraussetzungen den Gutglaubenserwerb an Sachen zu, die gestohlen worden, abhanden gekommen oder verloren gegangen sind.

---

[39]   Siehe unten 2.2. Vgl auch § 371 ABGB.
[40]   Vgl OGH 9. 5. 1985, 6 Ob 549/85, JBl 1986 239.
[41]   So der Ausgangsfall in OGH 9. 5. 1985, 6 Ob 549/85, JBl 1986 239.
[42]   Siehe unten 2.1.
[43]   Siehe unten 2.3.
[44]   Siehe oben C.2.1.b. und D.

Dies gilt im österreichischen Recht für die ersten beiden Falltypen des § 367 ABGB. Das BGB lässt den redlichen Erwerber dann Eigentümer gestohlener, abhanden gekommener oder verlorener Sachen werden, wenn der Erwerb in einer öffentlichen Versteigerung stattgefunden hat oder wenn es sich um Geld oder Inhaberpapiere handelt (§ 935 Abs 2 BGB)[45].

Nach Schweizer Recht muss jeder Empfänger Sachen, die dem Besitzer unfreiwillig abhanden gekommen sind, diesem fünf Jahre lang herausgeben (Art 934 Abs 1 ZGB)[46].

Nach französischem Recht kann der Eigentümer drei Jahre nach Entwendung oder Verlust seiner Sache diese von jedem vindizieren (Art 2279 Code civil). Art 2280 Code civil privilegiert den Besitzer, der eine entwendete oder verlorene Sache auf einer Messe, auf einem Markt oder in einer öffentlichen Versteigerung oder von einem Kaufmann gekauft hat, der mit dergleichen Sachen handelt: Dann muss der Besitzer die Sache dem Eigentümer nur herausgeben, wenn ihm der Eigentümer den (vom Besitzer) bezahlten Preis erstattet (sogenanntes Lösungsrecht des Eigentümers; siehe auch Art 934 Abs 2 ZGB)[47].

2. Gutglaubenserwerb in ausgewählten Rechtssystemen

2.1. Österreich

§ 367 ABGB

(1) Die Eigentumsklage gegen den rechtmäßigen und redlichen Besitzer einer beweglichen Sache ist abzuweisen, wenn er beweist, dass er die Sache gegen Entgelt in einer öffentlichen Versteigerung, von einem Unternehmer im gewöhnlichen Betrieb seines Unternehmens oder von jemandem erworben hat, dem sie der vorige Eigentümer anvertraut hatte. In diesen Fällen erwirbt der rechtmäßige und redliche Besitzer das Eigentum.

---

[45]   Siehe unten 2.2.

[46]   Siehe unten 2.3.

[47]   Siehe unten 2.3. und 2.4.

Der Anspruch des vorigen Eigentümers auf Schadenersatz gegen seinen Vertrauensmann oder gegen andere Personen bleibt unberührt.

(2) Ist die Sache mit dem Recht eines Dritten belastet, so erlischt dieses Recht mit dem Erwerb des Eigentums durch den rechtmäßigen und redlichen Besitzer, es sei denn, dass dieser in Ansehung dieses Rechtes nicht redlich ist.

§ 368 ABGB

(1) Der Besitzer ist redlich, wenn er weder weiß noch vermuten muss, dass die Sache nicht dem Veräußerer gehört. Beim Erwerb von einem Unternehmer im gewöhnlichen Betrieb seines Unternehmens genügt der gute Glaube an die Befugnis des Veräußerers, über die Sache zu verfügen.

(2) Beweist der Eigentümer, dass der Besitzer aus der Natur der Sache, aus ihrem auffällig geringen Preis, aus den ihm bekannten persönlichen Eigenschaften seines Vormanns, aus dessen Unternehmen oder aus anderen Umständen einen gegründeten Verdacht hätte schöpfen müssen, so hat der Besitzer die Sache dem Eigentümer zu überlassen.

2.2. Deutschland

§ 932 BGB

(1) Durch eine nach § 929[48] erfolgte Veräußerung wird der Erwerber auch dann Eigentümer, wenn die Sache nicht dem Veräußerer gehört, es sei denn, dass er zu der Zeit, zu der er nach diesen Vorschriften das Eigentum erwerben würde, nicht in gutem Glauben ist. In dem Fall des § 929 Satz 2 gilt dies jedoch nur dann, wenn der Erwerber den Besitz von dem Veräußerer erlangt hatte.

---

[48] § 929 BGB: „Zur Übertragung des Eigentums an einer beweglichen Sache ist erforderlich, dass der Eigentümer die Sache dem Erwerber übergibt und beide darüber einig sind, dass das Eigentum übergehen soll. Ist der Erwerber im Besitz der Sache, so genügt die Einigung über den Übergang des Eigentums."
Zur Eigentumsübertragung nach BGB siehe oben VII.C.2.

(2) Der Erwerber ist nicht in gutem Glauben, wenn ihm bekannt oder infolge grober Fahrlässigkeit unbekannt ist, dass die Sache nicht dem Veräußerer gehört.

§ 935 BGB

(1) Der Erwerb des Eigentums auf Grund der §§ 932 bis 934 tritt nicht ein, wenn die Sache dem Eigentümer gestohlen worden, verloren gegangen oder sonst abhanden gekommen war. Das Gleiche gilt, falls der Eigentümer nur mittelbarer Besitzer war, dann, wenn die Sache dem Besitzer abhanden gekommen war.

(2) Diese Vorschriften finden keine Anwendung auf Geld oder Inhaberpapiere sowie auf Sachen, die im Wege öffentlicher Versteigerung [...] veräußert werden.

2.3. Schweiz

Art 714 ZGB

(1) Zur Übertragung des Fahrniseigentums bedarf es des Überganges des Besitzes auf den Erwerber.

(2) Wer in gutem Glauben eine bewegliche Sache zu Eigentum übertragen erhält, wird, auch wenn der Veräusserer zur Eigentumsübertragung nicht befugt ist, deren Eigentümer, sobald er nach den Besitzesregeln im Besitze der Sache geschützt ist.

Art 933 ZGB

Wer eine bewegliche Sache in gutem Glauben zu Eigentum oder zu einem beschränkten dinglichen Recht übertragen erhält, ist in seinem Erwerbe auch dann zu schützen, wenn sie dem Veräusserer ohne jede Ermächtigung zur Übertragung anvertraut worden war.

Art 934 ZGB

(1) Der Besitzer, dem eine bewegliche Sache gestohlen wird oder verloren geht oder sonst wider seinen Willen abhanden kommt, kann sie während fünf Jahren jedem Empfänger abfordern. [...]

(2) Ist die Sache öffentlich versteigert oder auf dem Markt oder durch einen Kaufmann, der mit Waren der gleichen Art handelt,

übertragen worden, so kann sie dem ersten und jedem späteren gutgläubigen Empfänger nur gegen Vergütung des von ihm bezahlten Preises abgefordert werden.

2.4. Frankreich

Art 2279 Code civil

En fait des meubles, la possession vaut titre. Neánmoins, celui qui a perdu ou auquel il a été volé une chose peut la revendiquer pendant trois ans á compter du jour de la perte ou du vol, contre celui dans les mains duquel il la trouve; sauf á celui-ci son recours contre celui duquel il la tient.

Bei Mobilien gilt der Besitz als Rechtsgrund. Gleichwohl kann der, welcher eine Sache verloren hat, oder dem sie entwendet worden ist, während dreier Jahre von dem Tage des Verlustes oder der Entwendung an gerechnet, das Eigentum derselben gegen jeden, in wessen Händen er sie findet, in Anspruch nehmen; doch bleibt diesem wider den, von welchem er die Sache erhielt, der Entschädigungsanspruch vorbehalten.

Art 2280 Code civil

Si le possesseur actuel de la chose voleé ou perdue l'a achetée dans une foire ou dans un marché, ou dans une vente publique, ou d'un marchand vendant des choses pareilles, le propriétaire originaire ne peut se la faire rendre qu'en remboursant au possesseur le prix qu'elle lui a coûte. [...]

Wenn der gegenwärtige Besitzer der entwendeten oder verlorenen Sache dieselbe auf einer Messe, auf einem Markt oder in einer öffentlichen Versteigerung oder von einem Kaufmann gekauft hat, der mit dergleichen Sachen handelt, so kann der ursprüngliche Eigentümer sie nur dann zurückfordern, wenn er dem Besitzer den Preis ersetzt, den dieser bezahlt hat. [...]

2.5. Italien

Art 1153 Codice Civile

Effetti dell'acquisto del possesso

(1) Colui al quale sono alienati beni mobili da parte di chi non ne è proprietario, ne acquista la proprietà mediante il possesso,

purché sia in buona fede al momento della consegna e sussista un titolo idoneo al trasferimento della proprietà.

(2) La proprietà si acquista libera da diritti altrui sulla cosa, se questi non risultano dal titolo e vi è la buona fede dell' acquirente.

(3) Nello stesso modo si acquistano diritti di usufrutto, di uso e di pegno [...].

Wirkungen des Besitzerwerbs

(1) Derjenige, dem bewegliche Sachen durch jemanden veräußert werden, der nicht Eigentümer ist, erwirbt daran durch den Besitz Eigentum, wenn er zur Zeit der Übergabe im guten Glauben ist und ein zur Übertragung des Eigentums geeigneter Rechtstitel vorliegt.

(2) Der Eigentumserwerb erfolgt frei von fremden Rechten an der Sache, soweit sich diese nicht aus dem Rechtstitel ergeben und der Erwerber gutgläubig ist.

(3) Auf die gleiche Art werden das Nießbrauchsrecht, das dingliche Nutzungsrecht und das Pfandrecht erworben.

Art 1156 Codice Civile

Universalità di mobili e mobili iscritti in pubblici registri

Le disposizioni degli articoli precedenti non si applicano alle universalità di mobili e ai beni mobili iscritti in pubblici registri [...].

Sachgesamtheit und in öffentlichen Registern eingetragene bewegliche Sachen

Die Bestimmungen der vorstehenden Artikel finden auf eine Gesamtheit von beweglichen Sachen und auf die in öffentlichen Registern eingetragenen Sachen keine Anwendung.

3. Das Profil der Ersitzung im Österreichischen Recht

Ist ein Gutglaubenserwerb nach § 367 ABGB nicht möglich – etwa weil die Sache vom Nichteigentümer geschenkt worden ist –, kommt Eigentumserwerb durch Ersitzung in Betracht. Gestohlene Sachen

sind weder vom Gutglaubenserwerb der ersten beiden Falltypen von
§ 367 ABGB noch von der Ersitzung ausgeschlossen.

3.1. Eigentliche (kurze) Ersitzung

Nach § 1466 ABGB wird das Eigentum an beweglichen Sachen
durch dreijährigen Ersitzungsbesitz erworben[49]: Das heißt, der Besitz[50] muss rechtmäßig[51], redlich[52] und echt[53] sein.

3.2. Uneigentliche (lange) Ersitzung

Selbst ohne gültigen Titel kann es zum originären Erwerb kommen,
wenn der Besitz redlich und echt ist. Diese Ersitzung dauert dreißig
Jahre[54]. Allerdings muss der Besitzer (permanent) an die Rechtmäßigkeit des Erwerbs glauben, damit er als redlich gilt.

Die Ersitzung über dreißig Jahre ist auch unbeweglichen Sachen zugänglich (mit oder ohne gültigen Titel).

Die Ersitzung unbeweglicher Sachen bildet eine Ausnahme vom
grundbücherlichen Eintragungsprinzip (§ 4 Grundbuchsgesetz[55]),
das die Intabulation (Eintragung ins Grundbuch) als Modus für den
Eigentumserwerb und den Erwerb anderer dinglicher Rechte an Lie-
genschaften vorsieht. Im Sinne des kausalen Erwerbs setzt der bü-
cherliche Erwerb zudem einen gültigen Titel voraus[56].

---

[49]   §§ 1460, 1466 ABGB.

[50]   § 309 ABGB.

[51]   § 316, § 1461 ABGB.

[52]   § 326, § 1463 ABGB.

[53]   § 345, § 1464 ABGB.

[54]   §§ 1468, 1470, 1477 ABGB.

[55]   § 4 GBG: „Die Erwerbung, Übertragung, Beschränkung und Aufhebung der
bücherlichen (§ 9) Rechte wird nur durch ihre Eintragung in das Hauptbuch er-
wirkt."

Dank des im Grundbuchsrechts geltenden Publizitätsgrundsatzes (§§ 62 ff GBG)
werden unrechtmäßige Eintragungen, deren Richtigstellung durch die von der be-
schwerten Person erhobenen Löschungsklage bewirkt wird, unter Umständen unan-
fechtbar, wenn die beschwerte Person nicht innerhalb bestimmter Fristen (maximal
drei Jahre) gegen die unrechtmäßige Eintragung vorgeht.

[56]   Vgl § 26 Abs 2 GBG iVm § 431 ABGB.

Wiederholungsfragen

1. Unter welchen Voraussetzungen erwirbt man bonitarisches Eigentum?

2. Welche rechtlichen Mängel können durch Ersitzung geheilt werden?

3. Bonitarische Eigentümer zählen zu den Ersitzungsbesitzern. Warum ist aber nicht jeder Ersitzungsbesitzer auch bonitarischer Eigentümer?

4. Welche Sachen kann man nicht ersitzen?

5. Was ist eine *IUSTA CAUSA USUCAPIONIS?* Welche Funktion hat sie?

6. Was versteht man unter einem Putativtitel?

7. Warum lassen römische Juristen nur vereinzelt eine Putativtitelersitzung zu?

8. Kann man eine gefundene Sache ersitzen?

9. Welchen Inhalt hat die *BONA FIDES* des Ersitzungsbesitzers?

10. Ist der Erwerber *MALA FIDE,* wenn er am Eigentum, an der Verfügungsbefugnis oder an der Geschäftsfähigkeit des Vormannes zweifelt?

11. Unterscheidet man bei der *BONA FIDES* zwischen Tatsachen- und Rechtsirrtum?

12. Verlangt die *USUCAPIO* unmittelbaren Besitz?

13. Wie ist die Rechtslage, wenn der Usukapient während der Ersitzungsfrist den Besitz an der Sache verliert?

14. Welche Fristen gelten für die Ersitzung?

15. Was regelt die *LEX ATINIA?*

16. Was verstehen die Juristen unter *REVERSIO IN POTESTATEM?*

17. Welche Funktion kommt der römischen *USUCAPIO* zu? Durch welche Institute des geltenden österreichischen Rechts wird diese Funktion wahrgenommen?

18. Vergleichen Sie die Voraussetzungen der *USUCAPIO* mit den Voraussetzungen eines Gutglaubenserwerbes gem §§ 367 f ABGB.

19. In welcher Weise wirkt die *LEX ATINIA* in den Gutglaubensvorschriften des deutschen und des französischen Rechts weiter?

20. Gibt es nach österreichischem Recht einen Gutglaubenserwerb an gestohlenen Sachen?

21. Warum gestatten die modernen Privatrechte bisweilen, dass auch eine gestohlene Sache in das Eigentum eines gutgläubigen Erwerbers gelangt?

Übungsfälle

ÜF 29: Ago besetzt in den Albanerbergen ein scheinbar herrenloses Grund-
stück; in Wahrheit gehört das Grundstück der Bellona, die sich darum aber zwei
Jahre lang nicht gekümmert hat. Am 1. Jänner verkauft Ago es an Cara. Erst am
15. Juli dieses Jahres schickt Cara ihren Sklaven Dexter in die Albanerberge,
der das Grundstück von Ago übernimmt und es in der Folge bewirtschaftet. Im
Frühling des übernächsten Jahres meldet sich Bellona bei Cara und verlangt das
Grundstück heraus.
Hat Cara Eigentum am Grundstück erworben?

ÜF 30: Flora kauft vom Geisteskranken Eros einen ihm gehörigen Papagei und
erhält ihn übergeben. Ein Jahr später gelangt das Tier in den Besitz von Gripus.
a. Was kann Flora gegen Gripus unternehmen? Macht es einen Unterschied, ob
Flora beim Erwerb Eros für gesund gehalten hat oder nicht?
b. Was gilt, wenn sie zwar von der Geisteskrankheit wusste, aber geglaubt hat,
dass auch ein *FURIOSUS* ein für ihn günstiges Geschäft abschließen darf?

<u>ÜF 31:</u> Helene, die große Stallungen betreibt, in denen sie eigene und fremde
Pferde hält, verkauft dem Japyx das Pferd der Kassandra im guten Glauben, es
handle sich um ein eigenes. Leo, der mit einem Pekulium ausgestattete Sklave
des Japyx, übernimmt das Pferd von Helene, verwendet es drei Monate im Pe-
kuliarbetrieb und folgt es dann Japyx aus, als dieser das Tier in seinem Gehöft
haben will. Weitere zehn Monate später fordert Kassandra das Pferd von Japyx
mit dem Hinweis, es gehöre ihr, sie habe es bei Helene bloß in Pflege gegeben.
Kann Japyx das Pferd behalten?

<u>ÜF 32:</u> Melitta hat von Orion dessen Wagen geliehen. Als sie Geld braucht,
verkauft und übergibt sie den Wagen Pius. Bei der Traditio glaubt Pius, Melitta
sei die Eigentümerin des Wagens; drei Tage später erfährt Pius, dass Melitta
den Wagen von Orion geliehen hatte. Drei Jahre später entdeckt Orion den
Wagen bei Pius und verlangt ihn heraus.
Wer ist Eigentümer des Wagens?

ÜF 33: Nike kauft vom 12-jährigen Ramses dessen Esel zum Marktpreis. Nike glaubt, der deutlich älter aussehende Ramses sei 15 Jahre alt. Nike stellt den Esel im Stall des Solon ein und verreist für 14 Monate. Nach ihrer Rückkehr verlangt der Tutor des Ramses, der die Veräußerung nicht genehmigt hatte, den Esel für Ramses heraus.
Wer ist Eigentümer des Esels?

ÜF 34: Turia beerbt Ufens; in der Erbschaft ist ein Garten, der der abwesenden Ismene gehört, an dem aber Ufens ein Jahr vor seinem Tod eine Ersitzung begonnen hatte. Beim Erbantritt weiß Turia, dass der Garten Ismene gehört. Sechs Monate später gelangt der Garten in den Besitz des Xerxes. Da Turia mit Xerxes nicht prozessieren will, unternimmt sie nichts.
Als Xerxes drei Monate später stirbt, begibt sich Turia wieder auf das Grundstück. 20 Monate später verlangt die heimgekehrte Ismene von Turia den Garten.
Wer ist die Eigentümerin des Gartens? Hätte Turia von Xerxes den Garten im Prozessweg erhalten können?

IX. „NATÜRLICHER" EIGENTUMSERWERB

A. Aneignung – *OCCUPATIO*

Wer eine Sache, die niemandem gehört – *RES NULLIUS* –, in Besitz nimmt, erwirbt sie zugleich in sein Eigentum. Da sich der Erwerb nicht von einem Vormann ableitet, ist er originär.

Okkupiert werden können ursprünglich herrenlose Sachen (zB wilde Tiere), derelinquierte (preisgegebene) Sachen und Schätze.

1. Bei der Aneignung von wilden Tieren (Jagd, Fischfang) wird vor allem die Qualität der Herrschaftsbeziehung diskutiert:

Die *OCCUPATIO* erfordert eine deutliche und sichere Sachgewalt[1]; Dieses Erfordernis ist bei Ergreifen des wilden Tieres jedenfalls erfüllt.

Entkommen an sich wilde, aber okkupierte Tiere aus der *CUSTODIA* wieder in ihre natürliche Freiheit, dann gehen Besitz und Eigentum an ihnen verloren[2].

Ihrer Art nach wilde, jedoch vom Menschen gezähmte Tiere verbleiben im Eigentum, solange sie sich gezähmt verhalten und gewohnheitsmäßig zum Tierhalter zurückkehren. Diese *CONSUETUDO REVERTENDI* ermöglicht die Sachherrschaft am Tier[3]. Geht sie verloren, dann gilt das Tier wieder als wildes und gehört niemandem.

> *Schwärmende Bienen – das sind solche, die einer Königin folgend den Bienenstock verlassen und ein neues Bienenvolk bilden –, gelten als wilde Tiere: Der Bienenschwarm kann von jedermann durch Einfangen okkupiert werden[4]. Hingegen wird die einzelne Biene, die immer wieder zum Bienenstock zurückkehrt – CONSUETUDO REVERTENDI –, ebenso besessen wie eine regelmäßig zurückkehrende Taube. Bei Haustieren kommt es dagegen*

---

[1]   Vgl Gaius D 41.1.5.1 (Case 8, Case 94), siehe dazu oben III.G.; Proculus D 41.1.55 (Case 9), siehe dazu oben III.G.

[2]   Vgl Gaius D 41.1.3.2 (Case 94); Gaius D 41.1.5 pr (Case 94).

[3]   Vgl Florentinus D 41.1.4 (Case 94); Paulus D 41.2.3.15, 16 (Case 95).

[4]   Vgl Gaius D 41.1.5.2 (Case 94).

nicht auf die CONSUETUDO REVERTENDI an, entlaufene Haustiere gelten nicht als herrenlos.

2. Durch *OCCUPATIO* erworben werden können auch am Meeresufer gefundene Perlen und Edelsteine.

Paulus D 41.2.3.14 (Case 95)

Wildtiere, die in ein Gehege gesperrt, sowie Fische, die in ein Bassin geworfen werden, sind im Besitz und Eigentum dessen, der sie okkupiert hat und gefangen hält.

Hingegen bedeutet der bloße Besitz an einem umzäunten Wald oder an einem Fischteich noch keine Possessio der dort lebenden Wildtiere und Fische. Diese befinden sich in ihrer natürlichen Freiheit. Auf Grund der Größe ihres Lebensraums besteht an ihnen keine Sachherrschaft.

3. Wer sich von seiner Sache mit der Absicht trennt, Besitz und Eigentum daran aufzugeben, derelinquiert sie und macht sie somit zu einer herrenlosen. Eine *RES DERELICTA* kann man sich aneignen[5].

Manchmal mag zweifelhaft sein, ob die Besitzaufgabe mit einer Dereliktionsabsicht verbunden ist: Wirft man Waren in Seenot über Bord, so wird damit zunächst bloß der Besitz aufgegeben; erst wenn der Eigentümer sie als derelinquiert betrachtet, verliert er das Eigentum[6]. Eine Dereliktion ist im Zweifel aber nicht zu vermuten (vgl § 386 Satz 2 ABGB).

Unabhängig vom Willen des Eigentümers hält man das Eigentum an einer Sache für erloschen, wenn sie dem menschlichen Zugriff so entzogen ist, dass es einem Sachuntergang gleichkommt[7].

Für die Klassik gilt noch, dass die Aneignung einer derelinquierten *RES MANCIPI* bloß bonitarisches Eigentum verschafft; mit Ablauf der Ersitzungszeit wird der Okkupant ziviler Eigentümer.

Beachte: An einer verlorenen, aber nicht preisgegebenen Sache gibt es keine OCCUPATIO. Wer einen fremden Gegenstand findet, muss den Fund öffentlich anzeigen, um dem Verdacht des FURTUM zu entgehen[8].

Beachte: Der bloße Fund einer fremden Sache lässt den Finder keinesfalls ersitzen (IUSTA CAUSA fehlt, meist wohl auch BONA FIDES).

---

5   Vgl § 386 Satz 1 ABGB.

6   Vgl Iavolenus D 41.1.58 (Case 97).

7   Vgl Proculus D 41.1.55 (Case 9).

8   Vgl Ulpianus D 47.2.43.8 (Case 98).

4. Schatz *(THESAURUS)* nennt man eine Sache von beträchtlichem Wert, die so lange versteckt gewesen ist, dass man ihren Eigentümer nicht mehr feststellen kann[9].

Die in der Spätklassik von den Sabinianern entwickelte herrschende Lehre betrachtet den *THESAURUS* als *RES NULLIUS;* zum Eigentumserwerb kommt es – wie in den anderen Fällen der *OCCUPATIO* – durch einen Akt der Besitzergreifung[10].

Die Prokulianer beurteilen in einem speziellen Fall des Schatzfunds die Frage der Aneignung weniger streng: Wenn ein Grundstückseigentümer von der Tatsache Kenntnis erlangt, dass in seinem Grundstück ein Schatz vergraben ist, genügt es nach prokulianischer Ansicht, dass er einen Erwerbswillen fasst; als Possessor beherrscht er dann zugleich mit dem Grundstück auch den Schatz und erwirbt ihn somit; einen eigenen Bemächtigungsakt muss er nach prokulianischer Ansicht nicht setzen[11].

Einer älteren Rechtsmeinung zufolge stellt der THESAURUS überhaupt eine ACCESSIO (Bestandteil) des Grundstücks dar und gehört als solche dem Grundstückseigentümer: Für einen Erwerb durch OCCUPATIO ist nach dieser Auffassung kein Platz[12].

Einen Ausgleich der Interessen schafft Kaiser Hadrian, indem er die Hälfteilung des Schatzes zwischen Finder und Grundstückseigentümer anordnet (wie dies nun auch § 399 ABGB im geltenden österreichischen Recht vorsieht).

B. Fruchterwerb

Wiederkehrende, von einer Sache ohne Beeinträchtigung ihrer Substanz gewinnbare Erträgnisse sind Früchte *(FRUCTUS).*

Nicht als Frucht gilt das Kind einer Sklavin (PARTUS ANCILLAE), wohl aber Tierjungen.

Neben den FRUCTUS NATURALES (zB Milch, Wolle, Eier) gibt es auch FRUCTUS CIVILES – etwa den Zins eines verpachteten Grundstücks.

Erst mit der Trennung von Muttersache und Frucht stellt sich die Frage nach dem rechtlichen Schicksal der Frucht. Zuvor existiert die

---

9   Vgl Paulus D 41.1.31.1 (Case 99).

10 Vgl Paulus D 41.1.31.1 (Case 99); Sabinus in Paulus D 41.2.3.3 (Case 100).

11 Vgl Neratius und Proculus in Paulus D 41.2.3.3 (Case 100).

12 Vgl Brutus und Manilius in Paulus D 41.2.3.3 (Case 100).

Frucht nicht als selbständige Sache, sondern bloß als unselbständiger Bestandteil der Muttersache und teilt deren rechtliches Schicksal. Sofern nicht eine spezielle Fruchterwerbsregel eingreift, hat der Eigentümer des fruchttragenden Gegenstands ab der Trennung Eigentum an den Früchten.

1. Der *BONAE FIDEI POSSESSOR* einer fruchttragenden Sache erwirbt die Früchte im Zeitpunkt der Trennung *(SEPARATIO)*.

Der gutgläubige Besitzer erwirbt also bereits Eigentum am Apfel, wenn dieser vom Baum fällt.

Der *BONAE FIDEI POSSESSOR* hält sich irrtümlich für den Eigentümer der Muttersache. Sein guter Glaube und seine wirtschaftliche Investition in die Muttersache werden durch den ihm zuerkannten Fruchterwerb gleichsam honoriert.

Der Fruchterwerb des *BONAE FIDEI POSSESSOR* gilt als originär.

Ist das Eigentum der Muttersache, die er bloß gutgläubig besitzt, etwa mit einem Pfandrecht belastet, so wirkt sich dieses auf sein Eigentum an den Früchten nicht aus, er erwirbt sie unbelastet.

Kontrovers erscheint, wer als *BONAE FIDEI POSSESSOR* im Sinn des Fruchterwerbs anzusehen ist.

Pomponius und Paulus[13] meinen, sobald der Besitzer erfährt, dass ihm die Sache nicht gehört, könne zu seinen Gunsten kein Fruchterwerb mehr stattfinden. Eine BONA FIDE begonnene Ersitzung laufe aber weiter, denn für die USUCAPIO gilt MALA FIDES SUPERVENIENS NON NOCET.

Julian[14] macht diesen Unterschied nicht, sondern lässt die Ersitzungsregel MALA FIDES SUPERVENIENS NON NOCET gewissermaßen auch für den Fruchterwerb gelten: Entscheidend ist für Julian, dass die POSSESSIO im Zustand der BONA FIDES begonnen wurde; der Besitzer bleibe dann bis zu einer allfälligen Eviktion (Sachentzug im Prozessweg) auch hinsichtlich eines Fruchterwerbs BONA FIDE.

Paulus D 41.3.4.19 (Case 104)

A ist Eigentümer von Schafen. B stiehlt diese Schafe; bei ihm werden sie geschoren.

Mangels *BONAE FIDEI POSSESSIO* erwirbt B die Frucht – die geschorene Wolle – nicht in sein Eigentum. Eine Ersitzung der

---

13 Vgl Pomponius in Paulus D 41.1.48.1 (Case 103).

14 Vgl Iulianus D 22.1.25.2 (Case 102).

Wolle durch B scheitert schon daran, dass die Wolle, die B in Bereicherungsabsicht schert, eine *RES FURTIVA* darstellt; zudem fehlen B eine *IUSTA CAUSA* und die *BONA FIDES*.

Unter diesen Voraussetzungen ist auch ausgeschlossen, dass ein Dritter, dem B die Wolle veräußert, an dieser Eigentum erwirbt: Der derivative Erwerb scheitert, weil der Vormann nicht berechtigt ist; der originäre Erwerb durch Ersitzung findet nicht statt, weil es sich um eine RES FURTIVA handelt.

B stiehlt die Schafe des A und veräußert sie an C, der B für den Eigentümer (bzw für verfügungsbefugt) hält. Bei C werden sie geschoren.

C ist *BONAE FIDEI POSSESSOR* der Schafe und erwirbt daher mit dem Abscheren *(= SEPARATIO)* Eigentum an deren Frucht, der Wolle. Folglich stellt sich die Frage einer Ersitzung der Wolle durch C nicht mehr.

2. Der *EMPHYTEUTA* (Erbpächter) hat ein vererbliches dingliches Nutzungsrecht an einer unbeweglichen Sache[15].

Schon mit *SEPARATIO* (Trennung) erwirbt der *EMPHYTEUTA* Eigentum an den Früchten der Erbpachtsache.

Dass der Erbpächter die Früchte bereits mit SEPARATIO erwirbt, ist wohl in der weitgehenden inhaltlichen Ähnlichkeit von EMPHYTEUSIS und Eigentum begründet.

3. Der *USUSFRUCTUS* ist ein höchstpersönliches, also unvererbliches dingliches Nutzungsrecht an einer beweglichen oder unbeweglichen Sache[16].

Erst mit *PERCEPTIO* (Ergreifen) erwirbt der Nießbraucher Eigentum an den vom Nießbrauchsgegenstand hervorgebrachten Früchten. Im Zeitraum zwischen Trennung und *PERCEPTIO* gehören die Früchte dem Eigentümer der Muttersache.

Wenn der Nießbraucher den vom Baum gefallenen Apfel einsammelt oder Äpfel vom Baum pflückt, nimmt er eine PERCEPTIO vor und erwirbt damit Eigentum.

Gelangen die Früchte in die Hände Dritter, noch bevor sie vom USU-FRUCTUARIUS ergriffen – und damit erworben – worden sind, dann kann

---

[15]   Zur *EMPHYTEUSIS* siehe unten XI.G.

[16]   Zum *USUSFRUCTUS* siehe unten XI.C.1.

sie nur der Eigentümer der fruchttragenden Nießbrauchsache verfolgen: mit REI VINDICATIO (ev mit CONDICTIO FURTIVA). Der Nießbraucher hat keinen anderen Rechtsbehelf, als den Eigentümer zu klagen, ihm die Früchte zu verschaffen (VINDICATIO USUSFRUCTUS).

4. Der Pächter *(CONDUCTOR, COLONUS)* hat ein vertragliches Nutzungsrecht an einer beweglichen oder unbeweglichen Sache.

Wie der Nießbraucher erwirbt der Pächter mit *PERCEPTIO* (Ergreifen) Eigentum an den Früchten der Pachtsache.

Ähnlich wie beim Nießbraucher fehlt dem Pächter vor der PERCEPTIO ein dingliches Recht an den abgetrennten Früchten; er hat bloß einen vertraglichen Anspruch gegen den Verpächter, ihm den Fruchterwerb zu ermöglichen, durchsetzbar mit der ACTIO CONDUCTI. Ist der Verpächter Eigentümer der Pachtsache, so kann er die an Dritte gelangten, vom Pächter noch nicht perzipierten Früchte mit der REI VINDICATIO (ev mit der CONDICTIO FURTIVA) verfolgen.

Bsp 26: Aeneas hat von Beatus dessen Acker gepachtet und dort Weizen sowie Hafer angebaut. Aeneas erntet den Weizen und bringt ihn in die Scheune. Eines Nachts kommt Catull, schneidet den Hafer, nimmt den Weizen und führt beides in seine Getreidespeicher: Da der Weizen vom Pächter bereits perzipiert war, kann Aeneas mit der REI VINDICATIO (oder mit der CONDICTIO FURTIVA) Catull auf Herausgabe klagen. Hingegen gehört der Hafer nach dem Abschneiden dem Ackereigentümer Beatus; nur er kann den Hafer herausverlangen – vom Dieb mit der CONDICTIO FURTIVA oder mit der REI VINDICATIO, von jedem anderen Besitzer mit der REI VINDICATIO. Sollte Beatus dies nicht aus eigenem Antrieb tun, so wird ihn Aeneas mit der ACTIO CONDUCTI belangen und dadurch unter Druck setzen, ihm, dem Pächter, den Hafer zu verschaffen.

Der Fruchterwerb des Pächters gilt als derivativ. In spätklassischer Zeit fassen die Juristen diesen Erwerb gleichsam als Übergabe vom Verpächter an den Pächter auf.

Besteht an der dem Verpächter gehörenden Muttersache etwa ein Pfandrecht, so erstreckt sich dieses auch auf die vom Pächter erworbenen Früchte.

erbindung – *ACCESSIO*

1. Allgemeines

ACCESSIO CEDIT PRINCIPALI: Die Nebensache folgt – ergänze: was ihr rechtliches Schicksal betrifft – der Hauptsache.

Bei einer festen Verbindung ist das rechtliche Schicksal der Hauptsache *(RES PRINCIPALIS)* bestimmend für das rechtliche Schicksal der einheitlichen Sache, während die Nebensache *(ACCESSIO)* kein selbständiges rechtliches Schicksal mehr hat.

> *Beachte: Die Eigentümer der Sachen, die verbunden werden, können vereinbaren, wem an der zusammengesetzten Sache Eigentum zukommt oder dass sie im Miteigentum steht – vgl COMMUNIO, SOCIETAS. Fehlt aber solch eine Vereinbarung, so kommen die im Folgenden beschriebenen Grundsätze der ACCESSIO zur Anwendung.*

> *Dabei spielt es sachenrechtlich keine Rolle, ob die Verbindung bösgläubig vorgenommen wird – etwa durch den Dieb –, oder gutgläubig, zB wenn sich der verbindende für den Eigentümer beider Teile hält.*

Dem Eigentümer der Hauptsache fällt somit das Eigentum an der Nebensache zu, sobald diese fest mit der Hauptsache verbunden wird; er hat dem ehemaligen Eigentümer der Nebensache für diese Wertersatz zu leisten.

> *Der allgemeine Grundsatz ACCESSIO CEDIT PRINCIPALI hat seinen historischen Ursprung im Prinzip SUPERFICIES SOLO CEDIT: Was fest verbunden auf einem Grundstück steht (SUPERFICIES), folgt in rechtlicher Hinsicht dem Grundstück (SOLUM).*

Zwei Faktoren sind entscheidend für die Rechtsfolgen eines Verbindungsvorgangs:

1. Zur *ACCESSIO* im Sinne eines sachenrechtlichen Erwerbs kommt es erst, wenn die Gegenstände verschiedener Eigentümer **fest verbunden** werden.

Eine feste Verbindung liegt vor, wenn sich die zusammengefügten Gegenstände nur mit dem Nachteil schwerer Beschädigung oder unverhältnismäßigen technischen Aufwands trennen ließen.

> *Dahinter steht die Vorstellung, den wirtschaftlichen Wert der einheitlichen Sache zu bewahren.*

Für die römischen Juristen spielt dabei der Gedanke einer integralen, wesenhaften Zusammenfügung eine entscheidende Rolle. Kommt es bei der Verbindung zu einer gegenseitigen Durchdringung der Elemente, dann erscheint eine saubere Trennung nicht mehr möglich.

So findet beim Schweißen eine gegenseitige Durchdringung der Metalle statt, während beim Löten die beiden Teile durch das Lötgut getrennt sind. Der Baum gilt als mit dem Boden fest verbunden, wenn er aus diesem Nährstoffe zieht und insofern mit ihm eine wesenhafte Einheit bildet.

Sachenrechtlich ohne Folgen bleibt hingegen ein bloß **loses Verbinden** von Gegenständen. Die lose, also trennbare, Verbindung berührt das Eigentum der Betroffenen nicht. Freilich muss vor einer Vindikation die Trennung der Sachen stattfinden. Dies gerichtlich durchzusetzen, ermöglicht die *ACTIO AD EXHIBENDUM*. Nach erfolgter *EXHIBITIO* kann jeder Eigentümer seine Sache mit *REI VINDICATIO* verlangen.

2. Die Unterscheidung zwischen Haupt- und Nebensache leitet sich von einer Regel des Vindikationsverfahrens her: Nur ein Gegenstand, der sich selbständig dem Gericht vorweisen lässt, kann vindiziert werden; ist die Vindizierbarkeit nicht gegeben, so bleibt gemäß dem prozessualen Denken der Römer auch keine Basis für eine Eigentumsberechtigung.

Was nicht selbständig existieren kann, weil es eine Trägersubstanz braucht – etwa die Schrift auf einem Pergament –, lässt sich nicht vindizieren; es stellt eine Nebensache ohne eigenes rechtliches Schicksal dar[17].

Beachte: Die Tinte kann als Flüssigkeit wohl selbständig existieren und daher ein eigenes Eigentumsobjekt sein, nicht aber die mit ihr geschriebenen Buchstaben – sie existieren nur auf einer Unterlage wie Papier, Pergament oä.

Bei verschiedenen Falltypen spielen für die Qualifikation von Haupt- und Nebensache allgemeine Vorstellungen vom Wesen der Dinge mit eine wichtige Rolle. Diese Anschauungen äußern sich auch im Sprachgebrauch: Wird ein Arm an eine Statue angeschweißt, so sind beide Teile fest verbunden; obwohl der Arm – anders als etwa die Schrift – für sich existieren kann, gilt die Statue als Hauptsache: Vindizieren, dh als Gegenstand der Vindikation bezeichnen und selbständig vorführen, lässt sich die Statue mit Arm, während niemand ernsthaft einen „Arm mit angeschweißter Statue" verlangen kann[18].

---

[17] Vgl Paulus D 6.1.23.3 (Case 112).

[18] Vgl Paulus D 6.1.23.5 (Case 113).

Das an der Vindizierbarkeit orientierte Konzept zur Unterscheidung von Haupt- und Nebensache wird nur bei einer speziellen Rechtsansicht zur Malerei auf einer fremden Tafel – TABULA PICTA – durchbrochen. Siehe dazu unten 2.

Kein Kriterium für die Bestimmung von Haupt- und Nebensache ist das Wertverhältnis der verbundenen Gegenstände.

Beachte: Selbst der Gebrauch teurer Purpurfarbe beim Färben von Wolle ändert nichts daran, dass die gefärbte Wolle allein dem Wolleigentümer gehört.

Für die sachenrechtliche Zuordnung ebenfalls keine erhebliche Größe ist der Wert der beim Verbinden geleisteten Arbeit; es gilt bloß *ACCESSIO CEDIT PRINCIPALI.*

Hat der Eigentümer der Nebensache die Verbindung vorgenommen, so kann er dies wohl als wertsteigernde Arbeitsleistung bei seiner Ersatzforderung gegen den Eigentümer der verbundenen Sache geltend machen.

3. Wer durch *ACCESSIO* unfreiwillig das Eigentum an einer Sache verliert, kann Wertersatz von dem fordern, der sie als unselbständigen Bestandteil des verbundenen Gegenstands erworben hat.

Abhängig davon, wo sich die verbundene Sache befindet, macht der ehemalige Eigentümer der Nebensache seinen Wertersatzanspruch mit einer Klage oder mit einer Einrede geltend: Er muss klagen *(ACTIO IN FACTUM* oder *CONDICTIO FURTIVA),* wenn der Eigentümer der verbundenen Sache diese besitzt. Besitzt hingegen der ehemalige Eigentümer der Nebensache die ihm nunmehr fremde verbundene Sache und wird er vom Eigentümer mit der *REI VINDICATIO* geklagt, so kann er eine *EXCEPTIO DOLI* einwenden und die Sache zurückbehalten, bis er vom Kläger Wertersatz bekommt.

■ Bei gutgläubigem Erwerb des Eigentümers der Hauptsache verlangt der ehemalige Eigentümer der Nebensache Wertersatz mit einer *ACTIO IN FACTUM.*

Wo der Prätor ein Rechtsschutzbedürfnis anerkennt, aber keine institutionalisierte Klage zur Verfügung hat, kann er mit einer ACTIO IN FACTUM Abhilfe schaffen.

Mit dem Namen ACTIO IN FACTUM ist bloß eine spezifische Klagestruktur angesprochen: Die konkrete Lage des Falles – FACTUM – wird am Beginn der Klageformel beschrieben. Ein typischer Klageinhalt ist damit aber nicht gemeint; ACTIONES IN FACTUM können etwa auch bestimmten

Ansprüchen aus Sachbeschädigung oder geschäftlichen Übereinkünften zur Durchsetzung verhelfen[19].

■ Wer bewusst eine fremde Sache in Bereicherungsabsicht mit der seinen verbindet (bzw verbinden lässt), erwirbt zwar Eigentum, ist aber bösgläubig und begeht ein *FURTUM;* Wertersatz erlangt der ehemalige Eigentümer der Nebensache durch eine *CONDICTIO FURTIVA*[20].

Auch hier gilt: Wer sein Eigentum an der Nebensache verloren hat, aber im Besitz der verbundenen Sache ist, kann sich gegen eine *REI VINDICATIO* mit einer *EXCEPTIO DOLI* behaupten: Bis zum Erlag des Wertersatzes hält er die verbundene Sache zurück.

2. Verbindung von beweglichen Sachen

Gaius D 41.1.9.1 (Case 110)

A schreibt auf dem Papier oder Pergament des B eine Geschichte, ein Gedicht oder eine Rede.

Das Schriftstück gehört B, selbst wenn A Goldbuchstaben angebracht hat. Das Papier oder Pergament des B ist die Hauptsache, das darauf Geschriebene die Nebensache.

Nach allgemeinem Sprachgebrauch wird man das Ergebnis dieser Verbindung als „beschriebenes Papier" bezeichnen; dies deutet darauf hin, dass das Papier die Hauptsache ist.

Beachte: Es geht hier lediglich um die Frage des Eigentums an Tinte, Goldfarbe, Papier und Pergament, nicht aber um die geistige Leistung des Schreibers.

Wird der besitzende A vom Eigentümer des Schriftstücks, B, auf Herausgabe geklagt, so kann A eine *EXCEPTIO DOLI* einwenden und das Schriftstück zurückhalten, bis er den Wert seines Beitrags von B ersetzt bekommt.

---

[19] Siehe dazu auch unten X.B.1.

[20] Dem ehemaligen Eigentümer der Nebensache wird für den Wertersatz alternativ wohl eine *ACTIO IN FACTUM* zur Verfügung stehen.

Zu *FURTUM* und *CONDICTIO FURTIVA* siehe auch oben II.F.

Gaius Inst 2.78 (Case 111)

> C malt auf der Tafel des D. Die Frage ist, wem das entstandene
> Bild *(TABULA PICTA)* gehört.

Gaius referiert hier eine Rechtsansicht, die zu seiner Zeit (Hochklassik) wohl herrschende Lehre war: Sie besagt, dass für die
TABULA PICTA nicht das Kriterium der Vindizierbarkeit gilt, sondern die künstlerische Leistung des Malers Vorrang hat und diesen Eigentümer des Gemäldes werden lässt.

Gegen die Vindikation des Malers kann der ehemalige Tafeleigentümer eine *EXCEPTIO DOLI* einwenden und das Gemälde
zurückbehalten, bis ihm Wertersatz für die Tafel geleistet wird.

*Der ehemalige Tafeleigentümer klagt den besitzenden Gemäldeeigentümer
mit einer ACTIO UTILIS; diese ist gleich der ACTIO IN FACTUM eine analoge
Klage des Prätors*[21]. *Der ACTIO UTILIS des ehemaligen Tafeleigentümers
steht eine EXCEPTIO DOLI des Gemäldeeigentümers entgegen, damit diesem die Kosten der Malerei erstattet werden; dies lässt vermuten, dass der
Kläger mit seiner ACTIO UTILIS nicht bloß Wertersatz für die Tafel, sondern
Übereignung des Gemäldes verlangt.*

Gaius selbst lehnt die Sondermeinung zur *TABULA PICTA* ab; er
beurteilt das Malen auf einer fremden Tafel offenbar nicht anders
als das Schreiben auf fremdem Papier. Diese einheitliche Auffassung nach dem Kriterium der Vindizierbarkeit hat sich in der
Spätklassik durchgesetzt. Vgl Paulus D 6.1.23.3 (Case 112).

Paulus D 6.1.23.5 (Case 113)

Paulus behandelt in dieser Stelle ua den Unterschied zwischen
loser und fester Verbindung:

Wenn an die Statue des E der Statuenarm des F bloß angelötet
wird *(ADPLUMBATIO)*, so stellt dies eine trennbare Verbindung
dar. Mit *ACTIO AD EXHIBENDUM* kann die Trennung der Teile
verlangt werden; danach ist die Vindikation jedes Teils möglich.

Wird der Arm hingegen angeschweißt *(FERRUMINATIO)*, dann ent-
steht eine feste Verbindung, und nach dem Grundsatz *ACCESSIO
CEDIT PRINCIPALI* erwirbt der Eigentümer der Statue (Hauptsache)
Eigentum am Arm (Nebensache). F, der ehemalige Eigentümer des
Armes, fordert von E Wertersatz mit einer *ACTIO IN FACTUM*.

---

[21]   Zu diesen analogen Klagen des Prätors siehe unten X.B.1.

Beachte: Sollte der angeschweißte Arm einmal abbrechen, dann bleibt er im Eigentum des E. Durch die feste Verbindung ist Fs Eigentum am Statuenarm endgültig untergegangen.

Pomponius (Cassius, Proculus, Pegasus) D 41.1.27.2 (Case 114)

Pomponius gibt hier Einblick in die juristische Diskussion über solche Problemfälle der Verbindung, bei denen das Kriterium der Vindizierbarkeit nicht ausreicht, um Haupt- und Nebensache zu unterscheiden.

Sachverhalt ist, dass zwei ähnlich gestaltete Metallteile durch Schweißen verbunden werden.

Cassius meint, es solle derjenige Alleineigentümer sein, von dem das größere oder das wertvollere Stück stammt.

Lässt sich diese faktische Unterscheidung aber nicht treffen – es werden zwei völlig gleiche Metallteile verschweißt –, dann sollen nach Cassius beide als Miteigentümer gelten (vgl die Lösung bei einvernehmlicher Vermischung, siehe unten D.1.), oder die Sache gehöre dem, in dessen Namen die Verbindung vorgenommen worden ist (vgl *SPECIFICATIO,* unten E.). Für Proculus und Pegasus soll bei gleichen Teilen jeder Betroffene trotz Verbindung sein Eigentum behalten (vgl *CONFUSIO,* unten D.1.).

3. Verbindung mit unbeweglichen Sachen

SUPERFICIES SOLO CEDIT: Was mit einem Grundstück fest verbunden ist, folgt diesem in seinem rechtlichen Schicksal.

Demnach gilt der Boden immer als Hauptsache.

Wer durch feste Verbindung mit fremdem Boden das Eigentum an seiner Sache verliert, kann vom Erwerber mit einer *ACTIO IN FACTUM* oder der *CONDICTIO FURTIVA* Wertersatz fordern, bzw als Beklagter den Ausgleich durch Zurückbehaltung der Sache kraft *EXCEPTIO DOLI* geltend machen.

a. *IMPLANTATIO:* Die im Grundstück des C eingesetzte Pflanze des D gehört C, sobald sie Wurzeln schlägt[22].

---

22   Vgl Gaius D 41.1.7.13 (Case 105).

b. *SATIO:* Die Saat des A gehört dem Ackereigentümer B, sobald die Aussaat erfolgt ist[23].

Auch Schwemmgut gehört dem Grundstückseigentümer, sobald sich das Material auf natürliche Weise fest mit seinem Boden verbindet (AVULSIO, ALLUVIO).

c. *AEDIFICATIO:* Ein mit Fundamenten errichtetes Gebäude gehört dem Eigentümer des Grundstücks, auf dem es steht.

Beachte: Grundstück und Gebäude werden als einheitliche Sache vom Grundstückseigentümer vindiziert; das Gebäude allein kann nicht vindiziert werden. Betrachtet man aber bloß das Haus, so gilt dieses als lose Verbindung der Baumaterialien, an denen fremde dingliche Rechte nicht untergehen, sondern bis zur Auflösung des Bauwerks ruhen. Siehe dazu gleich 4.

Hingegen lassen SATIO und IMPLANTATIO den Grundstückseigentümer endgültig Eigentum erwerben: Wird das aus dem Saatgut des A auf dem Acker des B gewachsene Korn geschnitten oder der von D stammende, im Boden des C verwurzelte Baum ausgegraben, dann gehören Korn und Baum den Grundstückseigentümern B und C.

4. Sonderfall: Hausbau

Die *AEDIFICATIO* stellt insofern einen Sondertyp dar, als sie Elemente der festen wie der losen Verbindung aufweist und zudem den Rechtsbehelfen nach zweifach speziell behandelt wird.

■ Ein Gebäude gehört dem Eigentümer des Grundstücks, auf dem es steht – vorausgesetzt, es ist mit dem Boden durch Fundamente fest verbunden.

Der auf dem Feld des Seius von Titius als bewegliche Konstruktion errichtete Getreidespeicher bleibt dagegen im Eigentum des Titius (Scaevola D 41.1.60, Case 106).

Im modernen Recht bezeichnet man ein Bauwerk, das auf fremdem Grund in der Absicht errichtet wird, dass es nicht stets darauf bleiben soll, als Superädifikat (vgl § 435 ABGB, § 95 Abs 1 BGB). Ein Superädifikat steht nicht im Eigentum des Grundstückseigentümers.

---

[23]   Vgl Gaius D 41.1.9.1 (Case 110); vgl weiters Gai Inst 2.74 f, wobei nach dem Text nicht zu entscheiden ist, ob Gaius das ausgestreute Getreide dem Acker sachenrechtlich erst zuordnet, wenn es dort Wurzeln schlägt.

Ein (fest verbundenes) Gebäude wird insgesamt als sachenrechtliche Einheit mit dem Grundstück gesehen und dessen rechtlichem Schicksal unterworfen: *SUPERFICIES SOLO CEDIT.*

■ Innerhalb dieser Einheit gilt das Bauwerk jedoch als lose Verbindung verschiedener Baumaterialien. Die sonst bei loser Verbindung mögliche Trennung durch die *ACTIO AD EXHIBENDUM* wird beim Bauwerk aber nicht zugelassen.

Sind fremde Materialien in ein Haus verbaut worden, so geht das Eigentum an ihnen zwar nicht verloren, es lässt sich aber erst geltend machen, wenn das Haus abgerissen wird oder einstürzt[24]. Das Eigentum an dem fremden Material besteht noch nach dem Verbauen als sog *DOMINIUM DORMIENS* (ruhendes Eigentum) fort; beim Demolieren des Hauses lebt es wieder auf, dh dann kann es geltend gemacht werden[25].

■ Wer nach diesem Regime sein Eigentum nicht zu exhibieren und vindizieren vermag, muss nicht auf das Demolieren des Gebäudes warten, sondern kann vorher mit einer *ACTIO IN FACTUM* oder mit der *CONDICTIO FURTIVA* (bzw via *EXCEPTIO DOLI)* Wertersatz geltend machen. Erhält er Wertersatz, so erlischt sein ruhendes Eigentum.

Baut jemand mit eigenen Materialien wissentlich auf fremdem Boden, so hat er mangels Schutzwürdigkeit keinen Ersatzanspruch, sondern es wird ihm bloß gestattet, vom Gebäude etwas abzutragen, soweit dies ohne Nachteil für den Grundstückseigentümer geschieht – IUS TOLLENDI[26].

Celsus D 6.1.38 (Case 107)

F hat gutgläubig vom Nichtberechtigten ein Grundstück erworben und dann darauf gesät und gebaut. Der Eigentümer E vindiziert sein Grundstück von F.

Celsus erörtert nun, was der Richter bestimmen soll, um den Nichteigentümer F für seine Investitionen in das Grundstück zu entschädigen.

1. Prinzipiell muss E dem F dessen Aufwendungen ersetzen. Ist die Wertsteigerung des Grundstücks allerdings geringer als das,

---

24 Vgl Gaius D 41.1.7.10 (Case 108).

25 Vgl Iulianus D 6.1.59 (Case 109).

26 Vgl Ulpianus D 6.1.37 (Case 129); siehe dazu unten X.G.3.

was F beim Säen und Bauen investiert hat, so sind die Aufwendungen bloß im Ausmaß der Wertsteigerung abzugelten.

2. Handelt es sich beim vindizierenden Eigentümer um einen armen Mann, so wird F ein *IUS TOLLENDI* gewährt: Er darf den Bau abtragen und seine Materialien wegschaffen. Das Wegschaffen kann der Eigentümer aber abwenden, indem er F so viel zahlt, wie dieser durch das Entfernen des Materials hätte.

Das IUS TOLLENDI darf nicht derart ausgeübt werden, dass es bloß die Lage des Eigentümers verschlechtert, ohne dabei dem Wegnahmeberechtigten einen materiellen Vorteil zu verschaffen – wie es etwa der Fall wäre, würde man Wandverputz oder Gemälde um der Zerstörung willen abkratzen: NEQUE MALITIIS INDULGENDUM EST – Bosheit muss nicht geduldet werden (sog Schikaneverbot).

Erweist sich, dass der Eigentümer das Grundstück bald verkaufen will, dem Beklagten aber die Kosten (bzw die Wertsteigerung, vgl oben 1.) nicht ersetzt, dann kann der Beklagte das Grundstück behalten und dem Kläger dafür den Schätzwert zahlen; bei der Berechnung des Schätzwerts stellt das, was der Beklagte bei Sachrückgabe vom Kläger erhalten hätte, einen Abzugsposten dar.

■ Einen speziellen Rechtsbehelf stellt die *ACTIO DE TIGNO IUNCTO* dar: Wer auf seinem Boden ein Gebäude errichtet und im Zuge dessen fremdes Material mitverwendet, muss dem Eigentümer den doppelten Wert des Materials ersetzen[27].

Beachte: Nur diese relativ spezifische Fallkonstellation ist als Tatbestand der ACTIO DE TIGNO IUNCTO überliefert; hingegen fällt zB das Bauen mit eigenem Material auf fremdem Grund nicht unter die ACTIO DE TIGNO IUNCTO.

Unklar ist der Charakter der Klage und damit auch ihre Wirkung auf das dingliche Recht an den betreffenden Materialien: Versteht man die *ACTIO DE TIGNO IUNCTO* als eine reine Pönalklage[28], dann stellt das zu leistende Duplum bloß eine Buße dar, die das Recht der Sachverfolgung nicht berührt; demnach bleibt das Eigentum an den unzulässig mitverbauten Materialien aufrecht und kann nach Demolierung des Gebäudes geltend gemacht werden. Sieht man die *ACTIO DE TIGNO IUNCTO* hingegen als eine (auch) sachverfolgende Klage,

---

27   Vgl Gaius D 41.1.7.10 (Case 108).

28   Zum pönalen und zum sachverfolgenden Charakter von Klagen siehe oben beim *FURTUM* II.F.

dann werden dem Kläger die Materialien mit Zahlung des Duplums abgelöst und gehören forthin dem Bauführer.

D. Vermischung – *CONFUSIO;* Vermengung – *COMMIXTIO*

1. Allgemeines

Die ununterscheidbare Vermischung von Flüssigkeiten oder Vermengung von festen Stoffen verschiedener Eigentümer ändert sachenrechtlich insofern nichts, als jeder Betroffene weiterhin eine durch Vindikation verkörperte dingliche Berechtigung hat.

Anzustellen ist die sog Mengen- oder Quantitätsvindikation – *VINDICATIO PRO PARTE:* Jeder vindiziert aus der Mischung oder aus dem Gemenge so viel, wie dem Quantum bzw dem Wert seines Beitrags entspricht[29].

> *Bei der Vermengung von zwei Ladungen Weizen gleicher Qualität steht der Umfang jeder Quantitätsvindikation schon durch den Umfang jedes Beitrags fest.*

> *Werden Gold und Kupfer zu einer Legierung verschmolzen, dann ist auch das Wertverhältnis in der VINDICATIO PRO PARTE zu berücksichtigen: Der eine, von dem das relativ teure Gold stammt, erhält nun eine weniger wertvolle Gold-Kupfer-Legierung und muss daher eine größere Menge bekommen als das hineinvermischte Goldquantum; für den anderen, von dem das billigere Kupfer stammt, verhält es sich umgekehrt.*

Einer Trennung durch die *ACTIO AD EXHIBENDUM* bedarf es hier nicht; jeder Betroffene kann vielmehr unverzüglich die Quantitätsvindikation anstellen.

Da das sachenrechtliche Interesse der Betroffenen durch die *VINDICATIO PRO PARTE* jeweils gewahrt bleibt, entsteht keine Notwendigkeit eigener Rechtsbehelfe für den Wertausgleich.

> *Die VINDICATIO PRO PARTE bietet eine praktikable Lösung, die freilich sehr großzügig mit dem Erfordernis umgeht, dass die Eigentumsberechtigung an einer Sache nur bei fortdauernder Sachidentität weiter besteht. Wird Weizen von A mit Weizen von B vermengt und klagt A mit der VINDICATIO PRO PARTE, so setzt sich sein Anteil aus Weizenkörnern*

---

[29] Vgl Pomponius in Ulpianus D 6.1.3.2 (Case 116); Pomponius in Ulpianus D 6.1.5.1 (Case 118).

zusammen, die von ihm gekommen sind, und aus solchen, die von B stammen.

Nicht mit der *VINDICATIO PRO PARTE,* sondern mit der *ACTIO COMMUNI DIVIDUNDO* ist bei einer einvernehmlich durchgeführten Vermischung oder Vermengung zu klagen. Das Einvernehmen der Beitragenden lässt an der vermischten oder vermengten Substanz Miteigentum – *COMMUNIO* – entstehen[30].

Soll das Miteigentum aufgelöst werden, so muss vorerst mit der ACTIO COMMUNI DIVIDUNDO abgerechnet sowie eine Teilung und Zuweisung in das Einzeleigentum bewirkt werden. Dann kann jeder Eigentümer den ihm zugewiesenen Sachteil mit der REI VINDICATIO herausverlangen.

2. Sonderfall: Vermengung von fremdem Geld mit eigenem

Wenn A das Geld des B ununterscheidbar mit eigenem vermengt, wird A Alleineigentümer der gesamten Geldmenge. Durch dieses Vermengen erwirbt A an den Münzen des B originär Eigentum[31].

Sind die Münzen noch zur Gänze im Besitz des A, so ist laut Octavenus in Paulus D 6.1.6 eine Mengenvindikation des B gegen A auf den Betrag der hingegebenen Münzen denkbar. Eine Vindikation des B scheitert aber jedenfalls dann, wenn die von ihm stammenden Münzen nicht mehr zur Gänze im Besitz des A sind.

Diese Sonderbehandlung von Geld verfolgt den Zweck, dem Wirtschaftenden eine flexible, von allfälligen Eigentumsbehauptungen anderer unbehelligte Kassenführung zu sichern. Außerdem lassen sich Geldmengen durch den spezifischen Charakter des Geldes als Umsatzmittel besonders schwer verfolgen.

Steht B nach ununterscheidbarer Vermengung keine (Mengen-) Vindikation zu, so kann er Wertersatz von A verlangen; den gutgläubigen A klagt B mit einer Bereicherungsklage (zB *CONDICTIO INDEBITI,* wenn B dem A das Geld irrtümlich als Nichtschuld geleistet hatte).

Sachenrechtlich keinen Unterschied macht es, ob A die Geldvermengung gut- oder bösgläubig vornimmt; auch der Dieb erwirbt auf

---

[30]   Vgl Gaius D 41.1.7.8 (Case 117); Pomponius in Ulpianus D 6.1.5 pr (Case 115).

[31]   Vgl Iavolenus (Cassius) D 46.3.78 (Case 119).

diese Weise Eigentum an gestohlenen Münzen. B hat gegen den Dieb freilich eine *CONDICTIO FURTIVA* auf Wertersatz.

Daneben gibt es noch einen zweiten Tatbestand des originären Eigentums-erwerbs an Geld: Wenn gutgläubig fremdes Geld ausgegeben wird, kann der Empfänger nicht mehr mit der VINDICATIO belangt werden (und er-wirbt damit wohl Eigentum an den Münzen). Dieser Tatbestand wie das Vermengen von fremdem Geld mit eigenem werden von den römischen Juristen allgemein auch mit der Wendung NUMMOS CONSUMERE – die Münzen verbrauchen – umschrieben.

Vgl § 371 ABGB, demzufolge das Eigentum an Geld verloren geht, wenn Geld ununterscheidbar vermengt oder gutgläubig auf Grund eines gültigen Titels in Empfang genommen wurde.

E. Verarbeitung – *SPECIFICATIO*

Wer durch gestalterisches Einwirken auf eine fremde Sache eine Sa-che mit veränderter Art entstehen lässt, nimmt eine Verarbeitung vor.

SPECIFICATIO verändert die Art einer Sache so, dass das Verarbeitungs-produkt anders aussieht und daher meist anders genannt wird als der ursprüngliche Gegenstand. Von der Spezifikation zu unterscheiden ist die bloße Bearbeitung, die sachenrechtlich keine Folgen hat, sowie die Ver-bindung[32]:

Marcus verfertigt aus der Wolle des Titus ein Gewand – Verarbeitung.

Seius reinigt die Wolle des Titus – Bearbeitung.

Rufus nimmt seine Purpuressenz und färbt damit die Wolle des Titus – Verbindung.

Je nachdem, ob man in der Verarbeitung bloß eine Änderung der äußeren Erscheinung ein und derselben Sache sieht, oder ob man annimmt, mit *SPECIFICATIO* werde die alte Sache zerstört und eine neue gebildet, ergeben sich unterschiedliche sachenrechtliche Kon-sequenzen.

Grundlegend ist hier die Frage nach dem Wesen der Dinge. Macht man die Identität einer Sache an ihrer Materie fest, so ist eine Veränderung ihrer Erscheinungsform nicht erheblich, solange die Materie besteht. Betrachtet

---

[32]   Zur Verbindung siehe oben C.2.

*man hingegen die Form als entscheidend für das Wesen eines Gegenstands,
so geht er unter, sobald seine konkrete Gestalt eine andere wird.*

1. Die Rechtsschule der Sabinianer rückt das Material in den Blickpunkt: Dieses sei Voraussetzung jedes Verarbeitens[33] und bleibe bei
allen gestalterischen Vorgängen erhalten *(MATERIA MANENS)*. Folglich habe der Eigentümer des Ausgangsstoffs auch als Eigentümer
des Verarbeitungsprodukts zu gelten.

2. Die Rechtsschule der Prokulianer betont hingegen die Form der
Sache: Wesentlich für die Existenz jedes Gegenstands sei seine Gestalt. Wird nun durch eine *SPECIFICATIO* die Gestalt eines Gegenstands verändert, so gehe dieser gewissermaßen unter und damit das
Eigentumsrecht an ihm; zugleich entstehe mit dem Herstellen einer
neuen Form eine neue Sache, die vorerst niemandem gehöre *(RES
NULLIUS)*[34]; nun deuten die Prokulianer den Spezifikationsvorgang
auch als eine *OCCUPATIO* des Produzenten, dieser erwerbe somit das
Verarbeitungsprodukt in sein Eigentum.

3. Die spätere Entwicklung kombiniert beide Standpunkte – sog
MEDIA SENTENTIA:

a. Lässt sich der Verarbeitungsprozess rückgängig machen, dann
gilt die sabinianische Lehre: Das Produkt gehört dem, dessen Sache
verarbeitet wurde.

*Beachte: Es geht um Rückführbarkeit als abstraktes Kriterium der Eigen-
tumsfrage; das dingliche Recht des Materialeigentümers besteht fort, wenn
sich die Sache in ihren Ausgangszustand zurückführen lässt, richtet sich
aber nicht danach, ob die verarbeitete Sache tatsächlich wieder in ihren
Ausgangszustand zurückgeführt wurde.*

*Die römischen Quellen nennen als Beispiel für rückführbare Verarbeitung
jene von Metall.*

b. Wenn die Rückführbarkeit nicht gegeben ist, gilt die prokulianische Ansicht: Der Verarbeitende (bzw der, in dessen Namen verarbeitet wird: Verarbeitung *ALIENO NOMINE*) erwirbt originär Eigen-

---

[33]   Vgl Sabinus und Cassius in Gaius D 41.1.7.7 (Case 120): ... *QUIA SINE
MATERIA NULLA SPECIES EFFICI POSSIT* – weil ohne Materie kein Gegenstand hergestellt werden könne.

[34]   Vgl Nerva und Proculus in Gaius D 41.1.7.7 (Case 120): ... *QUIA QUOD
FACTUM EST, ANTEA NULLIUS FUERAT* – weil das, was hergestellt worden ist, vorher
niemandem gehört hat.

tum am Produkt. Das ursprünglich bestehende Eigentum an der Sache, die einer nicht rückführbaren *SPECIFICATIO* unterworfen wird, erlischt.

Diese sachenrechtlichen Folgen treten nur dann ein, wenn die Verarbeitung nicht im Einvernehmen der Parteien stattfindet.

Etwa der Werkvertrag (LOCATIO CONDUCTIO OPERIS) zeigt ganz deutlich, dass eine irreversible Verarbeitung erfolgen kann, die Sache aber – wie es den vertragstypischen Interessen der Parteien entspricht – dadurch nicht in das Eigentum des Werkunternehmers gelangt, sondern im Eigentum des Bestellers bleibt.

Wer durch eine Verarbeitung Eigentum an einer Sache verliert, hat gegen den gutgläubigen Spezifikanten eine *ACTIO IN FACTUM*, gegen einen bösgläubigen die *CONDICTIO FURTIVA* auf Wertersatz.

Besitzt der ehemalige Eigentümer des verarbeiteten Materials das Verarbeitungsprodukt und klagt ihn der Produzent mit der *REI VINDICATIO*, so kann er eine *EXCEPTIO DOLI* einwenden und die Sache bis zum Erlag des Sachwertes zurückbehalten.

Nach sabinianischer Lehre sowie laut MEDIA SENTENTIA bei rückführbarer Verarbeitung erwirbt der Spezifikant das Produkt nicht; er wird freilich vom Eigentümer Ersatz für seine wertsteigernde Arbeitsleistung verlangen können (mit einer ACTIO IN FACTUM bzw via EXCEPTIO DOLI).

Gaius D 41.1.7.7 (Case 120)

Der Text erläutert die *MEDIA SENTENTIA* und damit die in späterer Zeit herrschende Lehre zur *SPECIFICATIO*. Von Bedeutung ist, welche Falltypen Gaius als Verarbeitungstatbestände anspricht:

A stellt aus Gold, Kupfer oder Silber des B ein Gefäß her.

Das Gefäß gehört B, weil es eingeschmolzen und somit wieder zum Ausgangsmaterial gemacht werden kann.

C macht aus Brettern des D ein Schiff, einen Kasten oder einen Sessel.

E verfertigt aus Wolle des F ein Gewand.

G erzeugt aus Honig und Wein des H „Met".

J stellt aus Arzneistoffen des K ein Wundpflaster oder eine Salbe her.

L presst aus Oliven des M Öl.

N macht aus Trauben des O Wein.

Mangels Rückführbarkeit erwirbt in den angeführten Fällen der Verarbeitung von Holz, Wolle, Honig und Wein, Arzneistoffen, Oliven sowie Trauben der Spezifikant Eigentum am Produkt.

Wenn P Ähren des R drischt, gehört das ausgedroschene Getreide R. Wie Gaius eigens erläutert, wird beim Dreschen keine neue Sache hergestellt, sondern bloß eine bereits vorhandene zu Tage gebracht.

Wiederholungsfragen

1. Welche Rolle spielt die *CONSUETUDO REVERTENDI* für das Eigentum an gezähmten Tieren?

2. Wann kann man an einer gefundenen Sache durch *OCCUPATIO* Eigentum erwerben?

3. Wem gehört das Wild in einer umzäunten Parkanlage?

4. Welche römischen Rechtsmeinungen gibt es zum Schatzfund?

5. Was ist eine Frucht? Welche juristischen Kategorien von Früchten gibt es?

6. Wer ist ein *BONAE FIDEI POSSESSOR?* Wie erwirbt der *BONAE FIDEI POSSESSOR* Eigentum an den Früchten?

7. Welchen Rechtsbehelf hat der Pächter, wenn ihm die Früchte vom gepachteten Acker gestohlen werden?

8. Wie unterscheiden die Römer bei einer Verbindung Haupt- und Nebensache?

9. Wann liegt eine feste Verbindung vor? Welche sind die Rechtsfolgen einer losen, trennbaren Verbindung?

10. Für welche Falltypen gilt *SUPERFICIES SOLO CEDIT?* Was bedeutet diese Regel?

11. Welchen Tatbestand hat die *ACTIO DE TIGNO IUNCTO?* Welche Rechtsfolgen löst sie aus?

12. Welche Möglichkeiten erwägt Celsus, einen gutgläubigen Bauführer, der das fremde Grundstück herausgeben soll, schadlos zu halten?

13. Worin unterscheiden sich die Rechtsfolgen der ungewollten und der einvernehmlichen Vermengung?

14. Wie erwirbt man originär Eigentum an Geld?

15. Wie unterscheidet sich die *SPECIFICATIO* von einer bloßen Bearbeitung?

16. Welche Meinungen vertreten Sabinianer und Prokulianer zur *SPECIFICATIO?* Wie lautet die *MEDIA SENTENTIA,* welche Bedeutung hat sie?

17. Welche Ersatzansprüche hat jemand, der durch Verarbeitung oder Verbindung das Eigentum an einer Sache verliert, bei gutem bzw bei schlechtem Glauben des Erwerbers?

Übungsfälle

<u>ÜF 35:</u> Bellona hat von Ago dessen Obstgarten samt Wirtschaftsgebäude ge-
pachtet. Eines Tages kommt Carus, nimmt das Fallobst an sich, pflückt einen
Apfelbaum leer und entwendet aus dem Keller eine Kiste Birnen, die Bellona
geerntet hat.
Wer ist Eigentümer des Fallobstes, der gepflückten Äpfel und der Birnen aus
dem Keller? Welche Klagen stehen Bellona zu?

<u>ÜF 36:</u> Kassandra beauftragt ihren Sklaven Leo, dass dieser im Wald des
Nachbarn Wildkaninchen fange und sie ihr bringe. Leo fängt zwei Tiere, steckt
sie in einen Korb und geht damit nach Hause. Als er sich schon im weitläufigen
Park der Kassandra befindet, fällt Leo der Korb zu Boden und eines der beiden
Kaninchen verschwindet im Unterholz. Das zweite Kaninchen kann Leo seiner
Herrin Kassandra übergeben.
Wie steht es mit Besitz und Eigentum am ersten und am zweiten Kaninchen?

<u>ÜF 37:</u> Merops, der eine Hundezucht betreibt, verkauft und übergibt der Cleo am 15. 1. einen Hirtenhund, den er für seinen eigenen hält, der ihm aber vom Eigentümer Felix in Pflege gegeben worden war. Cleo meint, sie sei Eigentümerin des Hundes geworden. Im Herbst verliert Cleo die Freude am Tier. Da sie den Hund nicht verkaufen kann, ihn aber auch nicht behalten will, setzt sie ihn am 6. 12. in einem Wald aus. Am 8. 12. nimmt Nastes das erschöpfte Tier, das er für derelinquiert hält, an sich und behält es.

Beurteilen Sie die sachenrechtlichen Positionen hinsichtlich des Hirtenhundes

a. am 15. 1.

b. am 7. 12.

c. am 24. 12. des Folgejahres.

<u>ÜF 38:</u> Felix, ein Feinschmied, montiert Silbertische. An die ihm gehörende Tischplatte schweißt er vier passende Füße; einer davon stammt aus dem Eigentum der Helene; dann dekoriert er die Platte, indem er vier silberne Zierleisten der Iokaste anschraubt. Weder Helene noch Iokaste haben Wissen vom Vorgehen des Felix.

Welche Klagen können Helene und Iokaste gegen den besitzenden Felix richten? Macht es einen Unterschied, ob Felix gewusst hat, dass er fremde Bestandteile verwendet?

<u>ÜF 39</u>: Der Künstler Menander arbeitet regelmäßig für das kaiserliche Haus. Er erhält von Florentinus eine Holztafel geschenkt, auf der er ein Portrait der Gattin des Kaisers malt. Menander ahnt nicht, dass Florentinus die Tafel seinerseits schon vor mehr als einem Jahr von Brutus käuflich erworben hat, der – was Florentinus freilich nicht wusste – die Tafel von Eros gestohlen hat. Menander drapiert das Gemälde der Kaiserin mit einem purpurroten Stoff; der verwendete Stoff (Wert 50) stammt zwar aus Menanders Eigentum, der von Menander zum Färben verwendete Extrakt der Purpurschnecken (Wert 20.000) gehört aber seiner Bekannten Xanthippe, die von dieser Verwendung gar nichts weiß.
a. Wer ist Eigentümer des purpurnen Stoffes?
b. Wer ist Eigentümer der bemalten Tafel?

<u>ÜF 40</u>: Nike baut auf ihrem Grund ein Wohnhaus. Zugleich errichtet ihr Nachbar Orion einen Stall samt Fundament und stellt eine Hundehütte auf. Im Zuge der Lagerung umfangreicher Baumaterialien am Rand beider Grundstücke passiert es, dass Nike irrtümlich zwei Balken des Orion nimmt und in die Decke ihres Hauses einzieht. Orion verwendet ausschließlich eigene Materialien; der Grund, auf dem er baut, gehört aber nicht ihm, sondern Pius.
a. Welche Behelfe stehen Orion hinsichtlich der Balken gegen Nike zu?
b. Wem gehört der Stall, wem die Hundehütte?
c. Wie kann Pius gegen Orion vorgehen? Was kann Orion gegen das Begehren des Pius tun?

<u>ÜF 41:</u> Daphne, eine Weinhändlerin, schüttet Rotwein einer bestimmten Qualität aus zwei in ihrem Keller befindlichen Fässern zusammen. Am nächsten Tag erfährt sie, dass ihr Geschäftsführer den Wein, der sich in einem der beiden Fässer befand, eine Woche zuvor an Eros verkauft und übergeben hatte.

Wem gehört der zusammengeschüttete Wein? Welcher Rechtsbehelf steht Eros zu? Gibt es einen Anspruch auf Wertersatz? Hat Daphne ein *FURTUM* begangen?

<u>ÜF 42:</u> Quartus hat bei der überstürzten Abreise seiner Nachbarin Ismene einige ihrer Gegenstände übernommen: einen Silberteller, eine Flasche Wein, ein Glas Honig und einen Sack Haselnüsse. Irrtümlich hält er dies für ein Geschenk der Ismene. Aus dem Silberteller lässt Quartus eine Vase machen; weiters verrührt er Honig und Wein zu „Met"; die Haselnüsse schlägt er auf, ihre Schalen wirft er weg.

Was kann Ismene nach ihrer Rückkehr von Quartus verlangen, welche Klagen hat sie? Macht es einen Unterschied, wenn Quartus die Haselnüsse mahlt?

X. EIGENTUMSSCHUTZ IM RÖMISCHEN ZIVILPROZESS

A. Dingliche Klagen allgemein

Zum dinglichen Recht gehört, dass es gegenüber jedermann durchsetzbar ist. In entwickelten Rechtsordnungen besteht die Durchsetzbarkeit eines Rechts darin, dass ein Verfahren zur Verfügung gestellt wird, um zu eruieren, ob jemandem ein bestimmtes Recht zukommt und wer wem etwas zu leisten hat. Anders ausgedrückt: Es wird geklärt, wer gegen wen welche Ansprüche hat.

Das Verfahren, das zur Ermittlung eines Rechts dient, nennt man Prozess bzw im Bereich des Privatrechts Zivilprozess. Der römische Zivilprozess sieht für die Geltendmachung dinglicher Rechte *ACTIONES IN REM* vor.

> *Ansprüche, die ein Rechtssubjekt bloß einem bestimmten anderen Rechtssubjekt gegenüber hat – die also nicht absolut wirken, sondern relativ – werden hingegen mit ACTIONES IN PERSONAM geltend gemacht. Die ACTIONES IN PERSONAM sind Gegenstand des Schuldrechts.*

Kläger bei einer *ACTIO IN REM* ist derjenige, der ein dingliches Recht an der Sache behauptet. Beklagter ist derjenige, der die Sache hat und sich weigert, das vom Kläger behauptete Recht anzuerkennen. Die Fähigkeit Kläger zu sein, bezeichnet man als Aktivlegitimation, die Fähigkeit Beklagter zu sein als Passivlegitimation.

> *Bsp 27: Agathe hält sich für die Eigentümerin eines Schafs, das sich bei Bolos befindet. Agathe will aber von Cara die Herausgabe des Schafs mit einer ACTIO IN REM bewirken. Hier ist zwar Agathe aktivlegitimiert, weil sie ein dingliches Recht behauptet, Cara ist aber nicht passivlegitimiert, weil sie die streitgegenständliche Sache nicht besitzt. Die Klageführung der Agathe gegen Cara wird somit aus diesem Grund erfolglos sein.*

B. Das zweigeteilte römische Verfahren[1]

Der römische Zivilprozess gliedert sich in zwei Verfahrensabschnitte:

1. das Verfahren vor dem Prätor, das als Verfahren *IN IURE* bezeichnet wird, und

2. das Verfahren *APUD IUDICEM* – vor dem Iudex.

1. Das Verfahren *IN IURE*

a. Der *PRAETOR* ist jener Hoheitsträger (Magistrat), dem in Rom die Jurisdiktion obliegt.

Wie die anderen höchsten Beamten wird er für ein Jahr gewählt. Seine Aufgabe liegt vor allem darin, zur Rechtsdurchsetzung Klagen *(ACTIONES)* und Einreden *(EXCEPTIONES)* zu gewähren.

Am Beginn seines Amtsjahres erlässt der *PRAETOR* ein Edikt, in dem er bekannt gibt, welche Klagen und Einreden er zu gewähren gedenkt. Das Edikt besteht neben programmatischen Rechtsschutzverheißungen aus einem Katalog der Formeln der Klagen und Einreden.

Seit 242 v Chr gibt es in Rom zwei Präturen: Der PRAETOR URBANUS ist für die Rechtsprechung in Rechtsstreitigkeiten unter römischen Bürgern (CIVES ROMANI) zuständig, für die IUS CIVILE, das Recht der römischen Bürger gilt. Der PRAETOR PEREGRINUS ist zuständig für Rechtsstreitigkeiten zwischen Römern und Nichtrömern (PEREGRINI) sowie zwischen Nichtrömern, für die IUS GENTIUM (Fremdenrecht bzw Völkerrecht) anzuwenden ist.

b. Der Zivilprozess beginnt damit, dass die beiden Parteien beim Prätor erscheinen, um den Streit anhängig zu machen, dh vor Gericht zu bringen. Das Anhängigmachen des Rechtsstreits besteht darin, dass der Kläger sein Begehren vorbringt und der Prozessgegner dieses bestreitet; damit lässt er sich in den Prozess ein.

Der Prätor prüft anschließend, ob es für das vom Kläger vorgetragene Begehren eine *ACTIO* (= Klagemöglichkeit) gibt. Dabei hält er sich grundsätzlich an das von ihm verkündete Edikt; er kann im Einzelfall aber auch eine Klagemöglichkeit schaffen, die nicht im

---

[1] Die folgende Darstellung bezieht sich auf den sog Formularprozess.

Edikt vorgesehen ist. Somit gibt es drei Entscheidungsmöglichkeiten des Prätors:

■ Dem Begehren des Klägers entspricht eine *ACTIO* aus dem Edikt: Der Prätor gewährt die *ACTIO*. Die im Edikt verkündete Klageformel wird zum Streitprogramm, aus dem sich ergibt, was Gegenstand des weiteren Verfahrens ist und wie dieses ablaufen soll.

■ Dem Begehren des Klägers entspricht zwar keine *ACTIO* im Edikt, der Prätor hält das Begehren aber für zulässig: Der Prätor gewährt eine *ACTIO IN FACTUM* oder eine *ACTIO UTILIS,* wobei er ein auf das konkrete Begehren des Klägers maßgeschneidertes Streitprogramm festlegt. Dabei nimmt er oft das Streitprogramm einer im Edikt verkündeten *ACTIO,* die weitgehend auf das Begehren des Klägers passt, zum Vorbild *(EXEMPLUM),* und schafft somit im Wege der Analogie eine neue *ACTIO*[2].

■ Der Prätor hält das Begehren des Klägers von vornherein für unzulässig: Er verweigert es, eine Klage zu geben *(DENEGATIO ACTIONIS).*

c. Das Verfahren *IN IURE* endet mit der *LITIS CONTESTATIO*[3]. Der Prätor bestellt den *IUDEX* für das weitere Verfahren und erlässt die Prozessformel, aus der sich das Streitprogramm ergibt. Dieses umfasst neben der vom Kläger beantragten *ACTIO* unter Umständen auch noch eine vom Beklagten beantragte *EXCEPTIO* (Einrede).

Während die *ACTIO* – bildlich gesprochen – das Angriffsmittel des Klägers ist, dient die *EXCEPTIO* der Verteidigung des Beklagten. Eine *EXCEPTIO* wird dem Beklagten dann gegeben, wenn die dem Kläger gewährte *ACTIO* nach ihrem Wortlaut durchaus zuträfe, sodass der Kläger obsiegen würde, aber sonstige, im Wortlaut der *ACTIO* nicht enthaltene Gründe gegen den Kläger sprechen.

Bsp 28: Vgl Iavolenus D 39.5.25, wo T eine Sache des E im Namen des E dem Titius schenken soll, sie ihm aber im eigenen Namen schenkt. Die REI VINDICATIO des E erscheint im Hinblick darauf, dass er die Sache

---

[2]   Manche solcher Klageschöpfungen etablierten sich mit der Zeit, sodass sie der Prätor schließlich in sein Edikt aufnahm; die Bezeichnung *ACTIO IN FACTUM, ACTIO UTILIS* oder auch *ACTIO AD EXEMPLUM* blieb ihnen aber gelegentlich erhalten.

[3]   Die Bezeichnung *LITIS CONTESTATIO* (Streitbezeugung) bezieht sich wohl auf die Aufnahme einer Zeugenurkunde über das festgelegte Prozessprogramm.

Titius doch schenken wollte, als nicht gerechtfertigt und wird durch eine
EXCEPTIO DOLI des beklagten Titius entkräftet[4].

d. *ACTIO* und allenfalls *EXCEPTIO* umschreiben den Gegenstand des
weiteren Verfahrens, entscheiden aber noch nicht den Ausgang des
Verfahrens. Der Prätor geht bei der Gewährung von *ACTIO* und
EXCEPTIO nämlich von den Behauptungen der Parteien aus, ohne sie
genauer zu überprüfen.

Die vom Prätor erlassene Prozessformel entspricht einem hypothetischen Urteil: „Wenn es sich erweist, dass die Behauptung des Klägers … zutrifft, dann soll der Beklagte verurteilt werden …; wenn es
sich nicht erweist, dann soll er freigesprochen werden."

Ob die Behauptung des Klägers zutrifft (oder ob eine vom Beklagten
geltend gemachte Einrede zutrifft), wird im folgenden Verfahrens-
abschnitt *APUD IUDICEM* geklärt. Der Prätor bestimmt für die Feststellung des Sachverhalts – also für die Feststellung, welche der
Behauptungen der Parteien wirklich zutreffen – einen *IUDEX*, der das
Verfahren fortzusetzen hat.

2. Das Verfahren *APUD IUDICEM*

Anders als der *PRAETOR* ist der *IUDEX* kein Amtsträger, sondern eine
Privatperson, die in einem konkreten Rechtsstreit auf Grund des vom
Prätor vorgegebenen Streitprogramms eine Verurteilung oder einen
Freispruch zu fällen hat.

Die Rolle des *IUDEX* besteht im Wesentlichen darin festzustellen,
was von den Behauptungen der Parteien tatsächlich zutrifft. Welche
rechtliche Konsequenz (Rechtsfolge) der vom *IUDEX* festgestellte
Sachverhalt hat, ergibt sich aus dem „hypothetischen Urteil" der Prozessformel; dabei ist der *IUDEX* an die Prozessformel gebunden.

Da der IUDEX kein beamteter Richter im modernen Sinn ist und weniger die
Rechtsfrage zu lösen hat, als vielmehr die tatsächliche Wirklichkeit ergrün-
den soll, kann man ihn mit einem Geschworenen vergleichen. Im modernen
österreichischen Strafprozess etwa entscheiden bei besonders schweren
Straftaten Laiengeschworene, ob der Angeklagte die ihm zur Last gelegte
Tat wirklich begangen hat.

Die Funktion der Zweiteilung des Verfahrens besteht wohl in einer
Arbeitsentlastung des Prätors in einer expandierenden Gesellschaft

---

4   Zu Iavolenus D 39.5.25 (Case 68) siehe oben VII.B.

unter gleichzeitiger Sicherung seines Einflusses auf die Interpretation und Fortentwicklung des Rechts[5].

C. Dinglicher Schutz von Eigentum und Ersitzungsbesitz

Im Zusammenhang mit dem Eigentum stehen drei Klagen zur Verfügung:

1. der zivile Eigentümer hat bei Sachentzug die *REI VINDICATIO* auf Herausgabe seiner Sache,

2. der Ersitzungsbesitzer hat zu diesem Zweck die *ACTIO PUBLICIANA*,

3. zum Schutz gegen Eigentumsstörungen dient die *ACTIO NEGATORIA*.

D. Die Prozessformel der *REI VINDICATIO*

Ist der zivile Eigentümer nicht mehr im Besitz seiner Sache, so kann er sie von jedem Besitzer mit der Eigentumsklage *(REI VINDICATIO)* herausfordern.

> *Die römischen Quellen bezeichnen ganz allgemein ACTIONES IN REM (dingliche Klagen) als VINDICATIONES. Neben der REI VINDICATIO des Eigentümers gibt es etwa eine VINDICATIO SERVITUTIS des Servitutsberechtigten und eine VINDICATIO PIGNORIS des Pfandberechtigten.*

Das Streitprogramm der Vindikation ergibt sich aus der Formel des Edikts:

(1) *SI PARET REM, QUA DE AGITUR, EX IURE QUIRITIUM AULI AGERII ESSE,*

> *Wenn es sich erweist, dass die Sache, um die prozessiert wird, im quiritischen Eigentum des Klägers[6] steht,*

(2) *NEQUE EA RES RESTITUETUR,*

> *und diese Sache nicht restituiert wird,*

---

[5]   In der Kaiserzeit verliert der Prätor zunehmend diesen Einfluss, die Rechtspflege geht immer mehr auf den Kaiser über. Unter Hadrian kommt es zu einer Endredaktion des Edikts (um 130 n Chr).

[6]   *AULUS AGERIUS* und *NUMERIUS NEGIDIUS* sind sog Blankettnamen für den Kläger und den Beklagten. Sie dienen als Platzhalter für die Namen der konkreten Streitparteien.

(3) *QUANTI EA RES ERIT, TANTAM PECUNIAM IUDEX NUMERIUM NEGIDIUM AULO AGERIO CONDEMNATO, SI NON PARET ABSOLVITO.*

so soll der Iudex den Beklagten zur Zahlung des Geldbetrages verurteilen, den die Sache wert sein wird; wenn es sich nicht erweist, soll er ihn freisprechen.

a. Der erste Teil (1) der *ACTIO* wird als *INTENTIO* bezeichnet. Die *INTENTIO* gibt die Anspruchsgrundlage wieder, auf die der Kläger sein Begehren stützt. Bei der *REI VINDICATIO* ist die Anspruchsgrundlage das quiritische Eigentum des Klägers: „Wenn es sich erweist, dass der Kläger an der Sache *DOMINIUM EX IURE QUIRITIUM* hat." Daraus ergibt sich, dass nur derjenige zur *REI VINDICATIO* aktivlegitimiert ist, der quiritisches Eigentum an der Sache behauptet.

Bsp 29: Alcesimus hat von Pomona einen Sklaven gekauft und bloß tradiert erhalten. Zwei Monate nach der TRADITIO des Sklaven wird dieser von Bruno gestohlen. Ist Alcesimus zur REI VINDICATIO aktivlegitimiert? Nein! Als bonitarischem Eigentümer fehlt ihm vor Ablauf der Ersitzungszeit das DOMINIUM EX IURE QUIRITIUM[7].

Ob der Kläger quiritischer Eigentümer der klagsgegenständlichen Sache ist, hat der *IUDEX* zu ermitteln. Die Beweislast für die Behauptung, quiritischer Eigentümer zu sein, trägt der Kläger: Falls der Eigentumsbeweis misslingt – wenn sich das quiritische Eigentum des Klägers also nicht erweist – hat der *IUDEX* den Beklagten freizusprechen: „*ABSOLVITO*".

Beachte: Die Ausdrücke „Verurteilung" und „Freispruch" sind heute nur mehr im Strafprozess gebräuchlich; im Zivilprozess spricht man heute von Stattgebung oder Abweisung der Klage.

Der Beweis des quiritischen Eigentums richtet sich nach den Regeln des Erwerbs zivilen Eigentums: Der Kläger muss entweder beweisen, dass er von einem zivilen Eigentümer die Sache erworben hat (derivativer Erwerb), oder dass die Sache durch *USUCAPIO* oder auf Grund einer „natürlichen" Erwerbsart sein Eigentum geworden ist.

Der Nachweis des derivativen Erwerbs erfordert den Nachweis des zivilen Eigentums des Vormannes, dh man muss auch nachweisen, dass der Vormann von einem zivilen Eigentümer erworben hat, der wieder sein Recht

---

[7] Freilich steht Alcesimus zur Durchsetzung seines bonitarischen Eigentums die *ACTIO PUBLICIANA* zur Verfügung.

von einem zivilen Eigentümer herleiten konnte usw. Da dieser Nachweis schwer zu führen ist, hat man den Beweis des Eigentums als PROBATIO DIABOLICA (teuflischer Beweis) bezeichnet. Der Beweis gelingt, wenn man die Kette der Vormänner auf einen Vormann zurückführen kann, der seinerseits originär – zB durch USUCAPIO – erworben hat. Allerdings dürfte in der Praxis die Schwierigkeit des Eigentumsbeweises auf Grund der Möglichkeit der freien Beweiswürdigung durch den IUDEX relativiert worden sein.

b. Die Rechtsfolgen der Feststellung, dass der Kläger quiritischer Eigentümer ist oder nicht, ergeben sich für den *IUDEX* aus dem weiteren Wortlaut der Formel, insbesondere aus der *CONDEMNATIO* (3): „Wenn es sich erweist ... hat der *IUDEX* den Beklagten zur Zahlung des Geldbetrages, wie viel die Sache wert sein wird, zu verurteilen."

Die Verurteilung lautet im römischen Zivilprozess immer auf Geld – *OMNIS CONDEMNATIO PECUNIARIA EST.*

Der Beklagte kann also selbst bei erfolgreichem Eigentumsbeweis des Klägers letztlich nicht auf die Herausgabe der Sache verurteilt werden, sondern auf den Schätzwert der Sache im Urteilszeitpunkt: *„QUANTI EA RES ERIT".*

c. Vor der *CONDEMNATIO,* dem dritten Teil der Formel, findet sich aber noch die *CLAUSULA ARBITRARIA* (2). Zur Verurteilung nach erfolgreichem Beweis der Anspruchsgrundlage kommt es nur, wenn die Sache nicht restituiert wird – *„NEQUE EA RES RESTITUETUR".* Damit wird auf den Beklagten Druck ausgeübt, die Sache naturaliter zu restituieren, dh sie dem Kläger herauszugeben.

Zum Zweck der Restitution erlässt der IUDEX einen Restitutionsauftrag (IUSSUM DE RESTITUENDO) an den unterlegenen Beklagten. Nur wenn der Beklagte diesem Auftrag nicht entspricht, kommt es zur Geldkondemnation. Die Restitution umfasst dabei nicht nur die Sache selbst, sondern allenfalls auch Nutzungen (Früchte) der Sache[8]. Zum Umfang der Restitutionspflicht siehe unten G.

Weigert sich der Beklagte aber dolos, die Sache herauszugeben, so wird er auf den Schätzwert verurteilt, der sich nach einem vom Kläger (!) geleisteten Schätzungseid *(IUSIURANDUM IN LITEM)* bemisst.

---

[8] Möglicherweise enthielt die *CLAUSULA ARBITRARIA* noch die Worte *„ARBITRIO TUO",* wies dem *IUDEX* also ausdrücklich die Bemessung dessen zu, was zu restituieren ist.

E. Einreden des Beklagten – *EXCEPTIONES*

Vom Prätor gewährte *EXCEPTIONES* werden an den Teil der Formel, der die *INTENTIO* enthält, angehängt. Während die *INTENTIO* der Klage positive Anspruchsvoraussetzungen enthält, die erfüllt sein müssen, damit der Kläger obsiegt, enthält die *EXCEPTIO* gleichsam negative Anspruchsvoraussetzungen, die nicht vorliegen dürfen, damit der Kläger obsiegen kann. Während die Beweislast für die *INTENTIO* den Kläger trifft, trägt sie für die *EXCEPTIO* der Beklagte.

1. Die *EXCEPTIO DOLI*

Die Formel dieser Einrede lautet:

> *SI IN EA RE NIHIL DOLO MALO AULI AGERII FACTUM SIT NEQUE FIAT*
>
> *– wenn in dieser Angelegenheit nichts durch die Arglist des Klägers geschehen ist oder geschieht –*

Die Formel der *EXCEPTIO DOLI* stellt also darauf ab, ob der Kläger einen Verstoß gegen Treu und Glauben *(DOLUS)* begangen hat oder begeht.

Dieser Verstoß kann in der Vergangenheit gesetzt worden sein – der Kläger hat etwa sein Recht ehedem durch Arglist erworben –, dann handelt es sich um eine *EXCEPTIO DOLI PRAETERITI VEL SPECIALIS*.

Oder aber die jetzige Prozessführung wird als doloses Verhalten gewertet, dann liegt eine *EXCEPTIO DOLI PRAESENTIS VEL GENERALIS* vor.

> *Bsp 30: Tullius hat sich von Cato dessen Landgut in Umbrien manzipieren lassen, ohne dass ein gültiger Erwerbsgrund (CAUSA) vorgelegen ist – tatsächlich war zuvor der Kauf nicht über das umbrische Landgut, sondern über ein anderes abgeschlossen worden. Ist Tullius dies bereits im Zeitpunkt der MANCIPATIO bewusst gewesen, so hat er Cato arglistig getäuscht. Um in den Besitz des manzipierten, aber noch nicht tradierten Landgutes zu gelangen, stellt Tullius gegen Cato die REI VINDICATIO an. Dagegen wird Cato erfolgreich eine EXCEPTIO DOLI erheben können.*
>
> *Gleiches gilt, wenn Tullius ursprünglich genauso im Irrtum war wie Cato, mittlerweile den Irrtum aber erkannt hat: Dann ist seine nunmehrige Prozessführung dolos. Im ersten Fall liegt eine EXCEPTIO DOLI PRAETERITI (SPECIALIS), im zweiten eine EXCEPTIO DOLI PRAESENTIS (GENERALIS) vor.*

2. Die *EXCEPTIO REI VENDITAE ET TRADITAE*

Die Formel dieser Einrede lautet:

SI NON AULUS AGERIUS FUNDUM, QUO DE AGITUR, NUMERIO NEGIDIO VENDIDIT ET TRADIDIT

   – wenn nicht der Kläger das Landgut, um das prozessiert wird, dem Beklagten verkauft und tradiert hat –

Die *EXCEPTIO REI VENDITAE ET TRADITAE* dient dem Schutz des bonitarischen Eigentümers, dem vom zivilen Eigentümer eine *RES MANCIPI* verkauft und tradiert wurde, und der nun vor Ablauf der *USUCAPIO* vom noch-zivilen Eigentümer mit der *REI VINDICATIO* belangt wird.

Bonitarische Eigentümer, deren Erwerb keine *EMPTIO VENDITIO* (Kaufvertrag), sondern eine andere *IUSTA CAUSA TRADITIONIS* zugrundeliegt, sind vom Wortlaut dieser *EXCEPTIO* nicht erfasst; sie können eine *EXCEPTIO DOLI* geltend machen.

F. Die Passivlegitimation bei der *REI VINDICATIO*

Beklagter ist grundsätzlich der Besitzer der Sache, deshalb bezeichnet man die *REI VINDICATIO* als die Klage des (quiritischen) Eigentümers gegen den besitzenden Nichteigentümer. Der quiritische Eigentümer, der nicht im Besitz seiner Sache ist, kann diese von jedem vindizieren, der sie besitzt.

   Merkspruch: UBI REM MEAM INVENIO, IBI VINDICO – wo immer ich meine Sache finde, kann ich sie vindizieren. Voraussetzung ist, dass die Sache noch existiert. Ist sie untergegangen, so ist auch das Eigentum erloschen. Das Eigentum erlischt aber auch, wenn jemand anderer als der Kläger an ihr originär Eigentum erworben hat.

1. Als Vorfrage zur *REI VINDICATIO* muss unter Umständen erst geklärt werden, wer von zwei Personen, die um eine Sache streiten, Besitzer der Sache ist. Zur Feststellung des fehlerfreien Besitzes dienen va das *INTERDICTUM UTI POSSIDETIS* (bei Grundstücken) oder das *INTERDICTUM UTRUBI* (bei beweglichen Sachen).

Das INTERDICTUM UTI POSSIDETIS kommt dem letzten fehlerfreien Besitzer eines Grundstücks zugute, das INTERDICTUM UTRUBI demjenigen, der im vergangenen Jahr den längsten fehlerfreien Besitz an einer beweglichen Sache gehabt hat.

Beide Interdikte haben rein possessorischen Charakter: Behandelt wird lediglich die Frage des fehlerfreien Besitzes im Verhältnis der Streitparteien. Die Erörterung von dinglichen Berechtigungen (Eigentum, beschränkte dingliche Rechte) bleibt einer *ACTIO IN REM* vorbehalten[9].

Bsp 31: Thetis und Querelus streiten sich schon längere Zeit, wem ein wertvolles Collier gehört, das sich bei Thetis befindet. Eines Nachts holt sich Querelus heimlich das Schmuckstück. Wer stellt gegen wen in diesem Fall die REI VINDICATIO an? Von der Aktivlegitimation her sind sowohl Thetis als auch Querelus fähig als Kläger aufzutreten, weil beide behaupten, quiritischer Eigentümer zu sein. Querelus hat die Sache und will sie für sich haben, er ist zweifellos Besitzer. Allerdings besitzt er Thetis gegenüber CLAM (heimlich). Da die Beklagtenrolle im Eigentumsprozess günstiger ist, weil dem Kläger die Beweislast obliegt, ist es für Thetis ratsamer, ein INTERDICTUM UTRUBI anzustellen, um wieder Besitzerin des Schmuckstücks zu werden.

2. Ebenfalls zur Vorbereitung einer *REI VINDICATIO* können die *ACTIO AD EXHIBENDUM* und das *INTERDICTUM QUEM FUNDUM* dienen.

Bei *ACTIONES IN REM* gibt es keinen Einlassungszwang: Der Beklagte kann nicht gezwungen werden, an der *LITIS CONTESTATIO* mitzuwirken und somit als Partei in das Verfahren einzutreten. Mit der *ACTIO AD EXHIBENDUM* verlangt der Kläger vom Besitzer einer beweglichen Sache, diese Sache *IN IURE* zu exhibieren (vorzulegen, vorzuweisen). Tut der Besitzer dies nicht, so wird er auf den Wert der Sache verurteilt; legt er die Sache aber vor und weigert er sich in der Folge, sich in eine *REI VINDICATIO* als Beklagter einzulassen, so wird der Kläger vom Prätor zur Inbesitznahme der Sache ermächtigt.

Die ACTIO AD EXHIBENDUM ist eine ACTIO IN PERSONAM mit Einlassungszwang; sie unterstützt und ergänzt die dingliche REI VINDICATIO.

---

[9] Auch im geltenden österreichischen Recht gibt es einerseits Besitzstörungsklagen gem § 339 ABGB iVm §§ 454 ff ZPO mit rein possessorischem Charakter, die den fehlerfreien Besitz ohne Rücksicht auf dingliche Rechte schützen, und andererseits sog petitorische Verfahren *(REI VINDICATIO* gem § 366 ABGB, eine als *ACTIO PUBLICIANA* bezeichnete Klage aus dem rechtlich vermuteten Eigentum gem § 372 ABGB etc), die dingliche Berechtigungen zum Thema haben.

Auf den Besitzer eines Grundstücks wird in ähnlicher Weise mit dem *INTERDICTUM QUEM FUNDUM* Druck ausgeübt, sich in die *REI VINDICATIO* einzulassen.

3. Die Verurteilungsvoraussetzung des Besitzes sehen die römischen Juristen auch dann als erfüllt an, wenn sich der Beklagte dolos in den Eigentumsstreit einlässt, ohne Besitzer der Sache zu sein[10], oder den Besitz an der Sache (nach *LITIS CONTESTATIO)* [11] dolos aufgibt. In diesen beiden Fällen „ersetzt der Dolus die Possessio": *PRO POSSESSIONE DOLUS EST.*

Methodisch gesehen fingieren hier die Juristen den Besitz, der tatsächlich nicht gegeben ist. Deshalb nennt man diese Beklagten *FICTI POSSESSORES.*

Unter einer Fiktion versteht man die bewusst wirklichkeitswidrige Annahme einer Tatsache. Die juristische Fiktion dient dazu, eine bestimmte Rechtsfolge auszulösen, obwohl eine Tatbestandsvoraussetzung nicht gegeben ist: Hier wird etwa der dolose Beklagte verurteilt, als ob er Besitzer wäre, obwohl er es nicht ist.

Ulpianus (Pegasus) D 6.1.9 (Case 121)

Eine vom *IUDEX* zu prüfende Verurteilungsvoraussetzung der *REI VINDICATIO* ist der Besitz des Beklagten.

Einige Juristen wie der Frühklassiker Pegasus fordern auf Beklagtenseite einen Interdiktenbesitz. Passivlegitimiert sind demzufolge Eigenbesitzer und interdiktengeschützte Fremdbesitzer.

Der Spätklassiker Ulpian stellt hingegen auf die *FACULTAS RESTITUENDI* ab; damit bejaht er auch die Passivlegitimation eines nicht interdiktengeschützten Fremdbesitzers, der dem Kläger die Sache herausgeben kann.

---

[10] Das Motiv dafür, dass sich jemand in einen Eigentumsstreit einlässt, ohne Besitzer der Sache zu sein (*QUI LITI SE OPTULIT,* vgl Paulus D 6.1.7, Case 123) kann darin bestehen zu verhindern, dass der Sachbesitzer entdeckt wird und seine Besitzposition – und damit allenfalls seine Ersitzung – eine Ende findet.

[11] Die Formel der *ACTIO AD EXHIBENDUM* bezieht auch denjenigen ein, der vorher dolos den Besitz aufgegeben hat *(QUI DOLO DESIIT POSSIDERE).* Für die *REI VINDICATIO* ist dies strittig.

G. Der Umfang der Restitutionspflicht

Gelingt dem Kläger der Eigentumsbeweis und wird vom Beklagten keine *EXCEPTIO* beantragt oder keine erfolgreich geltend gemacht, so hat der Beklagte die Sache zu restituieren – gemäß der *CLAUSULA ARBITRARIA* –, sonst wird er auf *QUANTI EA RES ERIT* verurteilt.

1. Früchte

Der Umfang dessen, was der Beklagte zu restituieren hat, bestimmt sich nach dem sog *RESTITUERE*-Prinzip: Dieses besagt, dass der Kläger im Fall des Obsiegens so zu stellen ist, als ob ihm die Sache schon bei *LITIS CONTESTATIO* vom Beklagten herausgegeben worden wäre.

Hätte der Kläger seine Sache mit *LITIS CONTESTATIO* vom Beklagten herausbekommen, so wäre er zwischen *LITIS CONTESTATIO* und Urteilsfällung im Stande gewesen, die Nutzungen aus der Sache zu ziehen. Folglich hat der Kläger, um so gestellt zu werden, als ob er die Sache bei *LITIS CONTESTATIO* erhalten hätte, einen Anspruch auf die in der Zwischenzeit möglichen Nutzungen.

Dieser Anspruch umfasst nicht nur die Früchte, die der Beklagte in dieser Zeit tatsächlich gezogen hat – *FRUCTUS PERCEPTI* (gezogene Früchte) –, sondern auch die Früchte, die der Kläger hätte ziehen können – *FRUCTUS PERCIPIENDI* (zu ziehende Früchte), auch *FRUCTUS NEGLECTI* genannt[12].

> *Bsp 32: Seneca vindiziert das in seinem zivilen Eigentum stehende Landgut von Peitho. In der Zeit zwischen LITIS CONTESTATIO und Urteil hat die etwas nachlässige Peitho aus der Bewirtschaftung des Guts einen Gewinn von 100 Sesterzen. Bei ordentlicher Bewirtschaftung hätte Seneca hingegen 150 Sesterzen erzielt. Nach dem RESTITUERE-Prinzip erhält Seneca das Landgut und 150 Sesterzen.*

Auf Grund der *REI VINDICATIO* ist somit nicht nur die Sache selbst, sondern sind auch Früchte seit *LITIS CONTESTATIO* zu restituieren bzw in die Bewertung des *QUANTI EA RES ERIT* aufzunehmen. Dabei wird nicht zwischen gutgläubigem und schlechtgläubigem Besitzer unterschieden.

---

[12]   Vgl etwa Paulus D 6.1.33 (erster Satz) (Case 125).

Beachte: Sehr wohl spielt die Gut- oder Schlechtgläubigkeit des Besitzers für die Frage des Ersatzes von Früchten eine Rolle, die vor LITIS CON-TESTATIO gezogen wurden. Während der BONAE FIDEI POSSESSOR mit SEPARATIO der Früchte von der Muttersache Eigentümer der Früchte wird[13], begeht der MALAE FIDEI POSSESSOR ein FURTUM, sobald er sie an sich nimmt: Er hat den Wert der Früchte zu ersetzen (CONDICTIO FURTIVA) und darüberhinaus Buße zu leisten (ACTIO FURTI). Existieren die vom MALAE FIDEI POSSESSOR geernteten Früchte noch, so können sie wahlweise statt mit der CONDICTIO FURTIVA mit der Vindikation verlangt werden.

2. Untergang der Sache

Geht die eingeklagte Sache in der Zeit zwischen *LITIS CONTESTATIO* und Urteil unter, so kann dies aus drei Gründen geschehen:

a. Der Beklagte zerstört die Sache mit *DOLUS. DOLUS* (Vorsatz) ist gegeben, wenn der Täter den schädlichen Erfolg seiner Handlung vorhersieht und ihn billigt.

b. Der Beklagte behandelt die Sache nicht sorgfältig genug: Auf Grund seiner *CULPA* (Fahrlässigkeit) wird sie zerstört.

c. Ohne jedes Verschulden des Beklagten geht die Sache unter. In diesem Fall spricht man von *CASUS* (Zufall). *, Pech*

Es stellt sich die Frage, in welchen der drei Fälle der Beklagte dem klagenden Eigentümer für den Untergang einzustehen hat. Anders ausgedrückt: Wofür haftet der Beklagte? Die römischen Quellen haben diese Frage der Haftung des Beklagten nicht einheitlich gelöst. Es finden sich verschiedene Haftungsmodelle, die nicht in ein harmonisches System gebracht werden können:

■ Einerseits wird für die Passivlegitimation des Beklagten grundsätzlich sein Besitz verlangt. Geht die Sache nach *LITIS CON-TESTATIO* und vor Urteilsfällung unter, dann ist der Beklagte im Zeitpunkt der Urteilsfällung nicht mehr Besitzer und somit auch nicht mehr passivlegitimiert. Weil bei *DOLUS* des Beklagten der Fortbestand des Besitzes aber fingiert wird *(DOLUS PRO*

---

[13]   Vgl Iulianus D 22.1.25.2 (Case 102) und Paulus (Pomponius) D 41.1.48.1 (Case 103). Siehe dazu oben VIII.C.2.3.b.

POSSESSIONE EST), kann bei *DOLUS* jedenfalls eine Verurteilung des Beklagten erfolgen[14].

■ Wendet man das *RESTITUERE*-Prinzip auf die Haftung an, so bedeutet dies, dass der Beklagte für jeden Untergang der Sache – sei es durch *DOLUS, CULPA* oder *CASUS* – einzustehen hat: Wäre die Sache nämlich dem Kläger bei *LITIS CONTESTATIO* herausgegeben worden, dann wäre sie nicht untergegangen. Diese (prokulianische) Auffassung entspricht auch dem Formelwortlaut der *REI VINDICATIO,* der für den Fall *NEQUE EA RES RESTITUETUR* (dass die Sache nicht restituiert wird) die Verurteilung vorsieht ohne auf den Grund abzustellen, warum nicht restituiert wird.

■ Eine andere (sabinianische) Auffassung, lässt den Beklagten für einen von ihm durch Verschulden – sei es *DOLUS,* sei es *CULPA* – verursachten Untergang einstehen[15]. Dies entspricht dem allgemeinen Schadenersatzprinzip, das eine Haftung für rechtswidrige und schuldhafte Zerstörung fremden Guts vorsieht[16].

Paulus D 6.1.16.1 (Case 126)

A verlangt sein Schiff von B, der es besitzt, mit der *REI VINDICATIO* heraus. Nach *LITIS CONTESTATIO* schickt B das Schiff innerhalb der für die Schifffahrt günstigen Jahreszeit über das Meer; dabei sinkt das Schiff.

Die zentrale Frage, ob der Beklagte fahrlässig gehandelt hat, zeigt, dass für Paulus eine Haftung des Beklagten bloß für *CULPA* (und *DOLUS*[17]) in Betracht kommt.

Paulus meint, es sei nicht als Fahrlässigkeit *(CULPA)* des Beklagten zu werten, wenn er das eingeklagte Schiff zur Zeit der Schiff-

---

[14] Vgl Paulus D 6.1.27.1 (erster und zweiter Satz) (Case 122).

[15] Vgl etwa Ulpianus D 6.1.15.3 (erster Satz) (Case 127).

[16] Grundlage des römischen Schadenersatzrechts für rechtswidrige schuldhafte Beschädigungen ist die *LEX AQUILIA*. Die *LEX AQUILIA* kommt auch als Anspruchsgrundlage in Betracht, wenn der Beklagte die Sache vor *LITIS CONTESTATIO* schuldhaft beschädigt oder zerstört.

[17] Dass eine Haftung für *CULPA* auch eine für *DOLUS* miteinschließt, ergibt sich aus einem *ARGUMENTUM A MINORE AD MAIUS:* Wenn schon das weniger vorwerfbare Verhalten einer Sorgfaltswidrigkeit haftbar macht, dann umso mehr eine vorsätzliche Schadenszufügung.

fahrt über das Meer schickt und es untergeht; demnach haftet B nicht.

Fahrlässig handelt der Beklagte allerdings, wenn er das Schiff „weniger geeigneten Personen" anvertraut; dann trifft ihn eine *CULPA IN ELIGENDO* (Auswahlverschulden), und er hat für den Untergang einzustehen.

Beachte: Für den Beklagten würde das Stilllegen des Schiffes keine günstige Alternative darstellen: Erstens kann der Besitzer einer Sache nicht schon deshalb auf diese als Wirtschaftsfaktor verzichten, weil sie klageweise verlangt wird, denn ob die Eigentumsbehauptung des Klägers zutrifft, ist vorerst ja offen. Und zweitens steht der Beklagte bei schwebendem Verfahren unter dem zusätzlichen Druck, die strittige Sache wirtschaftlich produktiv einzusetzen – und damit auch ihre Beschädigung oder Zerstörung zu riskieren –, denn wenn er die REI VINDICATIO letztlich verliert, hat er auch für FRUCTUS PERCIPIENDI Ersatz zu leisten. Siehe oben G.1.

3. Aufwandersatz des gutgläubigen Besitzers

Handelt es sich beim Beklagten um einen *BONAE FIDEI POSSESSOR*, so hat dieser gegenüber dem ihn klagenden Eigentümer einen Anspruch auf Ersatz der wertsteigernden Aufwendungen *(IMPENSAE)*, die er auf die Sache gemacht hat. Diesen Anspruch kann er mittels eines Zurückbehaltungsrechts *(RETENTIO)* ausüben.

Unter einem Zurückbehaltungsrecht versteht man ganz allgemein das Recht, seine eigene Verpflichtung auf Herausgabe einer Sache einem anderen gegenüber so lange nicht zu erfüllen, bis der andere seine Verpflichtung erfüllt oder zumindest bereit ist, Zug um Zug zu erfüllen. Hier kann der gutgläubige Besitzer die Sache so lange zurückhalten, bis der Eigentümer ihm die Aufwendungen ersetzt[18].

Prozessual hat der gutgläubige Besitzer gegen die *REI VINDICATIO* des Eigentümers eine *EXCEPTIO DOLI (PRAESENTIS)*. Solange der Eigentümer dem gutgläubigen Besitzer die Aufwendungen nicht ersetzt, erscheint seine Prozessführung dolos. Der gutgläubige Besitzer kann folglich erst verurteilt werden, wenn ihm der Eigentümer die

---

[18]   Vgl § 471 Abs 1 ABGB: „Wer zur Herausgabe einer Sache verpflichtet ist, kann sie zur Sicherung seiner fälligen Forderungen wegen des für die Sache gemachten Aufwandes ... mit der Wirkung zurückbehalten, dass er zur Herausgabe nur gegen die Zug um Zug zu bewirkende Gegenleistung verurteilt werden kann."

Aufwendungen ersetzt hat und somit auf Seiten des Klägers kein *DOLUS* mehr vorliegt.

Ulpianus (Iulianus) D 6.1.37 (Case 129)

Der Besitzer eines Grundstückes hat dieses gutgläubig erworben, später aber erfahren, dass es ein fremdes ist. In Kenntnis dieses Umstandes errichtet er auf dem Grundstück ein Haus.

Julian entscheidet, dass dem Besitzer gegen den vindizierenden Eigentümer keine *EXCEPTIO* – gemeint ist *DOLI* – zustehe, weil er im Zeitpunkt der Bauführung nicht mehr *BONA FIDE* war. Jedoch habe er an dem von ihm errichteten Gebäude ein *IUS TOLLENDI*. Mehr als dieses Wegnahmerecht wird dem schlechtgläubigen Bauführer allerdings nicht gewährt.

Zu Art und Umfang des Aufwandersatzes zu Gunsten eines gutgläubigen Bauführers vgl Celsus D 6.1.38 (Case 107)[19].

Wiederholungsfragen

1. Was versteht man im Zivilprozess unter Aktiv- und Passivlegitimation?

2. Welche Funktion hat das Edikt des Prätors im Zivilprozess?

3. Was geschieht beim Verfahren *IN IURE*?

4. Welche Rolle spielt die Prozessformel beim Verfahren *APUD IUDICEM*?

5. Wie gliedert sich die Prozessformel der *REI VINDICATIO*?

6. Wofür trägt der Kläger bei der *REI VINDICATIO* die Beweislast?

7. Welchen Zweck hat die *EXCEPTIO DOLI*?

8. Wer kann eine *EXCEPTIO REI VENDITAE ET TRADITAE* erheben?

9. Wer ist passivlegitimiert bei der *REI VINDICATIO*?

10. Was sind *FICTI POSSESSORES*?

11. Was versteht man unter dem *RESTITUERE*-Prinzip?

---

[19] Siehe dazu oben IX.C.4.

12. Welche Früchte erhält der siegreiche Kläger bei der *REI VINDI-CATIO*?

13. Welche Haftungsmodelle gibt es bei Untergang der vindizierten Sache?

14. Welche Ansprüche hat der gutgläubige Besitzer gegen den Eigentümer?

15. Wie wird ein Zurückbehaltungsrecht prozessual durchgesetzt?

H. Die *ACTIO PUBLICIANA*

Voraussetzungen und Funktion der *ACTIO PUBLICIANA* ergeben sich aus der Ediktsformel:

(1) *SI QUEM HOMINEM AULUS AGERIUS EMIT ET IS EI TRADITUS EST, ANNO POSSEDISSET, TUM SI EUM HOMINEM, DE QUO AGITUR, EIUS EX IURE QUIRITIUM ESSE OPORTERET*

Wenn der Sklave, den der Käufer gekauft hat, und der ihm übergeben worden ist, sofern ihn der Kläger ein Jahr lang besessen hätte, sein quiritisches Eigentum wäre,

(2) *NEQUE EA RES RESTITUETUR*

und diese Sache (= der Sklave) nicht restituiert wird,

(3) *QUANTI EA RES ERIT, TANTAM PECUNIAM IUDEX NUMERIUM NEGIDIUM AULO AGERIO CONDEMNATO, SI NON PARET ABSOLVITO*

so soll der Iudex den Beklagten zur Zahlung jenes Geldbetrages verurteilen, den die Sache wert sein wird; wenn es sich nicht erweist, soll er ihn freisprechen.

Wie die Formel der *REI VINDICATIO* gliedert sich auch die Formel der *ACTIO PUBLICIANA* in drei Abschnitte: *INTENTIO* (1), *CLAUSULA ARBITRARIA* (2) und *CONDEMNATIO* (3), wobei nur die *INTENTIO* anders lautet als bei der *REI VINDICATIO*[20]. Anspruchsgrundlage ist nicht das quiritische Eigentum des Klägers, sondern dass der Kläger

---

[20]   Deshalb gilt für die Frage der Passivlegitimation und des Umfangs der Restitutionspflicht das zur *REI VINDICATIO* Gesagte; siehe oben F. und G.

quiritischer Eigentümer wäre, wenn er die streitgegenständliche Sache ein Jahr (bei beweglichen Sachen) bzw zwei Jahre (bei unbeweglichen Sachen) besessen hätte.

Es wird also darauf abgestellt, ob der Kläger bei fingiertem Ablauf der nötigen Ersitzungszeit quiritischer Eigentümer wäre. Als positive Voraussetzungen dafür nennt die *INTENTIO,* dass dem Kläger die streitgegenständliche Sache auf Grund einer *IUSTA CAUSA* (zB Kauf wie in der Musterformel) übertragen wurde *(TRADITIO).*

Als Kläger bei der *ACTIO PUBLICIANA* kommen demnach in Frage:

1. der Ersitzungsbesitzer, der eine Sache vom Nichteigentümer bzw nicht Verfügungsbefugten, vom beschränkt Geschäftsfähigen oder auf Grund eines Putativtitels erworben hat (Ersitzung zur Heilung eines rechtlichen Mangels beim Vormann)[21];

2. der bonitarische Eigentümer; ihm wurde eine *RES MANCIPI* vom zivilen Eigentümer auf Grund einer *IUSTA CAUSA* bloß tradiert (Ersitzung zur Heilung eines Formmangels)[22];

3. ein ziviler Eigentümer, der eine Sache von einem zivilen Eigentümer derivativ erworben hat. Ihm kommt die publizianische Klage zustatten, wenn er das Eigentum des Vormannes im Prozess nicht oder nur schwer *(PROBATIO DIABOLICA!)* nachweisen kann, wohl aber das Vorliegen der Ersitzungsvoraussetzungen.

Wieder obliegt dem Kläger die Beweislast für die *INTENTIO.* Er muss also beweisen, dass er auf Grund eines gültigen Erwerbstitels die Sache tradiert erhalten hat und ihm zum quiritischen Eigentum nur der Besitz während der Ersitzungszeit fehlt.

J. Einreden *(EXCEPTIONES)* und Gegeneinreden *(REPLICATIONES)*

Zum Verständnis der Funktionsweise der *ACTIO PUBLICIANA* müssen neben der *ACTIO* des Klägers noch häufig mit ihr im Zusammenhang stehende *EXCEPTIONES* (Einreden) des Beklagten sowie *REPLICATIONES* (Gegeneinreden) des Klägers erörtert werden.

---

21 Siehe dazu oben VIII.C.

22 Siehe dazu oben VIII.B.

Einreden sind Verteidigungsmittel des Beklagten, die, wenn sie vom Beklagten bewiesen werden können, die Verurteilung verhindern, selbst wenn vom Wortlaut der *ACTIO* her die Klage Erfolg hätte.

Gegeneinreden sind vom Kläger beantragte Formelteile, die wiederum eine gegebene Einrede bekämpfen. Richtet sich eine *EXCEPTIO* gegen eine *ACTIO,* so gibt es manchmal für den Kläger noch die Möglichkeit, eine *REPLICATIO* gegen die *EXCEPTIO* zu erheben.

Neben der *EXCEPTIO DOLI,* die bereits bei der *REI VINDICATIO* erörtert wurde, sind bei der *ACTIO PUBLICIANA* die *EXCEPTIO IUSTI DOMINII* sowie die *REPLICATIO REI VENDITAE ET TRADITAE* bedeutsam.

1. Die *EXCEPTIO IUSTI DOMINII*

Klagt ein Ersitzungsbesitzer den (zivilen) Eigentümer mit der *ACTIO PUBLICIANA,* so steht dem zivilen Eigentümer eine *EXCEPTIO IUSTI DOMINII* zur Verfügung. Sie lautet:

SI EA RES NUMERII NEGIDII NON SIT

  – *wenn die Sache nicht Eigentum des Beklagten ist –*

Erhebt der Beklagte erfolgreich diese Einrede, dh kann er sein ziviles Eigentum beweisen, so dringt der Kläger mit der *ACTIO PUBLICIANA* gegen ihn nicht durch. Dies ist dann rechtlich erwünscht, wenn der Kläger vom Nichteigentümer erworben hat. Demnach bleibt die Position des bloßen Ersitzungsbesitzers, der erst durch vollendete *USUCAPIO* Eigentümer würde, schwächer als die des aktuellen Eigentümers.

2. Die *REPLICATIO REI VENDITAE ET TRADITAE*

Anders verhält es sich hingegen beim bonitarischen Eigentümer, wenn er seinen Vormann, der formell noch quiritischer Eigentümer ist, mit der *ACTIO PUBLICIANA* klagt.

Hier kann der Vormann zwar auch eine *EXCEPTIO IUSTI DOMINII* geltend machen, doch erschiene das Ergebnis, dass der Kläger unterliegt, keinesfalls gerechtfertigt. Deshalb wird in diesem Fall dem Kläger ermöglicht, sich gegen die *EXCEPTIO IUSTI DOMINII* seines Vormannes mit einer *REPLICATIO* zu wehren, die in der Prozessformel an die *EXCEPTIO* angehängt wird:

*AUT SI NUMERIUS NEGIDIUS FUNDUM, QUO DE AGITUR, AULO
AGERIO VENDIDIT ET TRADIDIT*

*– oder wenn der Beklagte das Grundstück, um das prozessiert wird, dem
Kläger verkauft und übergeben hat –*

Wurde die streitgegenständliche Sache dem Kläger vom Beklagten
nicht verkauft, sondern auf Grund einer anderen *IUSTA CAUSA
TRADITIONIS* übertragen, so hat der Kläger gegen eine allfällige
EXCEPTIO IUSTI DOMINII eine *REPLICATIO DOLI.*

*Beachte: Wird der besitzende bonitarische Eigentümer vom nicht besitzen-
den quiritischen Eigentümer mit der REI VINDICATIO belangt, so steht ihm
eine EXCEPTIO REI VENDITAE ET TRADITAE oder eine EXCEPTIO DOLI zur
Verfügung, um sich gegen die Klage zu verteidigen.*

Somit ist der bonitarische Eigentümer stärker als der Vormann, der
nur mehr ein *NUDUM IUS QUIRITIUM* hat – ein quiritisches Eigentum, das dem bonitarischen Eigentümer gegenüber prozessual nicht
durchgesetzt werden kann.

Pomponius (Iulianus) D 21.3.2 (Case 130)

Pomponius referiert eine Entscheidung Julians[23] zu einem Sonderfall des bonitarischen Eigentums: T (Tu) hat von Titius ein Grundstück gekauft und tradiert erhalten, das S (Sempronius) gehört.
Später stirbt S und wird von Titius beerbt. Titius erlangt wieder
Besitz am Grundstück; er verkauft und übergibt es M (Maevius).

Julian erörtert die Frage, ob T von M das Grundstück verlangen kann.

Als bonitarischer Eigentümer gilt nicht nur jemand, der eine *RES
MANCIPI* auf Grund einer *IUSTA CAUSA* vom quiritischen Eigentümer tradiert erhält, sondern auch jener, der eine Sache von
einem Veräußerer tradiert erhält, der erst zu einem späteren Zeitpunkt Eigentümer der Sache wird – etwa weil der Veräußerer den
Eigentümer beerbt.

Der im Zeitpunkt der *TRADITIO* gegebene Mangel des Eigentums
des Veräußerers wird nachträglich geheilt und der Erwerber so
gestellt, als ob er die Sache vom Eigentümer erhalten hätte. Die
nachträgliche Heilung eines rechtlichen Mangels wird als Konvaleszenz bezeichnet.

---

23   Die Entscheidung Julians ist auch bei Ulpian D 44.4.4.32 (Case 131) überliefert.

Im konkreten Fall wird T durch Konvaleszenz bonitarischer Eigentümer. Titius hat nach dem Erbgang nur ein *NUDUM IUS QUIRITIUM;* verkauft und tradiert er M das Grundstück, so kann er diesen nach dem Grundsatz *NEMO PLUS IURIS TRANSFERRE POTEST QUAM IPSE HABET* nicht zum bonitarischen Eigentümer machen. T dringt mit einer *ACTIO PUBLICIANA* gegen M durch.

Neratius D 19.1.31.2 (Case 133)

1. N verkauft eine Sache des E zuerst an A und dann an B. Wem steht die *ACTIO PUBLICIANA* zu?

Neraz entscheidet, dass derjenige die *ACTIO PUBLICIANA* hat, dem die Sache zuerst übergeben wurde.

Diese Lösung ergibt sich zwanglos aus einer Parallele zum derivativen Eigentumserwerb: Verkauft der Eigentümer eine Sache zwei Mal, so erwirbt derjenige Eigentum, dem sie zuerst übergeben wird, weil mit der Übergabe das Verfügungsgeschäft zu Stande kommt, auf Grund dessen Eigentum übergeht.

Auch im Konvaleszenzfall, in dem der Veräußerer nachträglich Eigentümer wird, erwirbt derjenige bonitarisches Eigentum, der die Sache zuerst tradiert erhalten hat. Diese Grundsätze wendet Neraz analog für den Erwerb vom Nichteigentümer an; folglich erlangt derjenige die stärkere Position, dem die Sache vom Nichteigentümer zuerst tradiert wird.

2. Zwei Nichteigentümer verkaufen und übergeben eine Sache unabhängig von einander an zwei verschiedene Personen. Welcher der beiden Käufer hat die stärkere Position?

Neraz entscheidet, dass auch in diesem Fall derjenige das stärkere Recht hat, dem die Sache zuerst tradiert worden ist.

Im Gegensatz dazu steht Ulpianus (Iulianus) D 6.2.9.4 (Case 132):

Beim Erwerb von verschiedenen Nichteigentümern stellen Ulpian und Julian darauf ab, wer Besitzer der Sache ist – unabhängig davon, ob ihm die Sache als Erstem oder als Zweitem übergeben worden ist.

K. Die *ACTIO NEGATORIA*

Wird der Eigentümer dadurch beeinträchtigt, dass jemand anderer behauptet, an seiner Sache eine Servitut oder ein sonstiges Recht zur

Einwirkung auf seine Sache zu haben, so steht dem Eigentümer eine *ACTIO NEGATORIA* zur Verfügung. Mit dieser kann er die Feststellung begehren, dass das behauptete Recht zur Einwirkung auf seine Sache nicht besteht, und die Wiederherstellung des Zustandes vor der Beeinträchtigung verlangen.

Mit der *ACTIO NEGATORIA* kann sich der Eigentümer eines Grundstücks auch gegen Immissionen (dauernde störende Einwirkungen) von einem anderen Grundstück (zB Käsegeruch von einer Käserei, Dampf oder Steinsplitter[24]) zur Wehr setzen.

Behauptet der Störer kein Recht zur Einwirkung, so stehen Besitzinterdikte zur Verfügung. In erster Linie greift hier das *INTERDICTUM QUOD VI AUT CLAM* ein, welches sich gegen denjenigen richtet, der gewaltsam (*VI*[25]) oder heimlich auf einem fremden Grundstück nachteilige Veränderungen (zB Abladen von Mist[26], Vergiften eines Brunnens[27]) vornimmt.

Wiederholungsfragen

1. Was wird bei der *ACTIO PUBLICIANA* fingiert?

2. Wie unterscheidet sich ihre Prozessformel von der der *REI VINDICATIO*?

3. Wer ist aktivlegitimiert bei der *ACTIO PUBLICIANA*, wer passivlegitimiert?

4. Was ist die *EXCEPTIO IUSTI DOMINII*?

5. Was versteht man unter einer *REPLICATIO*?

6. Wie erlangt der bonitarische Eigentümer im Klageweg seine Sache vom quiritischen Eigentümer?

---

[24] Diese antiken Beispiele für Immissionen finden sich bei Ulpianus D 8.5.8.5 (Case 134).

[25] *VI FACTUM* lässt sich nach Ulpianus (Quintus Mucius) D 43.24.1.5 (Case 136) weit interpretieren, nämlich als Handeln gegen ein Verbot des anderen.

[26] Vgl Ulpianus D 43.24.7.6 (Case 138).

[27] Vgl Ulpianus (Labeo) D 43.24.11 pr (Case 141).

7. Wie verteidigt sich der bonitarische Eigentümer gegen eine *REI VINDICATIO* des quiritischen Eigentümers?

8. Was versteht man unter Konvaleszenz?

9. Wozu dient die *ACTIO NEGATORIA*?

10. Wogegen richtet sich das *INTERDICTUM QUOD VI AUT CLAM*?

11. Was sind Immissionen?

Übungsfälle

<u>ÜF 43:</u> Ago hat gutgläubig von Bellona ein Grundstück, das dem Carus gehört, gekauft und tradiert erhalten. Er errichtet darauf um 10.000 ein Haus. 15 Monate nach Inbesitznahme des Grundstücks durch Ago stellt Carus gegen ihn die *REI VINDICATIO* an. Carus weigert sich, Ago etwas für das Haus zu zahlen, weil er das Grundstück immer nur als Gemüsegarten hat verwenden wollen.
Welche Ansprüche bestehen wechselseitig zwischen Ago und Carus?

<u>ÜF 44:</u> Daphne will ihren wertvollen Siegelring beim Besitzer Eros vindizieren. Vor dem Prätor erklärt Eros, er habe den Ring nicht und wolle sich daher nicht in die Eigentumsklage als Beklagter einlassen.
Was kann Daphne gegen Eros unternehmen?

<u>ÜF 45:</u> Flora hat vom nichtberechtigten Gripus gutgläubig ein nichtfurtives Pferd gekauft und tradiert erhalten. Nach zwei Tagen stiehlt Helene das Pferd bei Flora und veräußert es dem Isauricus.

Kann Flora gegen Isauricus eine Klage erheben? Wenn ja, welche?

Was würde gelten, wäre Isauricus der wahre (quiritische) Eigentümer des Pferdes?

<u>ÜF 46:</u> Japyx hat seinen verwöhnten Lieblingssklaven Stichus der Kassandra verkauft und tradiert. Nach nur einer Woche flieht Stichus wieder zu Japyx und bittet Japyx inständigst, ihn zu behalten. Japyx weigert sich daraufhin, der Kassandra den Sklaven herauszugeben.

Wie ist die dingliche Rechtslage (Besitz und Eigentum) in den einzelnen Stadien?

Welche Klage hat Kassandra gegen Japyx?

ÜF 47: Leo vindiziert bei Melitta seine reich verzierte Vase. Während des Prozesses packt Melitta in einem Wutanfall die Vase und wirft sie Leo vor die Füße, wobei sie zerbricht.

Welche Bedeutung hat das Zerbrechen der Vase für das Eigentum an ihr, welche Bedeutung hat es für den Prozess? Was wäre, wenn Melitta die Vase vor *LITIS CONTESTATIO* in der geschilderten Weise zerstört hätte?

ÜF 48: Nike verkauft und tradiert dem Orion ein Landgut, das Nikes Onkel Pius gehört. Nach einem Jahr stirbt Pius und wird von Nike beerbt. Orion geht auf eine Reise nach Griechenland und bittet Nike, in der Zwischenzeit das Landgut zu verwalten. Nike benutzt diese Gelegenheit, um das Landgut im eigenen Namen an die gutgläubige Quinta zu veräußern. Als Orion nach drei Monaten zurückkehrt, wird das Landgut bereits von Quinta bewirtschaftet.

Wer hat am Landgut im Laufe des Falles Eigentum? Welche Klage wird Orion gegen Quinta anstellen?

XI. SERVITUTEN, ERBPACHT UND ERBBAURECHT

A. Begriff der Servituten (Dienstbarkeiten)

Servituten (Dienstbarkeiten) sind beschränkte dingliche Rechte an einer fremden Sache, durch die der Eigentümer der Sache verbunden ist, „einem andern die Ausübung eines Rechts zu gestatten, oder das zu unterlassen, was er als Eigentümer sonst zu tun berechtigt wäre" (§ 482 ABGB[1]).

Merkspruch: SERVITUS IN FACIENDO CONSISTERE NEQUIT. Eine Dienstbarkeit kann nicht in einem Tun bestehen. Der Eigentümer einer Sache, an der eine Dienstbarkeit besteht, ist grundsätzlich nur zu einem Dulden oder Unterlassen, nicht aber zu aktivem Tun verpflichtet.

Bestellt werden Dienstbarkeiten durch Rechtsgeschäft des Eigentümers; in Betracht kommen *MANCIPATIO* (bei *RES MANCIPI*), *IN IURE CESSIO,* formlose *PACTIO* oder Stipulation, die Zurückbehaltung einer *SERVITUS* bei Veräußerung der Sache oder letztwillige Einräumung durch Vindikationslegat (ein dinglich wirkendes Vermächtnis).

Als Recht an einer fremden Sache ist eine Dienstbarkeit des Eigentümers an seiner eigenen Sache nicht denkbar. Paulus D 8.2.26 drückt dies so aus: NULLI ENIM RES SUA SERVIT – niemandem dient seine eigene Sache.

Erwirbt ein Servitutsberechtigter nachträglich Eigentum an der Sache, so erlischt die Servitut. Eine solche Vereinigung von Berechtigtem und Verpflichtetem in einer Person bezeichnet man als CONFUSIO. Sie darf nicht mit der ebenfalls als CONFUSIO bezeichneten Vermischung gleichartiger Stoffe[2] verwechselt werden.

Man unterscheidet Prädialservituten (Grunddienstbarkeiten) und Personalservituten (persönliche Dienstbarkeiten). Bei den Grunddienstbarkeiten unterscheidet man weiter Feldservituten und Gebäudeservituten.

---

[1] Das ABGB regelt die Dienstbarkeiten sehr ausführlich und unter deutlichem Einfluss der römischen Quellen (Siebentes Hauptstück, §§ 472–530).

[2] Siehe dazu oben IX.D.

B. Grunddienstbarkeiten (Prädialservituten)

Servitutsberechtigter bei einer Grunddienstbarkeit ist der (jeweilige) Eigentümer einer Liegenschaft, dem an einer anderen Liegenschaft Rechte zukommen, die die Nutzung seiner eigenen Liegenschaft ermöglichen oder erleichtern. Diese Berechtigung ist mit dem Eigentum am Grundstück verbunden und kann nur mit diesem gemeinsam übertragen werden.

Das Grundstück, mit dem die Servitutsberechtigung verbunden ist, wird als herrschendes Grundstück *(PRAEDIUM DOMINANS)* bezeichnet, das Grundstück, das mit der Servitut belastet ist, hingegen als dienendes *(PRAEDIUM SERVIENS)*.

> *Bsp 33: Gallicus ist Eigentümer eines entlegenen Ackers, den man am schnellsten erreichen kann, wenn man über das Grundstück der Lysippe geht. Lysippe räumt Gallicus die Dienstbarkeit des Fußweges über ihr Grundstück ein. Nun ist Gallicus befugt, das Grundstück der Lysippe zu überqueren, um zu seinem Acker zu gelangen. Lysippe darf forthin dem Gallicus diese Art der Benützung ihres Grundstückes nicht verwehren, sie hat es vielmehr zu dulden. Veräußert Gallicus seinen Acker an Niketas, so hat nunmehr Niketas das Recht, über das Grundstück der Lysippe den Acker zu erreichen. Veräußert aber Lysippe das Grundstück, so kann sie dem Erwerber nur ein mit einer Servitut belastetes Eigentum übertragen.*

Je nachdem, ob sich eine Grunddienstbarkeit auf ein landwirtschaftlich genütztes Grundstück bezieht oder auf Gebäude, unterscheidet man Feldservituten[3] und Gebäudeservituten[4].

1. Feldservituten umfassen zB Wege-, Wasser- und Weideservituten.

a. Wegeservituten: das Recht, über ein fremdes Grundstück zu gehen oder zu reiten *(ITER)*, Vieh zu treiben *(ACTUS)* oder zu fahren *(VIA)*.

b. Wasserservituten: das Recht, über ein fremdes Grundstück Wasser zu leiten *(AQUAE DUCTUS)* oder auf einem fremden Grundstück Wasser zu schöpfen *(AQUAE HAUSTUS)*.

c. Weideservitut: das Recht, sein Vieh auf einem fremden Grundstück zu weiden *(IUS PASCENDI)*.

---

[3]   Feldservituten werden auch als Rustikalservituten oder *SERVITUTES PRAEDIORUM RUSTICORUM* bezeichnet.

[4]   Gebäudedienstbarkeiten heißen auch Urbanalservituten oder *SERVITUTES PRAEDIORUM URBANORUM*.

2. Beispiele für Gebäudedienstbarkeiten sind:

a. Servituten zur Bauführung: das Verbot des Höherbauens *(IUS ALTIUS NON TOLLENDI)* oder das Recht des freien Lichtzugangs und freier Aussicht *(IUS LUMINIS)*.

b. Stützrechte: das Recht, einen Balken im Nachbarbauwerk zu haben *(IUS TIGNI IMMITTENDI)* oder das Recht, sein Gebäude auf ein benachbartes (tiefer gelegenes) zu stützen *(IUS ONERIS FERENDI)*[5].

c. Abflussrechte: das Recht einer Dachtraufe auf ein Nachbargrundstück *(IUS STILLICIDII)*, Regenwasser über ein fremdes Grundstück abzuleiten *(IUS FLUMINIS)* oder aber Abwasser abzuleiten *(IUS CLOACAE)*.

Die römischen Juristen fordern für die Grunddienstbarkeiten *VICINITAS* (Nachbarschaft) von berechtigtem und belastetem Grundstück[6] sowie allgemein *UTILITAS* (Nützlichkeit) der Servitut: Sie soll der besseren Nutzung des herrschenden Grundstücks dienen, soll aber auch nur insofern bestehen, als sie für dessen bessere Nutzung wirklich notwendig ist[7].

Bei der Ausübung der Servitut hat der Berechtigte auf die Interessen des Belasteten so weit wie möglich Rücksicht zu nehmen: Die Dienstbarkeit ist schonend auszuüben *(SERVITUS CIVILITER EXERCENDA EST)*. Darüber hinaus hat sich die Ausübung an den Umfang des eingeräumten Rechts zu halten und darf vom Berechtigten nicht einseitig erweitert werden.

> *Bsp 34: Hat Gallicus die Servitut, auf dem Nachbargrundstück eine Herde von 20 Schafen zu tränken, so darf er nicht eigenmächtig 40 Schafe zur Tränke führen*[8]. *Bezüglich der überzähligen Tiere könnte ihm der Eigentümer rechtmäßig den Zutritt verweigern oder eine ACTIO NEGATORIA anstellen.*

---

[5]   Bei dieser Servitut ist der Servitutsbelastete ausnahmsweise auch zu einem Tun verpflichtet. Er muss das stützende Gebäude in dem Zustand erhalten, in dem es sich bei Einräumung der Servitut befunden hat: Ulpianus (Aquilius Gallus, Servius, Labeo) D 8.5.6.2 (Case 142).

[6]   Vgl Ulpianus (Neratius, Proculus, Atilicinus) D 8.3.5.1 (Case 143).

[7]   Vgl Paulus D 8.1.8 pr (Case 145): Dass man auf einem Nachbargrundstück spazieren gehen oder essen darf, kann nicht als Servitut auferlegt werden. Es dient nicht der besseren Nutzung des eigenen Grundstücks, sondern nur persönlichen Bedürfnissen.

[8]   Vgl Ulpianus (Trebatius, Marcellus) D 43.20.1.18 (Case 144).

C. Persönliche Dienstbarkeiten (Personalservituten)

Bei einer Personalservitut kommt die Servitutsberechtigung einer bestimmten Person zu. Als höchstpersönliches Recht erlischt sie mit dem Tod des Berechtigten.

1. Nießbrauch – *USUSFRUCTUS*

a. Die an Befugnissen umfangreichste persönliche Dienstbarkeit ist der *USUSFRUCTUS* (Nießbrauch, Fruchtnießung). Der Spätklassiker Paulus definiert den *USUSFRUCTUS* (D 7.1.1):

USUSFRUCTUS EST IUS ALIENIS REBUS UTENDI FRUENDI SALVA RERUM SUBSTANTIA

Nießbrauch ist das Recht, fremde Sachen – unter Schonung ihrer Substanz – zu gebrauchen und von ihnen Früchte zu ziehen[9].

Der *USUSFRUCTUS* umfasst sowohl den Gebrauch der fremden Sache *(USUS)* als auch die Fruchtziehung *(FRUCTUS)*[10]. Allerdings darf die Substanz der Sache nicht beeinträchtigt werden. Die Sache, die Gegenstand des *USUSFRUCTUS* ist, darf selbst nicht verbraucht werden, sondern nur ihre laufenden Erträgnisse (Früchte). Zu den Früchten zählen auch Erträgnisse aus Vermietung oder Verpachtung der fremden Sache[11] *(FRUCTUS CIVILES)*.

Bsp 35: Hera hat einen USUSFRUCTUS an einem Haus. Sie darf nun im Haus wohnen (Gebrauch), sie darf es auch vermieten (Fruchtziehung). Hingegen darf sie es nicht in eine Fremdenpension umbauen (Schonung der Substanz).

Das Kind einer Sklavin *(PARTUS ANCILLAE),* an der ein Nießbrauch besteht, gilt nicht als Frucht der Sklavin und gehört deshalb nicht dem Usufruktuar, sondern dem Eigentümer der Sklavin[12]. Hingegen gehören Tierjunge dem Nießbraucher des Muttertieres[13].

---

9 Vgl § 509 ABGB: „Die Fruchtnießung ist das Recht, eine fremde Sache, mit Schonung der Substanz, ohne alle Einschränkung zu genießen."

10 Zum Eigentumserwerb des Nießbrauchers an den Früchten siehe oben IX.B.3.

11 Vgl Ulpianus (Cassius, Pegasus, Pomponius) D 7.1.12.2 (Case 150) und Ulpianus D 7.1.13.8.

12 Vgl Ulpianus (Brutus) D 7.1.68 pr (Case 149).

13 Vgl Ulpianus (Sabinus, Cassius) D 7.1.68.1 (Case 149).

b. Was „Schonung der Substanz" bedeutet, stellt va ein Problem dar, wenn Gesamtsachen – zB eine Herde – Gegenstand eines Nießbrauches sind. Unter einer Gesamtsache *(UNIVERSITAS RERUM)* versteht man körperlich selbständige Sachen (Einzelsachen), die zu einer Kollektivsache verbunden sind, sodass es auch möglich ist, sie in ihrer Gesamtheit zu verkaufen, zu verpfänden, zu vindizieren usw.

So kann man die Schafe einer Herde entweder einzeln verkaufen oder aber die Herde als Gesamtheit. Die Herde als Gesamtheit bleibt auch dann bestehen, wenn einzelne Tiere sterben oder Tierjungen hinzukommen.

Beim Nießbrauch an einer Herde muss der Bestand der Herde erhalten bleiben. Hiezu hat der Nießbraucher gestorbene bzw geschlachtete Tiere durch Jungtiere zu ersetzen[14], damit sich die Herde als solche nicht verringert.

c. Bei Bestehen eines *USUSFRUCTUS* sind die Eigentümerbefugnisse für die Dauer der Dienstbarkeit weitgehend eingeschränkt. Allerdings hat der Usufruktuar bei seinem Antritt des *USUSFRUCTUS* dem Eigentümer durch ein Formalversprechen zu versichern, dass er die Sache nach dem Maßstab eines redlichen Mannes *(BONI VIRI ARBITRATU)* benutzen werde. Diese Sicherheitsleistung heißt *CAUTIO USUFRUCTUARIA*.

Eingeräumt wurde ein *USUSFRUCTUS* in Rom häufig durch ein Vermächtnis. Damit konnte der Erblasser bestimmte Personen – insbesondere die Ehefrau – materiell versorgen, ohne sie als Erben einzusetzen.

Beachte: Vom dinglichen Recht des USUSFRUCTUS sind drei Verträge zu unterscheiden, die nicht dinglich wirken, aber ähnliche Inhalte haben: der Leihevertrag als unentgeltliche Überlassung einer Sache zum Gebrauch, der Mietvertrag als entgeltliche Überlassung einer Sache zum Gebrauch und der Pachtvertrag als entgeltliche Überlassung einer Sache zu Gebrauch und Fruchtziehung. Diese Verträge schaffen Berechtigungen, die nicht mit dinglichen, sondern mit schuldrechtlichen Klagen durchsetzbar sind.

---

[14] Vgl Ulpianus D 7.1.68.2 (Case 149), Pomponius D 7.1.69 (Case 149).

2. Sonstige Personalservituten

Die persönliche Dienstbarkeit des *USUS* umfasste lediglich den Gebrauch einer Sache ohne Fruchtziehung[15].

Ein dingliches Wohnrecht *(HABITATIO)* und die Überlassung der Arbeitskraft von Sklaven *(OPERAE SERVORUM)* oder von Tieren *(OPERAE ANIMALIUM)* konnten ebenfalls als Personalservituten eingeräumt werden.

D. Schutz des Servitutsberechtigten

1. Die Ausübung einer Servitut geht oft mit der Innehabung der fremden Sache einher, der Servitutsberechtigte ist jedoch nicht Eigenbesitzer. Der Prätor schützt ihn aber mit eigenen Interdikten, die zum Teil den Besitzinterdikten nachgebildet sind[16].

2. Als dingliche Klage hat der Servitutsberechtigte die *VINDICATIO SERVITUTIS,* auch *ACTIO CONFESSORIA* genannt. Mit dieser Klage kann er auf Feststellung des Bestehens der Servitut sowie auf Herstellung des servitutsgemäßen Zustandes klagen.

Die VINDICATIO SERVITUTIS entspricht spiegelbildlich der ACTIO NEGATORIA: Im einen Fall klagt der Servitutsprätendent auf Feststellung des Bestehens der Servitut und auf Herstellung des entsprechenden Zustandes, im anderen Fall klagt der Eigentümer auf Feststellung des Nichtbestehens einer Servitut und Herstellung des dieser Rechtslage entsprechenden Zustandes.

E. Die *USUCAPIO LIBERTATIS*

Übt der Servitutsberechtigte die Servitut nicht aus, so kann der Eigentümer die Freiheit seiner Sache von der Servitut ersitzen[17].

---

15   Allerdings besteht eine gewisse Tendenz, auch dem Gebrauchsberechtigten eine Fruchtziehung für den Eigenbedarf einzuräumen. Vgl etwa Ulpianus (Sabinus, Cassius, Labeo, Proculus, Nerva) D 7.8.12.1 (Case 153) und die von Pomponius D 7.8.22 pr (Case 154) berichtete Entscheidung Kaiser Hadrians.

16   So wird dem Nießbraucher eines Grundstückes ein *INTERDICTUM UTI POSSIDETIS UTILE* gewährt.

17   Vgl im geltenden Recht § 1488 ABGB, demzufolge das Recht der Dienstbarkeit erlischt, „wenn sich der verpflichtete Teil der Ausübung der Servitut widersetzt, und der Berechtigte durch drei aufeinander folgende Jahre sein Recht nicht geltend gemacht hat".

Eine solche *USUCAPIO LIBERTATIS* dauert bei Servituten an beweglichen Sachen ein Jahr, bei unbeweglichen Sachen zwei Jahre. Voraussetzung dafür ist, dass der Servitutsberechtigte die Servitut weder selbst noch durch andere ausübt *(NON USUS)*.

Bei Gebäudedienstbarkeiten muss der Servitutsbelastete außerdem einen Zustand herbeiführen, der dem Inhalt der Servitut augenscheinlich widerspricht[18], zB durch Höherbauen entgegen einer *SERVITUS ALTIUS NON TOLLENDI.*

> *Beachte: Die USUCAPIO LIBERTATIS als Ersitzung der Freiheit von einer Dienstbarkeit ist vom Erwerb einer Dienstbarkeit durch Ersitzung[19] zu unterscheiden.*

F. Legalservituten

Als „Legalservituten" werden nachbarrechtliche Eigentumsbeschränkungen bezeichnet. Legalservituten entsprechen ihrem Inhalt nach Servituten – indem sie den Eigentümer eines Grundstückes zu Gunsten seines Nachbarn beschränken –, werden aber nicht wie Servituten durch Rechtsgeschäft Privater eingeräumt, sondern ergeben sich unmittelbar aus der Rechtsordnung.

Eine solche nachbarrechtliche Eigentumsbeschränkung ist etwa das Überfallsrecht: Der Eigentümer eines Grundstückes muss es dulden, dass sein Nachbar jeden zweiten Tag sein Grundstück betritt, um herüber gefallene Früchte einzusammeln. Zur Durchsetzung dieses Rechts gibt es ein eigenes *INTERDICTUM DE GLANDE LEGENDA.*

> *Von einer „Legal"-Servitut kann man korrekterweise nur dann sprechen, wenn solch eine nachbarrechtliche Beschränkung durch ein Gesetz eingeräumt wird. Dies trifft insofern für das INTERDICTUM DE GLANDE LEGENDA zu, als es das Zwölftafelgesetz als Grundlage hat.*

> *Beispiel für eine Legalservitut im geltenden österreichischen Recht: das Notwegerecht, das in einem eigenen NotwegeG (RGBl 1896/140) geregelt ist.*

---

[18]   Vgl Gaius D 8.2.6 (Case 147).

[19]   Allerdings verbietet die *LEX SCRIBONIA* eine Ersitzung von Grunddienstbarkeiten.

G. Erbpacht

Erbpacht *(EMPHYTEUSE)* ist das veräußerbare und vererbliche dingliche Recht, gegen Zahlung eines Zinses ein Grundstück[20] zu nutzen.

Die Stellung des Erbpächters ist eigentümerähnlich; sie unterscheidet sich von der Stellung des Eigentümers im Wesentlichen durch die Verpflichtung zur jährlichen Zinszahlung.

Der Erbpächter *(EMPHYTEUTA)* zählt zu den interdiktengeschützten Fremdbesitzern; als dingliche Klage steht ihm eine *REI VINDICATIO UTILIS*[21] zur Verfügung.

H. Erbbaurecht

Erbbaurecht *(SUPERFICIES)* ist das veräußerbare und vererbliche dingliche Recht, auf einem fremden Grundstück gegen Zahlung eines Zinses ein Gebäude zu unterhalten[22].

Der Bauberechtigte hat ein eigenes *INTERDICTUM DE SUPERFICIEBUS;* von Fall zu Fall gewährt ihm der Prätor auch eine dingliche *ACTIO IN FACTUM (ACTIO DE SUPERFICIE).*

---

[20]   Bei den in Erbpacht vergebenen Grundstücken handelte es sich ursprünglich um Eigentum der öffentlichen Hand, den sog *AGER VECTIGALIS.*

[21]   Bei der Erbpacht am *AGER VECTIGALIS* gab es eine dingliche *ACTIO VECTIGALIS.*

[22]   Ein solches dingliches Recht sieht im modernen österreichischen Recht das BaurechtsG 1912 vor.

Wiederholungsfragen

1. Wie kann man Servituten definieren? Welche Arten von Servituten unterscheidet man?

2. Wer ist Berechtigter bei einer Grunddienstbarkeit?

3. Nennen Sie jeweils Beispiele für Feld- und Gebäudeservituten!

4. Welche Rolle spielt die *UTILITAS* bei Grunddienstbarkeiten?

5. Wie definiert Paulus den *USUSFRUCTUS*? Was umfasst die Fruchtziehung beim *USUSFRUCTUS*?

6. Was ist die *CAUTIO USUFRUCTUARIA*?

7. Wie schützt der Prätor den Servitutsberechtigten? Worauf geht die *ACTIO CONFESSORIA*?

8. Was sind die Voraussetzungen einer *USUCAPIO LIBERTATIS*?

9. Inwiefern ist der Ausdruck „Legalservitut" missverständlich?

10. Welche Rechtsstellung hat der *EMPHYTEUTA?* Was versteht man unter dem Erbbaurecht?

Übungsfälle

<u>ÜF 49</u>: Klio hat von Brontes die Servitut eingeräumt bekommen, ihr Haus auf das Gebäude des Brontes zu stützen *(SERVITUS ONERIS FERENDI)*.
Wozu ist Brontes dadurch verpflichtet?
Wie ändert sich die Rechtslage, wenn Klio von Brontes dessen Grundstück erwirbt?

<u>ÜF 50</u>: Am Grundstück des Carus besteht eine *SERVITUS ACTUS* (Viehtrieb) zu Gunsten der Nachbarin Daphne. Daphnes Erbe Eros verärgert Carus dadurch, dass er seine Tiere nicht – wie Daphne es getan hatte – auf dem Weg über das Grundstück des Carus treibt, sondern der Abkürzung wegen einfach quer über dessen Blumengarten.
Kann sich Carus dagegen mit einer Klage zur Wehr setzen?

ÜF 51: Flora hat am Obstgarten des Gripus einen Nießbrauch.
a. Wer ist Eigentümer der Früchte des Gartens?
b. Darf Flora das Grundstück zum lukrativeren Gemüseanbau nutzen und zu diesem Zweck den Obsthain durch einen Karottenacker ersetzen?

ÜF 52: Japyx hat einen Nießbrauch an einem Wald.
a. Darf Japyx auch Holz schlagen? Wenn ja, in welchem Umfang?
b. Nachdem der todkranke Japyx den Nießbrauch 14 Monate nicht ausgeübt hat und stirbt, setzt seine Erbin Kassandra die Ausübung fort. Ist die Servitut erloschen?

XII. PFANDRECHT – *PIGNUS*

A. Das Problem

Bsp 36: Labrax gibt seinem Freund Philto, einem Geldwechsler, ein Darlehen von 100. Philto soll das Geld nach einem Jahr zurückzahlen. Labrax zweifelt nicht, dass er zu seinem Geld kommen würde: Er hält Philto für einen seriösen Geschäftsmann mit einem beträchtlichen, ein Landhaus und eine Kunstsammlung umfassenden Vermögen.

Nach einem Jahr verlangt Labrax die Darlehenssumme von Philto – doch vergebens. Daraufhin erhebt Labrax die Klage gegen Philto.

Inzwischen sind etliche andere Gläubiger aufgetaucht und machen gegen Philto Forderungen geltend, die insgesamt den Wert von Philtos Hab und Gut weit übersteigen. Über das Vermögen wird der Konkurs eröffnet. In der Konkurrenz mit den anderen Gläubigern erhält Labrax auf Grund seiner Darlehensforderung von 100 schließlich 30.

Wie hätte sich Labrax gegen solch einen Verlust schützen können?

Labrax wäre gut beraten gewesen, sich von Philto ein Pfand bestellen zu lassen – etwa einen Gegenstand aus der Kunstsammlung. Die Pfandsache wäre dann für die Befriedigung seiner Forderung reserviert gewesen.

Bei Fälligkeit und Nichtzahlung der geschuldeten 100 hätte Labrax das Pfand versteigern lassen können (zur Erlangung des Besitzes an der Pfandsache wäre ihm die dingliche Pfandklage zur Verfügung gestanden).

Und selbst nach Konkurseröffnung wäre Labrax gut gesichert gewesen, denn auf Grund seines Pfandrechts hätte er die Absonderung der Pfandsache aus der Konkursmasse verlangen können; das Pfand hätte dann vorzugsweise der Befriedigung seiner Forderung gedient und wäre nicht dem Zugriff der anderen Konkursgläubiger ausgesetzt gewesen.

B. Allgemeines zum beschränkten dinglichen Recht *PIGNUS*

Das Pfandrecht ist das beschränkte dingliche Recht an einer fremden Sache, sich bei Fälligkeit und Nichterfüllung der gesicherten Forderung aus der Sache zu befriedigen.

1. Das Pfandrecht als Sicherungsrecht

▪ Das Pfandrecht dient zur Sicherung der Forderung eines Gläubigers: Er hat die Möglichkeit, wenn der Schuldner bei Fälligkeit der Forderung nicht zahlt, auf die verpfändete Sache zu greifen, diese zu verwerten (Verkauf durch öffentliche Versteigerung) und sich vom Erlös so viel zu behalten, wie seine Forderung ausmacht.

▪ Einen besonderen Vorteil für den Gläubiger bietet das Pfandrecht bei Konkurs des Schuldners: Im Konkurs müssen sich die ungesicherten Gläubiger das für eine Befriedigung aller Forderungen zu geringe Schuldnervermögen quotenmäßig teilen. Jeder Gläubiger erleidet dabei eine Kürzung seiner Forderung. Hat ein Gläubiger aber ein Pfandrecht an einer Sache des Schuldners, so steht ihm an dieser ein vorzugsweises Befriedigungsrecht (Absonderungsrecht) zu: Der pfandgesicherte Gläubiger kann das Pfand ohne Rücksicht auf die Forderungen der anderen Konkursgläubiger verwerten. Deckt der Erlös seine Forderung, dann wird der Pfandgläubiger voll befriedigt.

2. Arten des Pfandrechts

▪ Das Pfandrecht kann durch Parteienvereinbarung (vertragliches Pfandrecht), richterliche Verfügung (richterliches Pfandrecht) oder einfach auf Grund der Rechtsordnung (gesetzliches Pfandrecht) entstehen.

Hier interessiert an erster Stelle das Pfandrecht auf Grund einer Parteienvereinbarung. Die Einräumung eines Pfandrechts durch Rechtsgeschäft nennt man Verpfändung[1].

▪ Eine grundlegende Unterscheidung ergibt sich danach, ob der Pfandbesteller das Pfand zunächst behält oder bei der Verpfändung dem Pfandgläubiger übergibt:

a. Im ersten Fall entsteht ein besitzloses Pfand,

b. im zweiten ein Besitz- oder Faustpfand.

Das Besitzpfand verschafft dem Pfandgläubiger den Sicherheitsvorteil, die Pfandsache bereits vor Fälligkeit in Händen zu haben; zudem wird auf diese Weise publik, dass am betreffenden Gegenstand eine dingliche Verfügung stattgefunden hat, eben zu Gunsten des Pfandgläubigers. Das besitzlose Pfand gibt dem Pfandbesteller die Möglichkeit, mit der Pfand-

---

[1]   Zum sog *PIGNUS TACITUM* siehe unten K.

sache weiter zu wirtschaften und dadurch Kapital für die Rückzahlung der Schuld zu erwerben.

Beachte: Man spricht vom Besitz des Pfandgläubigers, meint damit aber nicht Eigenbesitz, sondern Fremdbesitz. Eigenbesitzer bleibt der Pfandbesteller. Der Fremdbesitz des Pfandgläubigers ist jedoch interdiktengeschützt.

3. Andere römische Sicherungsrechte

Abgesehen vom Pfandrecht kann ein römischer Gläubiger seine Position durch Bürgschaft (meist *FIDEIUSSIO*) oder Sicherungsübereignung *(FIDUCIA CUM CREDITORE)* verstärken.

▪ In der *FIDEIUSSIO* verspricht der Bürge das zu leisten, was der Schuldner schuldet. Hier ist die Forderung des Gläubigers durch das zusätzliche Versprechen des Bürgen gesichert; damit wird ein schuldrechtlicher (kein dinglicher) Anspruch gegen den Bürgen geschaffen. Wenn der Schuldner bei Fälligkeit nicht zahlt, kann der Gläubiger wählen, ob er den Schuldner klagt oder vom Bürgen die Zahlung verlangt.

Der Bürge ist immer eine vom Schuldner verschiedene Person, die mit ihrem gesamten Vermögen haftet; damit erhöht eine Bürgschaft den Haftungsfonds um das Vermögen einer zweiten Person.

Hingegen kann der Pfandbesteller der Schuldner selbst sein. In diesem Fall steht dem Gläubiger bloß das Schuldnervermögen zur Verfügung – allerdings mit dem Vorrecht, die verpfändete Sache für sich zu verwerten.

Bestellt aber eine vom Schuldner verschiedene Person ein Pfand (Drittpfand), so haftet neben dem Vermögen des Schuldners noch diese Sache.

▪ Die *FIDUCIA CUM CREDITORE* ist ein alt-römisches Sicherungsgeschäft, bei dem eine Sache des Sicherungsgebers an den Gläubiger übereignet wird (Sicherungsübereignung). Sollte der Schuldner bei Fälligkeit nicht zahlen, so verbleibt die Sache zur Schadloshaltung beim Gläubiger. Erfolgt die Zahlung, dann ist der Gläubiger verpflichtet, dem Sicherungsgeber die Sache rückzuübereignen.

Zur Durchsetzung ihrer Ansprüche stehen dem Treugeber die *ACTIO FIDUCIAE DIRECTA* und dem Treuhänder die *ACTIO FIDUCIAE CONTRARIA* zur Verfügung.

Ihrem Wesen nach ist die FIDUCIA eine Treuhand: Nach außen hat der Fiduziar als Treuhänder die Stellung eines Eigentümers; im Verhältnis zum Fiduzianten (Treugeber) ist er aber verpflichtet, mit der Sache so zu verfahren, wie es seiner Vereinbarung mit dem Fiduzianten entspricht. Man sagt deshalb auch, dass der Treuhänder (im Außenverhältnis) mehr kann als er (nach dem Innenverhältnis) darf.

C. Die sachenrechtliche und die schuldrechtliche Seite der Verpfändung

Wenn die römischen Quellen von *PIGNUS* sprechen, können damit drei verschiedene Dinge gemeint sein: *PIGNUS* bezeichnet ebenso die Pfandsache selbst wie das dingliche Pfandrecht an ihr als auch den über sie geschlossenen Realvertrag.

1. Der Pfandgläubiger sichert seine Forderung durch das **dingliche Pfandrecht.**

Es kommt zu Stande, wenn Pfandbesteller und Pfandgläubiger vereinbaren, dass eine Forderung des Pfandgläubigers durch eine Sache des Pfandbestellers gesichert sein soll *(CONVENTIO PIGNORIS).*

> *Beachte: Einer Übergabe der Pfandsache bedarf es nicht.*

2. Der **Pfandrealvertrag** ist ein schuldrechtliches Verhältnis, das die spezifischen Rechte und Pflichten zwischen Pfandbesteller und Pfandgläubiger erfasst.

Der Pfandrealvertrag kommt mit Hingabe der Pfandsache an den Pfandgläubiger zu Stande.

D. Das dingliche Pfandrecht

1. Voraussetzungen

Der Pfandgläubiger erlangt ein dingliches Recht an der Pfandsache, wenn bei der Verpfändung drei Voraussetzungen erfüllt sind:

a. Zu Gunsten des Pfandgläubigers muss eine Forderung bestehen, die gesichert werden soll.

Ohne gültige Forderung kann kein Pfandrecht zu Stande kommen.

Diese Voraussetzung einer Forderung, von der das Entstehen wie der Fortbestand des Pfandrechts abhängen, nennt man Akzessorietät.

> *Beachte: Die zu sichernde Forderung des Pfandgläubigers kann sich gegen den Pfandbesteller richten – der dann zugleich Schuldner ist –, muss aber nicht. Vielmehr kann auch ein Dritter dem Gläubiger für den Schuldner ein Pfand geben: Dann sind Schuldner der zu sichernden Forderung (Personalschuldner) und der Pfandbesteller (Realschuldner) verschiedene Personen.*

b. Der Pfandbesteller muss Eigentümer der Pfandsache bzw verfügungsbefugt sein.

Bonitarisches Eigentum genügt für eine gültige Verpfändung. Ist der Pfandbesteller nicht Eigentümer der Pfandsache (und auch nicht befugt, über diese zu verfügen), so kann er dem Pfandgläubiger kein dingliches Pfandrecht verschaffen: Auch hier gilt der Satz NEMO PLUS IURIS TRANSFERRE POTEST QUAM IPSE HABET.

Ist der Pfandbesteller zwar bei Verpfändung nicht Eigentümer der Pfandsache, wird er es aber später (etwa durch Erbfall), so heilt die Position des Pfandgläubigers: Durch den Eigentumserwerb des Pfandbestellers konvalesziert die Position des Pfandgläubigers, der dann ein dingliches Pfandrecht hat[2].

c. Pfandbesteller und Pfandgläubiger müssen eine Vereinbarung darüber treffen, dass die Pfandsache für die Forderung des Gläubigers verpfändet sein soll.

Diese Vereinbarung nennt man Pfandabrede oder *CONVENTIO PIGNORIS.*

Die *CONVENTIO PIGNORIS* ist ein sachenrechtliches Verfügungsgeschäft[3].

Sie darf nicht mit dem Pfandrealvertrag (PIGNUS) verwechselt werden, der erst mit Übergabe der Pfandsache an den Pfandgläubiger entsteht.

Mit ihr kommt – sofern die übrigen Voraussetzungen erfüllt sind – das dingliche Pfandrecht des Gläubigers zu Stande[4].

Aus der CONVENTIO PIGNORIS ergibt sich der Umfang des Pfandrechts: welche Sachen verpfändet sind und für welche Forderungen sie verpfändet sind.

Einer Übergabe der Pfandsache bedarf es für die gültige Verpfändung nicht; vielmehr kann der Gegenstand als besitzloses Pfand beim Pfandbesteller bleiben.

Zahlt der Schuldner bei Fälligkeit nicht, so kann der Pfandgläubiger etwa durch ACTIO PIGNERATICIA IN REM Besitz an der Pfandsache erlangen und

---

2   Zur Konvaleszenz des Pfandrechts und der daraus resultierenden *ACTIO PIGNERATICIA (IN REM) UTILIS* siehe unten G.

3   Zum sachenrechtlichen Verfügungsgeschäft siehe oben III.D.2.

4   Der Pfandbesteller ist zwar auch nach Verpfändung seiner Sache ihr Eigentümer, darf sie aber grundsätzlich nicht veräußern. Siehe dazu unten F.

sie verwerten. Mit der Besitzerlangung des Pfandgläubigers entsteht dann der Pfandrealvertrag.

2. Rechtsbehelfe

a. Zur Geltendmachung seines dinglichen Rechts an der Sache hat der Pfandgläubiger eine *ACTIO IN REM.*

Spätestens bei Fälligkeit und Nichtzahlung der Schuld kann er die Pfandsache von jedem Besitzer – auch vom Pfandbesteller – herausverlangen. Ebenfalls die dingliche Klage kommt dem Pfandgläubiger zustatten, wenn er den Besitz an einem Faustpfand verliert und die Sache wiedererlangen will.

Am treffendsten wird die dingliche Klage des Pfandgläubigers als *ACTIO PIGNERATICIA IN REM* oder als *VINDICATIO PIGNORIS* bezeichnet.

> *Daneben finden sich in den Quellen auch die Namen ACTIO SERVIANA, ACTIO QUASI SERVIANA und ACTIO HYPOTHECARIA.*

b. Wie bei der *REI VINDICATIO* erfolgt die Verurteilung des Sachbesitzers, sofern er nicht restituiert, in Geld. Dabei wird der besitzende Pfandbesteller bloß im Umfang der Gläubigerforderung verurteilt. Hingegen muss jeder andere Besitzer, der nicht naturalrestituiert, den vollen Sachwert leisten; von diesem behält der Pfandgläubiger so viel, wie seine Forderung ausmacht, während er den Mehrerlös, das *SUPERFLUUM* an den Pfandbesteller herausgeben muss.

c. Eine *REI VINDICATIO* des Pfandbestellers kann der Faustpfandgläubiger mit der *EXCEPTIO PIGNERATICIA* abwehren.

d. Ebenfalls auf Besitzerlangung geht das *INTERDICTUM SALVIANUM.*

> *Es betrifft einen speziellen Falltyp: Hat ein Pächter seine von ihm auf das Pachtgrundstück eingebrachten Sachen – INVECTA ILLATA – dem Verpächter ausdrücklich verpfändet, so hat der Verpächter dieses Interdikt zur erstmaligen Besitzerlangung.*

E. Der Pfandrealvertrag

1. Realverträge sind Verträge, die für ihr Zustandekommen neben einer Abrede die reale Übergabe *(DATIO)* der Sache erfordern. Der Pfandrealvertrag *(PIGNUS)* kommt mit der tatsächlichen Hingabe des Pfandgegenstands an den Pfandgläubiger zu Stande.

Erfolgt die Hingabe der Pfandsache bei Pfandbegründung (Verpfändung), so entsteht mit dem Faustpfand zugleich der Pfandrealvertrag. Findet eine besitzlose Verpfändung statt, so gibt es vorerst keinen Pfandrealvertrag; erst wenn der Pfandbesteller das Pfand dem Pfandgläubiger aushändigt oder der Pfandgläubiger zB durch *VINDICATIO PIGNORIS* in Besitz des Pfandes kommt[5], entsteht der Vertrag.

2. Der Pfandrealvertrag berechtigt den Pfandbesteller, die Pfandsache zurückzuverlangen, sobald eine Voraussetzung des Pfandrechts wegfällt.

Dies geschieht etwa, wenn die zu sichernde Schuld erlischt[6]: Da das Pfandrecht streng akzessorisch ist, kann es nicht länger bestehen als die Schuld. Weiters erlischt das Pfandrecht, wenn der Pfandgläubiger darauf verzichtet; solch ein Verzicht wird etwa angenommen, wenn der Pfandgläubiger dem Pfandbesteller erlaubt, die Sache zu veräußern[7].

Kommt es aber zur Verwertung des Pfandes, so hat der Pfandbesteller gegen den Pfandgläubiger einen Anspruch auf jenen Teil des Erlöses, der die Gläubigerforderung übersteigt *(SUPERFLUUM, HYPEROCHA)*.

Erfahrungsgemäß besteht der Pfandgläubiger darauf, eine Sache als Pfand zu bekommen, die erheblich mehr wert ist als seine Forderung, um selbst bei einem Preisrückgang noch die erwünschte Deckung zu erreichen. Folglich erbringt die Versteigerung der Sache oft mehr als die Forderung beträgt und lässt sohin ein SUPERFLUUM entstehen.

Der Pfandbesteller macht diese Ansprüche gegen den Pfandgläubiger mit der *ACTIO PIGNERATICIA IN PERSONAM DIRECTA* geltend.

3. Der Pfandgläubiger hat aus dem Pfandrealvertrag die *ACTIO PIGNERATICIA IN PERSONAM CONTRARIA*.

Er verlangt damit Ersatz für Schäden, die ihm das Pfand verursacht hat, sowie Kostenersatz bei Aufwendungen auf das Pfand.

---

5   Zur Besitzerlangung kann es auch durch das *INTERDICTUM SALVIANUM* oder die Ausübung des Perklusionsrechts des Vermieters kommen.

6   Selbst eine fremde, unbefugterweise zum Zweck der Verpfändung dem Pfandgläubiger hingegebene Sache kann der Pfandbesteller mit *ACTIO PIGNERATICIA IN PERSONAM DIRECTA* zurückfordern, sobald die Schuld erlischt. Vgl Ulpianus D 13.7.9.4 (Case 161a).

7   Siehe dazu unten F.1.

Bsp 37: Lucius gibt Omphale seine Kuh als Faustpfand, ohne Omphale mit-
zuteilen, dass sie krank ist. Omphale muss bald einen Tierarzt holen, der
die Kuh sowie eines der Kälber Omphales, das angesteckt wurde, behan-
delt; die Kuh wird gesund, das Kalb verendet. Omphale kann nun den Wert
des Kalbes als Schaden, die Kosten des Tierarztes als Aufwand gegen
Lucius geltend machen.

Ebenfalls die *ACTIO PIGNERATICIA IN PERSONAM CONTRARIA* kann
der Pfandgläubiger erheben, wenn er vom Pfandbesteller zwar eine
Sache, an dieser aber kein dingliches Pfandrecht erhalten hat.

Gibt der Pfandbesteller dem Pfandgläubiger unbefugt eine fremde Sa-
che, so erwirbt der Pfandgläubiger kein dingliches Pfandrecht. Da aber
eine reale Sachhingabe erfolgt, kommt ein Pfandrealvertrag zu Stande;
auf diesen kann sich der Pfandgläubiger berufen und vom Pfandschuld-
ner verlangen, dass er ihm an einer Sache ein gültiges Pfandrecht ein-
räumt[8].

F. Die Veräußerung der Pfandsache

1. Veräußerung der Pfandsache mit Zustimmung des Pfand-gläubigers

a. Der Pfandbesteller kann das Pfand im Einvernehmen mit dem
Pfandgläubiger an einen Dritten veräußern; gibt es dabei keinen Vor-
behalt des Pfandgläubigers, so wird seine Zustimmung als Verzicht
auf das Pfandrecht gedeutet[9]. Somit geht das Pfandrecht bei der Veräußerung des Pfandes unter, der Erwerber bekommt unbelastetes
Eigentum[10].

b. Der Pfandgläubiger kann dem Pfandbesteller die Veräußerung
des Pfandes gestatten, dabei aber verlangen, dass sein Pfandrecht erhalten bleibt[11]. In solch einem Fall vermag der Pfandbesteller dem
Dritten kein lastenfreies Eigentum zu verschaffen – *NEMO PLUS*
IURIS TRANSFERRE POTEST QUAM IPSE HABET. Der Dritte erwirbt

---

[8]   Vgl Ulpianus D 13.7.9 pr (Case 161 a). Siehe auch unten G.

[9]   Siehe dazu unten H.2.

[10]   Vgl Marcianus D 20.6.8.14 (zweiter Satz) (Case 162); auch Marcianus
D 20.6.8.15 (zweiter Satz) (Case 163).

[11]   Vgl Marcianus D 20.6.8.15 (erster Satz) (Case 163).

Eigentum an der Sache, doch ist dieses Eigentum mit dem Pfandrecht des Gläubigers belastet.

2. Veräußerung der Pfandsache ohne Zustimmung des Pfandgläubigers

Probleme bereitet der Fall, dass der Pfandbesteller das Pfand eigenmächtig, ohne Zustimmung des Pfandgläubigers veräußert. Dazu ist er auf Grund der Verpfändung prinzipiell nicht berechtigt. Was die sachenrechtlichen Konsequenzen betrifft, findet sich in den Quellen kein einheitliches Konzept:

a. Veräußert der Pfandbesteller seine bewegliche Sache ohne Erlaubnis des Pfandgläubigers im Wissen, dass an ihr ein Pfandrecht besteht, so gilt er als *FUR*[12]. Neben seiner Haftung aus *FURTUM* gegenüber dem Pfandgläubiger hat dies möglicherweise auch die Folge, dass auf den Erwerber der Pfandsache kein Eigentum übergeht. Der Pfandbesteller bleibt Eigentümer des Pfandes, dem Erwerber verschafft er bloß Besitz.

b. Stellt die Veräußerung des Pfandbestellers kein *FURTUM* dar, weil sie gutgläubig geschieht oder das Pfand eine unbewegliche Sache ist, dann erlangt der Dritte wohl Eigentum an der Sache. Sein Eigentum unterliegt freilich ebenso wie vorher das des Pfandbestellers dem Pfandrecht des Gläubigers, da das Pfandrecht als dingliches Recht an der Sache haftet.

Beachte: In beiden Varianten a) und b) wird das Pfandrecht des Gläubigers von den Verfügungen des Pfandbestellers unmittelbar nicht berührt; der Pfandgläubiger richtet seinen Herausgabeanspruch aus dem dinglichen Pfandrecht gegen jeden Besitzer des Pfandes. Erst ein Untergang der Sache lässt das Pfandrecht erlöschen. Dies mag allenfalls durch eine Verarbeitung geschehen (siehe unten H.4.).

3. Veräußerung der Pfandsache zur Pfandverwertung

Zahlt der Schuldner bei Fälligkeit nicht, dann kann der Pfandgläubiger das Pfand verwerten und sich aus dem Erlös befriedigen. Mit der Verwertung erlischt das Pfandrecht an der Sache. Reicht der Erlös

---

[12]   Vgl Paulus (Iulianus) D 47.2.67 (66) pr (Case 164).

nicht, die Forderung des Gläubigers zu befriedigen, so bleibt ihr ungedeckter Teil bestehen.

■ Verwertet wird das Pfand meist durch Verkauf; dieser findet gewöhnlich durch eine öffentliche Versteigerung statt.

> *Die Spätklassiker betrachten die Verkaufsabrede – PACTUM DE VENDENDO, PACTUM DE DISTRAHENDO – als stillschweigend vereinbart*[13].

> *Die Verfallsabrede (LEX COMMISSORIA), derzufolge der Gläubiger bei Fälligkeit und Nichtzahlung Eigentum an der Pfandsache erhalten soll, gerät dagegen zunehmend außer Übung, weil durch den Verfall dem Gläubiger ein dessen Sicherungsinteresse übersteigender (unbegründeter) Vorteil erwächst, wenn der Sachwert höher ist als die Schuld*[14].

Der Pfandgläubiger muss dem Pfandbesteller die Pfandverwertung ankündigen; in nachklassischer Zeit bedarf es dreimaliger *DENUNTIATIO*.

Bei der Verwertung gilt der Pfandgläubiger auf Grund des Pfandrechts als befugt, über das Eigentum des Pfandbestellers zu verfügen und somit dem Käufer Eigentum zu verschaffen[15].

Mit der Pfandverwertung werden alle Pfandrechte an der Sache beendet; die nachrangigen Pfandgläubiger können ihrem Pfandrang entsprechend mittels *ACTIO UTILIS* auf ein allfälliges *SUPERFLUUM* greifen.

> *Sind mehrere Gegenstände verpfändet, so steht es im Belieben des Pfandgläubigers, welche er verwertet*[16].

■ Nach dem Verkauf erfolgt zwischen Pfandbesteller und Pfandgläubiger eine Abrechnung im Rahmen des Pfandrealvertrags:

Der Pfandbesteller kann mit der *ACTIO PIGNERATICIA IN PERSONAM DIRECTA* den Teil des Versteigerungserlöses verlangen, der über die Forderung des Pfandgläubigers hinausgeht.

---

[13] Vgl Ulpianus D 13.7.4 (Case 169). Zur Vereinbarung, dass der Gläubiger das Pfand als Käufer behalten soll, vgl Tryphoninus D 20.5.12 pr (Case 168) und Marcianus D 20.1.16.9 (Case 168).

[14] Unter Kaiser Konstantin wird die Verfallsabrede schließlich verboten (320 n Chr). Vgl auch das Verbot der Verfallsabrede in § 1371 ABGB, § 1229 BGB und Art 894 ZGB.

[15] Vgl Ulpianus D 13.7.4 (Case 169).

[16] Vgl Modestinus D 20.5.8 (Case 167).

Der Pfandgläubiger kann mit der *ACTIO PIGNERATICIA IN PER-SONAM CONTRARIA* allenfalls geltend machen, dass ihm durch die Pfandsache Aufwendungen oder Schäden verursacht wurden.

G. Hingabe einer fremden Sache als Pfand – *RES ALIENA PIGNORI DATA*

Wird die *CONVENTIO PIGNORIS* über einen Gegenstand getroffen, dessen Eigentümer der Pfandbesteller nicht ist und über den zu verfügen er auch keine Befugnis hat, so erlangt der Pfandgläubiger kein dingliches Pfandrecht.

Wenn der Verpfänder zu einem späteren Zeitpunkt Eigentum an diesem Gegenstand erwirbt, heilt die Position des Gläubigers (Konvaleszenz): Er erlangt durch den Eigentumserwerb des Pfandbestellers nun nachträglich das dingliche Pfandrecht am Gegenstand.

Paulus D 13.7.41 (Case 161)

1. T (Tu) gibt G (Gläubiger) unbefugt eine fremde Sache zum Pfand. Dann wird T Eigentümer der Sache.

Durch den Eigentumserwerb des T konvalesziert das Pfandrecht des G: Nun hat G ein dingliches Recht an der zum Pfand gegebenen Sache, das er mit einer *ACTIO PIGNERATICIA (IN REM) UTILIS* durchsetzen kann.

Da der Pfandbesteller im Zeitpunkt der Verpfändung nicht Eigentümer der Pfandsache war, dies aber vom Formelwortlaut der ACTIO PIGNERATICIA IN REM verlangt wird, bekommt der Pfandgläubiger eine analoge Klage: ACTIO PIGNERATICIA IN REM UTILIS.

2. Titius, Schuldner des G (Gläubiger), schließt – ohne Verfügungsmacht – mit G eine Pfandabrede über die Sache des E (Ego). Dann stirbt Titius und E wird sein Erbe.

Vor dem Erbgang erwirbt G gewiss kein dingliches Recht an der Sache, da Titius kein Eigentum an der Sache gehabt hat und zu einer Verfügung nicht ermächtigt gewesen ist.

Nun erscheint es möglich, den Umstand, dass der Eigentümer E durch den Erbgang Rechtsnachfolger dessen wird, der an dem Gegenstand ein dingliches Pfandrecht bestellen wollte, als Grund für eine Konvaleszenz des Pfandrechts von G zu werten.

Paulus freilich hält es nicht für ausreichend, dass Schuldner und Eigentümer in der Person des E zusammenfallen; in seinen Augen ist es wohl nicht akzeptabel, dass der Eigentümer E an seiner Sache, die er nie zum Pfand gegeben hat, auf Grund der im Erbgang eingetretenen Rechtsnachfolge nur mehr belastetes Eigentum haben sollte.

Die beiden Sachverhalte (1. und 2.) unterscheiden sich darin, dass im ersten derjenige, der mit dem Gläubiger die Pfandabrede trifft, nachträglich Eigentum an der Pfandsache erwirbt, im zweiten aber der Eigentümer Rechtsnachfolger dessen wird, der ohne Verfügungsmacht über die Sache eine Pfandabrede mit dem Gläubiger geschlossen hat.

Modestinus D 20.1.22 (Case 160)

Modestin behandelt denselben Sachverhalt wie Paulus im eben erörterten zweiten Fall von D 13.7.41, entscheidet aber anders als Paulus: Modestin lässt das Pfandrecht konvaleszieren, wenn der Sacheigentümer E im Erbgang Rechtsnachfolger dessen wird, der unbefugt die Pfandabrede mit dem Gläubiger geschlossen hat: Der Pfandgläubiger G kommt in den Genuss eines dinglichen, mit *ACTIO PIGNERATICIA (IN REM) UTILIS* durchsetzbaren Pfandrechts.

Hier wie bei Paulus lässt sich der sachliche Entscheidungshintergrund bloß vermuten: Legt Paulus das Schwergewicht wohl auf die Privatautonomie des Eigentümers, so rückt Modestin möglicherweise das dingliche Rechtsschutzbedürfnis des Pfandgläubigers in den Blickpunkt; außerdem mag es ihm angemessen erscheinen, dass dem E, der durch die Erbschaft insgesamt erheblich profitieren dürfte, eine Pfandhaftung aufgebürdet wird.

H. Erlöschen des Pfandrechts vor einer Pfandverwertung

1. Das Pfandrecht erlischt durch Wegfall der zu sichernden Schuld. Auf Grund seiner Akzessorietät geht das Pfandrecht unter, wenn die Schuld nicht mehr besteht. Die Schuld wird meist durch Zahlung getilgt, kann aber etwa auch durch Schulderlass oder Kompensation beendet werden.

Erfasst das Pfandrecht mehrere Gegenstände, so bleibt es an allen verpfändeten Sachen bestehen, bis die gesamte Schuld getilgt ist. Man bezeichnet dies als Prinzip der ungeteilten Pfandhaftung: *INDIVISA EST PIGNORIS CAUSA*[17].

---

[17]   Vgl Papinian D 21.2.65; Ulpianus D 20.1.19 (Case 166).

2. Der Pfandgläubiger kann auf sein Pfandrecht verzichten. Als Verzicht auf das Pfandrecht gilt etwa die Zustimmung zur Veräußerung der Pfandsache durch den Pfandbesteller.

Das Forderungsrecht gegen den Schuldner wird davon nicht berührt.

Marcianus D 20.6.8.14 (Case 162)

Der Pfandgläubiger erlaubt dem Pfandbesteller, die Sache um zehn Geldeinheiten zu verkaufen; der Pfandbesteller verkauft sie um fünf.

Zwar liegt die Erlaubnis des Pfandgläubigers zum Pfandverkauf vor, doch der Pfandbesteller verstößt gegen sie, indem er zu billig verkauft; daher entscheidet Marcian, der Pfandgläubiger habe unter den gegebenen Umständen nicht auf sein Pfandrecht verzichtet.

Demnach könnte der Pfandgläubiger die Sache vom Käufer mit der VINDICATIO PIGNORIS herausverlangen.

Hingegen bleiben die Interessen des Pfandgläubigers gewahrt, wenn der Pfandbesteller um mehr als zehn verkauft; dann wirkt die Erlaubnis des Pfandgläubigers als Verzicht auf sein Pfandrecht und der Käufer kann unbelastetes Eigentum erwerben.

3. Da man an seiner eigenen Sache kein Pfandrecht haben kann, erlischt dieses immer dann, wenn der Pfandgläubiger Eigentümer des Pfandgegenstands wird – etwa durch Erbgang.

Die Vereinigung der Rechtspositionen von Berechtigtem und Verpflichtetem in einer Person bezeichnet man als CONFUSIO.

4. Wenn die Pfandsache untergeht, erlischt das Pfandrecht an ihr. Der Untergang der Pfandsache kann in einer bloßen Zerstörung bestehen, aber etwa auch durch eine *SPECIFICATIO* des Pfandgegenstands bewirkt werden, die den Produzenten originär Eigentum an der Pfandsache erlangen lässt (prokulianische Lehre und *MEDIA SENTENTIA* bei nicht rückführbarer Verarbeitung).

Paulus D 20.1.29.2 (Case 170)

A verpfändet B und C sein Haus. Das Haus wird durch einen Brand zerstört. Lucius Titius erwirbt das Grundstück käuflich, ohne vom Pfandrecht der Gläubiger zu wissen. Lucius Titius baut auf dem Grundstück ein Haus.

Wie steht es um das Pfandrecht der Gläubiger?

A hat den Gläubigern eine einheitliche Sache verpfändet, nämlich das Haus samt Grundstück; nach dem Grundsatz *SUPERFICIES SOLO CEDIT* wäre bloß die Verpfändung des Hauses nicht möglich gewesen. Brennt das Haus nun ab, so verliert die Pfandsache zwar an Wert, sie besteht aber weiter: Das Pfandrecht erstreckt sich dann auf das verbliebene Grundstück. Durch das Bauen des Lucius Titius gewinnt die Pfandsache – nun erneut Grundstück samt Haus – wieder an Wert.

Die Gläubiger sind deshalb berechtigt, mit der *VINDICATIO PIGNORIS* von Lucius Titius die Herausgabe des Grundstücks samt Haus zu verlangen.

Lucius Titius kann allerdings gegen die Pfandvindikation eine *EXCEPTIO DOLI* einwenden und die Pfandsache zurückbehalten, bis ihm die Gläubiger so viel an Baukosten ersetzen, wie die Pfandsache durch seine Bauführung wertvoller geworden ist[18].

Paulus (Cassius) D 13.7.18.3 (Case 170 a)

D verpfändet E seinen Wald. Mit Holz aus dem Wald wird ein Schiff hergestellt.

Nach Cassius, den Paulus zitiert, hat E kein Pfandrecht am Schiff, denn das Holz sei etwas anderes als das Schiff.

Entscheidend ist hier der Inhalt der Pfandabrede und deren Interpretation. Wird ein „Wald" verpfändet, so stellt sich die Frage, wann die Pfandsache so verändert ist, dass man sie nicht mehr als Wald verstehen kann. Dies wird von Cassius jedenfalls dann bejaht, wenn aus dem Holz des Waldes ein *ALIUD* geworden ist.

Als Entscheidungshintergrund kann man annehmen, dass hier der Bau des Schiffes – ungeachtet der Tatsache, dass dieser uU durch den Eigentümer selbst erfolgt[19] – im Sinne einer *SPECIFICATIO* betrachtet wird. Demgemäß ist davon auszugehen, dass das zur Verarbeitung herangezogene Holz bei der Spezifikation untergeht und eine neue Sache *(NOVA SPECIES)* geschaffen wird.

---

[18] Zu *EXCEPTIO DOLI* und Retentionsrecht des gutgläubigen Bauführers gegen die Vindikation des Grundstückseigentümers siehe oben IX.C.4.

[19] Eigentumserwerb durch *SPECIFICATIO* setzt dagegen voraus, dass fremdes Material verarbeitet wird.

Mit dem Untergang der vom Pfandrecht erfassten Sache erlischt aber auch das Pfandrecht[20].

Cassius erklärt schließlich, wie man den Untergang des Pfandrechts verhindern kann: Nimmt man in die Pfandabrede auf, dass nicht nur der Wald verpfändet sein soll, sondern überdies alles, was aus dem Wald erzeugt und entstanden ist, dann kann der Gläubiger auch am Schiff ein Pfandrecht geltend machen.

Anderes wird freilich gelten, wenn ein Dritter die Spezifikation vornimmt und dabei originär Eigentum erwirbt.

5. Im Unterschied zum originären Eigentumserwerb durch *SPECIFICATIO* dürfte die ebenfalls originäre Erwerbsart der *USUCAPIO* (Ersitzung) ein Pfandrecht nicht zum Erlöschen bringen[21].

J. Generalpfandrecht und Verpfändung einer Gesamtsache

Nicht bloß bestimmte Einzelgegenstände können verpfändet werden (Spezialpfand). Es ist auch möglich, durch eine generell formulierte Pfandabrede das gegenwärtige und zukünftige Vermögen zu verpfänden (Generalpfand); weiters kann man eine Mehrzahl körperlich selbständiger Sachen, die wirtschaftlich zusammengehören *(UNIVERSITAS RERUM,* Gesamtsache), als Einheit verpfänden.

Bestellt eine Person ein Generalpfand an ihrem Vermögen, so gelten von ihren Sachen jene als nicht verpfändet, an denen sie, wäre es um Einzelverpfändung gegangen, wahrscheinlich kein Pfand begründet hätte; dazu gehören nach Interpretation der Juristen Hausrat, Kleider sowie Sklaven mit einer besonderen funktionalen oder emotionalen Nahebeziehung zu ihrem Eigentümer[22].

Scaevola D 20.1.34.2 (Case 159 b)

C vereinbart mit D, dass an D alles verpfändet sein soll, was C im Vermögen hat oder haben wird. C empfängt von E Geldstücke als Darlehen und erwirbt daran Eigentum.

---

20 Zur *SPECIFICATIO* siehe oben IX.E.

21 Vgl Papinian D 41.3.44.5: *NON MUTAT USUCAPIO SUPERVENIENS … QUO MINUS PIGNORIS PERSECUTIO SALVA SIT* – eine nachfolgende Ersitzung schadet der Durchsetzung des Pfandrechts nicht.

22 Vgl Ulpianus D 20.1.6 (Case 159 a) und Paulus D 20.1.7 (Case 159 a).

Gehören die von C erworbenen Geldstücke zu dessen Vermögen im Sinne der Pfandabrede?

Die Frage könnte man verneinen, da ein Darlehensnehmer zwar Eigentum an der Valuta erwirbt, jedoch die Pflicht hat, dem Darlehensgeber denselben Betrag zurückzuzahlen. Daher erscheint es durchaus plausibel, die Valuta eher dem Vermögen des Darlehensgebers als dem des Darlehensnehmers zuzurechnen.

Dieser Gedanke findet einen sinnfälligen Ausdruck in der alt-römischen Bezeichnung für das Gelddarlehen: AES ALIENUM – fremdes Geld.

Indes ist Scaevola offenbar der Ansicht, die Geldstücke würden mit dem Erwerb der Darlehensvaluta rechtlich wie wirtschaftlich zum integralen Bestandteil des Vermögens des Pfandbestellers C und seien daher vom Generalpfand des D erfasst.

Scaevola D 20.1.34 pr (Case 159 b)

A hat seine Taberna – einen Laden – an B verpfändet. Waren werden angekauft und kommen in den Laden; im Laden werden Waren einer Verarbeitung unterzogen. Zugleich werden Waren verkauft und aus dem Laden hinausgebracht. A stirbt.

Für B, der sich offenbar damit konfrontiert sieht, dass die Erben des A auf die Erbschaftsgegenstände greifen wollen, stellt sich die Frage, an welchen Sachen er ein Pfandrecht hat.

Scaevola entscheidet, B habe an all jenen Waren, die sich zum Todeszeitpunkt des A im Laden befunden haben, ein Pfandrecht.

Hier sind nicht bestimmte Gegenstände als Pfandsachen festgelegt, sondern ein Vermögensteil, dessen konkrete Zusammensetzung sich ändern kann.

Bei der Taberna handelt es sich um eine Gesamtsache (UNIVERSITAS RERUM): Dies ist ein Inbegriff von körperlich selbständigen Sachen, die wirtschaftlich zusammengehören und demgemäß sachenrechtlich als Einheit behandelt werden können[23].

Der Verpfändung können nur Sachen unterliegen, an denen der Erblasser bis zu seinem Tod Eigentum erworben hat.

Demnach wurde das Pfandrecht an einer Ware jeweils durch den Erwerb und das Einbringen in den Laden begründet. Solange die

---

[23]   Zur Gesamtsache siehe auch oben XI.C.1.b.

Ware im Laden blieb, hatte B ein Pfandrecht, selbst wenn sie durch Verarbeitung umgestaltet wurde. Das Ausscheiden einer Ware aus dem Laden brachte das Pfandrecht des B an ihr zum Erlöschen: Scaevola unterstellt dem Pfandgläubiger B dabei wohl jeweils die Zustimmung zur Veräußerung, die als Verzicht auf das Pfandrecht gilt[24].

Wiederholungsfragen

1. Welche Vorteile hat es für einen Gläubiger, seine Forderung durch ein Pfand zu sichern?

2. Welche Möglichkeiten der Sicherung einer Forderung bestehen in Rom neben dem Pfand?

3. Woran zeigt sich die Dinglichkeit des Pfandrechts?

4. Unter welchen Voraussetzungen kommt ein Pfandrecht gültig zu Stande?

5. Wie wird der Pfandrealvertrag abgeschlossen?

6. Worauf geht die *ACTIO PIGNERATICIA IN REM*?

7. Worauf geht die *ACTIO PIGNERATICIA IN PERSONAM DIRECTA*? Worauf geht die *ACTIO PIGNERATICIA IN PERSONAM CONTRARIA*?

8. Was geschieht sachenrechtlich, wenn der Pfandbesteller die Pfandsache mit Zustimmung des Pfandgläubigers veräußert?

9. Was bedeutet das Prinzip der ungeteilten Pfandhaftung?

10. Wann darf der Pfandgläubiger das Pfand verwerten? Wie wird ein Pfand üblicherweise verwertet?

11. Wie erfolgt die Abrechnung zwischen Pfandgläubiger und Pfandbesteller nach der Pfandverwertung?

12. Was ist rechtens, wenn der Pfandschuldner keine Verfügungsmacht über die Sache hat, die er dem Gläubiger zum Pfand gibt? Was geschieht, wenn er danach Eigentümer der Sache wird?

---

[24] Zur Veräußerung des Pfandes durch den Pfandbesteller mit Zustimmung des Pfandgläubigers siehe oben F.1.

13. Was geschieht mit dem Pfandrecht bei Verarbeitung der Pfandsache?

14. Was ist eine Generalhypothek?

15. Welche Gründe sprechen für die Bestellung eines Faustpfands,
welche für die eines besitzlosen Pfands? Wie ist die Besitzposition
des Faustpfandgläubigers an der Pfandsache zu qualifizieren?

K. Pfandrechte ohne Pfandvereinbarung

1. Die Figur des *PIGNUS TACITUM*

In den Digesten ist ein eigener Titel Pfandrechten gewidmet, die
„stillschweigend" begründet werden[25].

Die römischen Juristen nehmen etwa bei manchen Verträgen eine
stillschweigende, also ohne ausdrückliche Vereinbarung erfolgende
Begründung eines Pfandrechts an.

So gelten bei der Miete einer Wohnung die eingebrachten Sachen
des Mieters als stillschweigend dem Vermieter verpfändet. Ähnlich
gelten bei der Pacht eines landwirtschaftlichen Grundstücks die
vom Pächter gezogenen Früchte als stillschweigend dem Verpächter
verpfändet.

In beiden Fällen nehmen die Juristen eine Verpfändung auch ohne
eigene Pfandabrede an – vielleicht deshalb, weil entsprechende
Klauseln so üblich waren, dass sie im Einzelfall unterstellt wurden.

In beiden Fällen stand es den Parteien aber offen, durch eine ausdrückliche Vereinbarung die Verpfändung auszuschließen[26]. Es handelt sich hier also nicht um *IUS COGENS,* sondern um *IUS DISPOSI-
TIVUM.*

---

[25] D 20.2: *IN QUIBUS CAUSIS PIGNUS VEL HYPOTHECA TACITE CONTRAHITUR.*

[26] Oder zu vereinbaren, dass die Sachen nur zur Sicherung eines Teils der Schuld
verpfändet sein sollen: Vgl Marcianus (Pomponius) D 20.2.5.1: ... *INDUCI PIGNUS
ITA POSSE, UT IN PARTEM DEBITI SIT OBLIGATUM.*

2. Miete einer Wohnung

Bei der Miete einer Wohnung[27] gelten die eingebrachten Sachen *(INVECTA ILLATA)* des Mieters als stillschweigend dem Vermieter verpfändet.

Eingebrachte Sachen sind Gegenstände des Mieters (Mobiliar, Sklaven...), die auf Dauer[28] in der Wohnung sein sollen.

Das Pfandrecht dient zur Sicherung der Forderungen des Vermieters aus dem Mietvertrag auf Zahlung des Zinses sowie allenfalls auf Schadenersatz für vom Mieter schuldhaft verursachte Beschädigungen[29].

Voraussetzung für das Entstehen des Pfandrechts ist auch hier das zumindest bonitarische Eigentum des Verpfänders (= des Mieters); weiters muss auf Grund der Akzessorietät des Pfandrechts eine Forderung bestehen.

Der Vermieter hat bezüglich der *INVECTA ILLATA* ein Perklusionsrecht *(PERCLUDERE* = wegsperren, verschließen): Er darf sie eigenmächtig beschlagnahmen und muss nicht – wie sonst der Pfandgläubiger – eine Klage anstellen *(VINDICATIO PIGNORIS),* um dadurch (Fremd-) Besitz an der Sache zu erlangen und sie verwerten zu können.

Der Mieter, der ausziehen möchte, kann seinerseits ein *INTERDICTUM DE MIGRANDO*[30] auf Freigabe der beschlagnahmten Sachen geltend machen – etwa wenn fremde Sachen beschlagnahmt worden sind oder wenn das Pfandrecht zB infolge Erfüllung erloschen ist.

Das ABGB regelt das Vermieterpfandrecht in § 1101 als gesetzliches Pfandrecht[31].

---

[27] Dasselbe gilt auch bei der Miete eines Speichers, einer Herberge oder eines Bauplatzes: Vgl Ulpianus (Neratius) D 20.2.3 (Case 157).

[28] Vgl Pomponius D 20.2.7.1 *VIDENDUM EST, NE NON OMNIA ILLATA VEL INDUCTA, SED EA SOLA, QUAE, UT IBI SINT, ILLATA FUERINT, PIGNORI SINT: QUOD MAGIS EST:* Es ist zu prüfen, ob alle eingebrachten Sachen verpfändet sind, oder – und dem ist eher zuzustimmen – nur solche, die zu dem Zweck eingebracht worden sind, dass sie dort bleiben.

[29] Vgl Pomponius in Marcianus D 20.2.2 (Case 158).

[30] Vgl Ulpianus D 43.32.1 pr (Case 159).

[31] Das BGB regelt das Vermieterpfandrecht in § 559 BGB. Nach § 561 BGB hat der Vermieter auch ein Selbsthilferecht, um die Entfernung der seinem Pfandrecht unterliegenden Sachen zu verhindern.

3. Pacht eines landwirtschaftlichen Grundstücks

Wird ein landwirtschaftliches Grundstück verpachtet, so gelten die Früchte als stillschweigend dem Verpächter verpfändet.

Beachte: Der Pächter erwirbt erst mit PERCEPTIO Eigentum an den Früchten. Davor stehen sie im Eigentum des Verpächters. Der Verpächter hat das Pfandrecht nicht an den Früchten, solange diese in seinem Eigentum stehen[32].

Dem Verpächter steht zur Realisierung seines Pfandrechts kein Perklusionsrecht zu. Er hat vielmehr zur Besitzerlangung die dinglich wirkende *VINDICATIO PIGNORIS*.

Sachen, die auf das Grundstück eingebracht werden – *INVECTA ILLATA* –, sind hier vom *PIGNUS TACITUM* nicht erfasst; sie müssen ausdrücklich verpfändet werden.

Sind ausdrücklich INVECTA ILLATA verpfändet, so kann sich der Verpächter durch das INTERDICTUM SALVIANUM Besitz an ihnen verschaffen.

4. „Gesetzliche" Pfandrechte

Von „gesetzlichen" Pfandrechten oder auch „Legalhypotheken" spricht man, wenn ein Pfandrecht sich unmittelbar aus einem Gesetz bzw (Legalhypothek in einem weiteren Sinn) aus der Rechtsordnung ergibt. So setzt ein Senatskonsult unter Kaiser Mark Aurel fest, dass jemand, der zur Wiederherstellung eines Gebäudes ein Darlehen gibt, ein Pfandrecht an dem Gebäude erhält[33].

Kaiserliche Rechtsquellen schufen Pfandrechte zur Sicherung von Forderungen des *FISCUS,* zu Gunsten des Mündels am Vermögen des Vormundes[34] sowie schließlich auch für die Frau zur Sicherung der

---

[32] Vgl Ulpianus D 50.17.45 pr *NEQUE PIGNUS ... REI SUAE CONSISTERE POTEST:* An der eigenen Sache kann kein Pfandrecht bestehen.

[33] Papinian referiert das Senatskonsult in D 20.2.1. Diese Regelung enthält Ansätze zu einer „Wertverfolgung": Durch das Darlehen wird der Wert des Grundstückes erhöht, an dieser Werterhöhung soll der Darlehensgeber mit einem dinglich wirkenden vorzugsweisen Befriedigungsrecht beteiligt sein. Dieser Gedanke der Wertverfolgung äußert sich auch in einem entsprechenden Rangvorrang. Vgl Ulpianus D 20.4.5 (Case 182).

[34] Eingeführt von Konstantin im Jahre 314 n Chr, überliefert im Codex Theodosianus (C Th 3.30.1) und im Codex Iustinianus (C 5.37.20). Davor geben bereits Severus und Caracalla dem Mündel ein Pfandrecht an Sachen, die der Vormund im eigenen Namen aus Mündelgeld erworben hat. Vgl Ulpianus D 27.9.3 pr (Case 183).

Rückgabe der *DOS* (Mitgift)[35]. Diese Legalhypotheken erfassen als Generalpfandrechte jeweils das gesamte Vermögen des Schuldners.

L. Mehrfachverpfändung

1. Das Problem

Bsp 38: Nike benötigt dringend Geld. Pluto ist bereit, ihr einen Kredit von 400 zu gewähren, wenn ihm Nike ihr Tafelsilber (Wert 1.000) verpfändet – die einzige Wertsache, die Nike gehört. Das Tafelsilber hat Nike vor einem Jahr der Europa verpfändet, der sie aus einem älteren Kredit noch 500 schuldet.

Die geschilderte Situation enthält einen Interessenkonflikt. Interesse der Nike ist es, ihr Tafelsilber auch dem Pluto verpfänden zu können, um weiteren Kredit zu bekommen. Interesse des Pluto ist es, eine Sicherung zu erhalten. Interesse der Europa ist es, dass ihr vorzugsweises Befriedigungsrecht ungeschmälert bestehen bleibt. Lässt man hier keine zweite Verpfändung der Sache zu, so bedeutet dies, dass das Sicherungspotential für Nike (Wert des Silbers = 1.000, somit um 500 mehr als die Forderung der Europa) nicht ausgenutzt werden kann. Um in einer solchen Situation dem Pfandbesteller zu ermöglichen, im Hinblick auf den Wert der Pfandsache noch weitere Pfandrechte einzuräumen, hat man im römischen Recht schließlich ab der Hochklassik[36] die Mehrfachverpfändung einer Sache zugelassen.

2. Rangordnung der Pfandrechte

Damit dem ersten Pfandgläubiger das vorzugsweise Befriedigungsrecht aus der Sache ungeschmälert erhalten bleibt, steht sein Pfand-

---

35 Eingeführt von Justinian im Jahre 530 (C 5.13.1 b). Umgekehrt gewährte Justinian auch dem Mann ein Pfandrecht am Vermögen der Frau zur Sicherung, dass er die *DOS* erhalten werde.

36 Eine Vorstufe zur Mehrfachverpfändung ist die bedingte Verpfändung der Sache: Die Pfandsache wird dem zweiten Gläubiger unter der Bedingung verpfändet, dass das erste Pfandrecht – etwa wegen Bezahlung der Forderung – erloschen ist. Hier entsteht das Pfandrecht erst mit Bedingungseintritt; verwertet der erste Pfandgläubiger die Sache, so kann die Bedingung nicht eintreten und das Pfandrecht des zweiten Gläubigers nicht entstehen.

recht im ersten Rang. Das zeitlich später entstandene Pfandrecht des Zweitgläubigers steht hingegen im zweiten Rang.

Der Rang des Pfandrechts spielt bei der Verwertung der Pfandsache eine Rolle. Der erste Rang wird im Umfang des Pfandrechts zuerst befriedigt, dann folgt die Forderung des zweitrangigen Pfandgläubigers usw.

Vgl Bsp 38: Wird Pluto ein Pfandrecht am Tafelsilber eingeräumt, so steht es im zweiten Rang. Kommt es nun zur Verwertung des Tafelsilbers, so wird vom Erlös, der angenommen 1.000 beträgt, zuerst die aushaftende (= offene) Forderung der Europa von 500 berichtigt, anschließend die Forderung des Pluto in Höhe von 400. Der Mehrerlös (SUPERFLUUM) fließt der Pfandbestellerin Nike zu.

Der Rang des Pfandrechts ist va dann von Bedeutung, wenn der Erlös aus der Verwertung der Pfandsache geringer ist, als die Summe der gesicherten Forderungen.

Angenommen, der Erlös aus der Versteigerung des Tafelsilbers beträgt nur 800, so erhält Europa die vollen 500, der zweitrangige Pluto aber nur 300.

Der Rang des Pfandrechts richtet sich grundsätzlich nach dem Zeitpunkt des Entstehens des Pfandrechts. Dies besagt der Grundsatz der Priorität: *PRIOR TEMPORE, POTIOR IURE* – wörtlich: Früher in der Zeit, stärker im Recht; freier: „Wer zuerst kommt, mahlt zuerst".

Africanus (Iulianus) D 20.4.9 pr (Case 177)

A mietet von B ein Bad ab 1. Juli und übergibt ihm seinen Sklaven Eros als Pfand zur Sicherung der zukünftigen Mietzinsforderung. Später, aber noch vor dem 1. Juli, nimmt A bei C einen Kredit auf und verpfändet ihm Eros zur Sicherung des Kredites.

Welches Pfandrecht ist früher entstanden: das des Vermieters oder das des Kreditgebers?

Die Entscheidung lautet, dass das Pfandrecht des Vermieters früher entstanden ist. Zwar beginnt die Miete erst in einem späteren Zeitpunkt zu laufen, begründet wurde der Vertrag mit B – aus dem sich die zu sichernde Forderung ergibt – aber vor dem Vertrag mit C.

Im folgenden Fragment (D 20.4.9.1, Case 177) schreibt Afrikan, dass auch ein Pfandrecht zur Sicherung einer bedingten Forderung[37] einem später eingeräumten Pfandrecht zu Gunsten einer unbedingten Forderung im Rang vorgehe.

Tritt freilich die Bedingung nicht ein, so erlischt kraft Akzessorietät auch das bedingte Pfandrecht.

Ein Problem der Pfandrangbestimmung zeigt auch folgender Fall: P schließt mit V einen Pachtvertrag, in dem vereinbart wird, dass die Früchte und die eingebrachten Sachen des P dem Verpächter V verpfändet sein sollen. Eine seiner Sachen verpfändet P dem K, bevor sie eingebracht wird; später bringt P die dem K verpfändete Sache in den Pachtbetrieb ein. Hinsichtlich dieser Sache hat K den besseren Pfandrang als V, weil das Pfandrecht des V erst mit der Einbringung entstanden ist (Gaius D 20.4.11.2, Case 178).

3. Rechtsbehelfe

Prozessual kommt die Priorität des vorrangigen Pfandgläubigers durch eine *EXCEPTIO REI SIBI ANTE PIGNERATAE*[38] – die Einrede, dass ihm die Sache früher verpfändet worden sei – gegen eine *VINDICATIO PIGNORIS* eines nachrangigen Pfandgläubigers zur Geltung.

Vgl Bsp 38: Europa, die vorrangige Pfandgläubigerin hat die Pfandsache. Pluto, der nachrangige Pfandgläubiger will die Sache verwerten und klagt deshalb Europa auf Herausgabe der Pfandsache mit der VINDICATIO PIGNORIS. Europa hat gegen ihn die EXCEPTIO REI SIBI ANTE PIGNERATAE.

Entstehen zwei Pfandrechte zum selben Zeitpunkt, so hat derjenige von beiden, der die Sache besitzt, die bessere Position *(MELIOR EST CAUSA POSSIDENTIS)*[39]. Klagt der nichtbesitzende gleichrangige Pfandgläubiger den besitzenden gleichrangigen, so hat der besitzende die *EXCEPTIO REI SIBI QUOQUE PIGNERATAE* – die Einrede, dass ihm die Sache ebenfalls verpfändet wurde.

Klagt aber ein nichtbesitzender vorrangiger Pfandgläubiger einen besitzenden nachrangigen Pfandgläubiger, so kann zwar der nachrangige Pfandgläubiger die Einrede geltend machen, dass ihm die

---

37   Sofern es sich nicht um eine Potestativbedingung handelt, bei der der Bedingungseintritt vom Willen des Schuldners abhängt.

38   Vgl Marcianus D 20.4.12 pr (erster Satz) (Case 175).

39   Vgl Ulpianus D 20.1.10 (Case 176).

Sache auch verpfändet worden sei, der vorrangige klagende Pfandgläubiger kann darauf aber replizieren, dass ihm die Sache früher
verpfändet worden sei – *REPLICATIO REI SIBI ANTE PIGNERATAE*[40].

*Vgl Bsp 38: Die Pfandsache befindet sich bei Pluto, dem zweitrangigen
Pfandgläubiger. Die erstrangige Pfandgläubigerin Europa klagt ihn mit
der VINDICATIO PIGNORIS. Pluto macht eine EXCEPTIO REI SIBI QUOQUE
PIGNERATAE geltend. Daraufhin erhebt Europa eine REPLICATIO REI SIBI
ANTE PIGNERATAE und obsiegt.*

Dieses Zusammenspiel von *EXCEPTIO* bzw *REPLICATIO REI SIBI
ANTE PIGNERATAE* bewirkt, dass letztlich der erstrangige Pfandgläubiger den Besitz der Sache erlangen und verteidigen kann.

Damit hat der erstrangige Pfandgläubiger es aber auch in der Hand,
den Zeitpunkt einer allfälligen Verwertung der Pfandsache zu bestimmen. Allerdings steht den nachrangigen Pfandgläubigern das
IUS OFFERENDI AC SUCCEDENDI zu: Sie können dem erstrangigen
(oder einem anderen vorrangigen) Pfandgläubiger die Bezahlung
seiner Forderung anbieten. Befriedigt ein nachrangiger Pfandgläubiger einen vorrangigen, so löst er dessen Forderung ein; er rückt in
dessen Pfandrang und kann sich im Umfang der eingelösten Forderung bei der Verwertung befriedigen.

*Vgl Bsp 38: Europa hat zur Sicherung ihrer Forderung von 500 ein erst-
rangiges Pfandrecht am Tafelsilber der Nike, Pluto hat ein zweitrangiges
Pfandrecht für seine Forderung von 400. Befriedigt Pluto durch Zahlung
an Europa deren Forderung von 500, so hat Pluto nun ein Befriedigungsrecht an erster Stelle in Höhe von 500 und weiterhin sein zweitrangiges
Pfandrecht in Höhe von 400. Auf Grund des erstrangigen Befriedigungs-
rechtes kann er jetzt einen für ihn wirtschaftlich möglichst günstigen Ver-
wertungszeitpunkt bestimmen.*

Tryphoninus D 20.4.20 (Case 172)

T (Tu) gibt einem Schuldner einen Kredit und bekommt eine
Sache des Schuldners verpfändet. Dann kreditiert S (Seius) dem
Schuldner 50. Da an der Sache bereits ein Pfandrecht besteht[41],

---

[40]   Vgl Marcianus D 20.4.12 pr (zweiter Satz) (Case 175).

[41]   Den Pfandschuldner trifft die Pflicht, den Gläubiger über das Bestehen von anderen Pfandrechten an der Sache zu informieren. Dies ist eine Nebenverpflichtung
aus dem Pfandvertrag. Darüber hinaus konnte sich der Schuldner bei betrügeri-
schem Verschweigen des *CRIMEN STELLIONATUS* strafbar machen.

erhält S die *HYPEROCHA (= SUPERFLUUM)* verpfändet. Später kreditiert T dem Schuldner weitere 40.

Gefragt wird, wem der die Erstforderung des T übersteigende Mehrerlös aus der Verwertung der Sache zukommen soll – dem S für seine Forderung von 50 oder dem T für die Forderung von 40. Tryphonin entscheidet zu Gunsten des S.

Geht man von der Pfandabrede zwischen S und dem Schuldner aus, so stellt sich die Frage, was mit *HYPEROCHA* gemeint war: der Mehrerlös, der sich nach einer gänzlichen, auch den zweiten Kredit des T abdeckenden Befriedigung des T ergibt oder das, was nach Befriedigung der ersten Forderung des T übrig bleibt. Für die zweite Auslegung spricht, dass es zum Zeitpunkt der Pfandabrede mit S den zweiten Kredit des T noch gar nicht gibt.

Die Lösung Tryphonins entspricht dem Prioritätsprinzip: Die Forderung aus dem zweiten Kredit des T ist später als die Forderung des S entstanden und hat deshalb den schlechteren Rang. S kann auf Grund dieser Rangordnung T die Einlösung der Forderung aus dem ersten Kredit anbieten und somit an die erste Stelle rücken.

Nimmt der erstrangige Pfandgläubiger die Verwertung des Pfandes vor, so ist er – nach Befriedigung der eigenen Forderung – verpflichtet, einen allenfalls verbleibenden Erlös an die nachrangigen Pfandgläubiger herauszugeben. Einem nachrangigen Pfandgläubiger wird zur Durchsetzung dieses Anspruches eine *ACTIO UTILIS* gewährt.

4. Durchbrechungen des Prioritätsprinzips

a. Das Prioritätsprinzip wird gelegentlich durch einen Pfandvorrang durchbrochen. Unter einem Pfandvorrang versteht man, dass einem Pfandrecht, unabhängig davon, wann es entstanden ist, gegenüber anderen Pfandrechten der erste Rang zukommt. Ein solcher Pfandvorrang dient zur Privilegierung bestimmter Ansprüche. So ist das „gesetzliche" Pfandrecht des Mündels an Sachen, die der Vormund aus Mündelgeld angeschafft hat oder jenes der Frau zur Sicherung der Ansprüche aus der *DOS* mit einem Pfandvorrang ausgestattet. Auch Forderungen des *FISCUS* genießen verschiedentlich einen Pfandvorrang.

b. Vorrang hat auch ein Pfandrecht, das die Forderung aus einem Darlehen sichert, welches zur Erhaltung oder Ausbesserung der verpfändeten Sache[42] gegeben wird. Das Darlehen bewirkt hier eine Werterhöhung der Sache. Diese Werterhöhung rechtfertigt es, die (spätere) Darlehensforderung gegenüber den bereits bestehenden Pfandrechten zu bevorzugen.

Bsp 39: Am Schiff der Agathe (Wert: 500) besteht ein Pfandrecht zu Gunsten einer Forderung des Brutus in Höhe von 800. Da das Schiff in einem erbärmlichen Zustand ist, benötigt Agathe Geld zur Reparatur. Lysippe gewährt ihr einen Kredit in Höhe von 400, um das Schiff wieder hochseetauglich zu machen.

Das der Lysippe eingeräumte Pfandrecht am reparierten Schiff, dessen Wert auf Grund der besseren Nutzungsmöglichkeit nun 1.000 beträgt, hat einen Pfandvorrang gegenüber dem früher entstandenen Pfandrecht des Brutus.

c. Nimmt der Schuldner zu Zwecken der Umschuldung (Konvertierung) einen neuen Kredit auf, um einen alten zurückzuzahlen, so kann der Schuldner mit dem neuen Kreditgeber vereinbaren, dass dieser in die Pfandstelle des alten Kreditgebers rückt[43]. Für die nachrangigen Pfandgläubiger verschlechtert sich die Lage insofern nicht, als der Umfang des Pfandrechts unverändert ist, geändert hat sich nur die Person des vorrangigen Pfandgläubigers.

Dies setzt voraus, dass das Pfandrecht mit der Befriedigung des Altgläubigers nicht automatisch erlischt. Auch das IUS OFFERENDI zeigt eine ähnliche Denkweise römischer Juristen: Der Gläubiger wird befriedigt, sein Pfandrang aber bleibt erhalten.

---

[42]   Vgl Ulpianus D 20.4.5 (Case 182).

[43]   Vgl Marcianus D 20.4.12.8 (Case 181) und D 20.4.12.9 (Case 180).

Wiederholungsfragen

1. Was versteht man unter einem *PIGNUS TACITUM*?

2. Welche Sachen gelten bei der Wohnungsmiete als stillschweigend verpfändet?

3. Wozu dient das *INTERDICTUM DE MIGRANDO*?

4. Wann entsteht das Pfandrecht an den Früchten des Pächters?

5. In welcher Weise kann man eine Sache mittels bedingtem Pfandrecht mehrfach verpfänden?

6. Erläutern Sie den Satz *PRIOR TEMPORE POTIOR IURE*.

7. Wer hat die *EXCEPTIO REI SIBI QUOQUE PIGNERATAE*?

8. Wer hat die *REPLICATIO REI SIBI ANTE PIGNERATAE*?

9. Was ist das *IUS OFFERENDI AC SUCCEDENDI*?

10. Nennen Sie Beispiele für „gesetzliche" Pfandrechte.

11. Welche Pfandrechte genießen Pfandvorrang?

Übungsfälle

ÜF 53: Carus verpfändet seinen Wagen besitzlos an die Gläubigerin Daphne für eine Schuld von 1.700. Kurz darauf stiehlt Eros den Wagen und verkauft und übergibt ihn der gutgläubigen Flora. Flora benützt den Wagen zwei Jahre lang, dann findet ihn Daphne bei Flora. Als Carus zum Zeitpunkt der Fälligkeit nicht zahlt, will Daphne den Wagen zur Verwertung.
a. Kann Daphne von Flora den Wagen herausverlangen?
b. Angenommen, Daphne nimmt eine rechtlich korrekte Pfandverwertung vor: Wie ist die Rechtslage, wenn die Versteigerung des Wagens 2.000 erbringt, was ist rechtens, wenn 1.000 erzielt werden?

ÜF 54: Victor übergibt Iris am 1. März einen Silbertisch als Pfand für eine Schuld des Rufus. Am 1. September bemerkt Iris, dass der Silbertisch der ahnungslosen Laura gehört.
a. Wie ist die Rechtslage? Wie kann Iris gegen Victor vorgehen?
b. Wie ist die Rechtslage, wenn die Forderung der Iris am 1. Juni erlischt?

<u>ÜF 55:</u> Flora räumt Gripus zur Sicherung einer bestehenden Forderung ein besitzloses Pfand an ihrer Kuh ein. Später verkauft und übergibt Flora ihre Kuh dem Hermes, ohne Gripus davon zu verständigen.
a. Wie ist die Rechtslage?
b. Welche Unterschiede macht es, wenn Gripus gestattet, dass Flora die Kuh veräußert?

<u>ÜF 56:</u> Niobe gibt Brontes ein Darlehen von 1.000, Laufzeit ein Jahr, und Brontes verpfändet ihr als Sicherheit sein Ochsengespann, bestehend aus den Ochsen Kastor und Pollux. Die Ochsen werden Niobe übergeben.
Beurteilen Sie pfandrechtlich folgende Varianten:
a. Kurz vor dem Termin der Darlehensrückzahlung teilt Brontes der Niobe mit, er könne die Ochsen dem Ago um 1.400 verkaufen. Daraufhin überlässt Niobe dem Brontes die Ochsen, der sie an Ago veräußert, das Geld aber verspielt.
b. Acht Monate nach Darlehensbeginn zahlt Brontes 700 an Niobe zur Tilgung seiner Schuld. Kurz darauf verlangt er von Niobe einen Ochsen (Wert jedes Ochsen: 600); er erklärt, die restliche Forderung Niobes sei mit dem zweiten Ochsen hinreichend gesichert.

<u>ÜF 57:</u> Ago hat von Bellona eine Wohnung gemietet. Als Ago mit dem Mietzins in Rückstand gerät, greift Bellona auf zwei in der Wohnung befindliche Betten des Ago. Ago bezahlt daraufhin die offene Miete, verwüstet aber aus Zorn die gemietete Wohnung (der Schaden beträgt 200).
Kann Ago die Herausgabe der Betten fordern?

<u>ÜF 58:</u> Nike erhält von Orion einen Geschäftskredit und verpfändet ihm dafür ihre Töpferei. Die Werkstatt mit dem eingemauerten Brennofen hat Nike von Pius gepachtet. Bei Fälligkeit des Kredits zahlt Nike nicht. In der Töpferei befinden sich zu diesem Zeitpunkt drei Töpferscheiben der Nike, roher Lehm, ungebrannte Tonware und gebrannte Gefäße. Von den gebrannten Gefäßen sind fünf große Amphoren an Quinta verkauft, aber noch nicht übergeben. Drei gebrauchte Blumentröge aus Ton hat Nike von Rhianos zur Ausbesserung übernommen.
Hat Orion ein Pfandrecht? Wenn ja, welche Gegenstände umfasst es?

ÜF 59: Am Wald der Ismene besteht ein Pfandrecht des Ramses für eine Forderung von 1.000 und ein Pfandrecht im zweiten Rang für eine Forderung der Juno in Höhe von 2.000. Juno löst die Forderung des Ramses ein und lässt den Wald versteigern. Den Erlös von 3.500 behält sie sich.
Ist die Vorgangsweise der Juno rechtens?

ÜF 60: Cato hat bei Daphne einen Kredit aufgenommen und ihr seine Sklavin Pomona verpfändet. Später übergibt Cato Pomona an Eros als Pfand für eine Kaufpreisforderung. Cato gerät mit der Kreditrückzahlung in Verzug.
Wie kann Daphne auf das Pfand greifen?
Was kann Eros gegen eine Verwertung des Pfandes durch Daphne unternehmen?

<u>ÜF 61:</u> Gaia borgt sich bei ihren Freunden Hermes und Japyx je 1.000. Zugleich verpfändet sie beiden ein ihr gehörendes Grundstück. Hermes nimmt das Grundstück in Besitz. Bei Fälligkeit kann Gaia nicht zahlen. Japyx will daraufhin das Grundstück verwerten, Hermes möchte mit der Verwertung noch zuwarten.

a. Kann Japyx gegen Hermes mit einer Klage auf Herausgabe des Grundstücks vorgehen?

b. Wie kann Japyx seine Interessen wahren?

<u>ÜF 62:</u> Japyx verpfändet am 1. März der Kassandra sein Haus zur Sicherung einer offenen Forderung der Kassandra in Höhe von 500. Am 1. Mai verpfändet Japyx das Haus dem Leo, dem er 200 für eine Schiffsreise schuldet. Am 1. August nimmt Japyx bei Melitta einen Kredit (400) für eine Generalsanierung des Hauses auf. Ein halbes Jahr später kommt es zur Pfandverwertung des Hauses. Wie ist der Erlös von 1.000 zu verteilen?

XIII. TIPPS ZUR LÖSUNG VON FÄLLEN

A. Falllösung und Exegese

Bei schriftlichen Prüfungen aus römischem Privatrecht – sei es bei einer Klausur in der Übung, sei es bei einer schriftlich abgehaltenen Diplomprüfung – gibt es zwei Arten von Problemstellungen:

1. ein Fall ist zu lösen (siehe Prüfungsbeispiele unten XIV.), oder

2. eine Exegese ist zu verfassen (siehe dazu unten XV.).

> *Eine Exegese dient der Erörterung einer Quellenstelle – meist einer Fallentscheidung eines römischen Juristen. Diese Entscheidung gilt es zu erläutern, indem die vom Juristen gebotene Rechtsmeinung erklärt und begründet wird. Als Unterlage zum Üben von Exegesen aus römischem Sachenrecht empfiehlt sich die Quellenauswahl von Hausmaninger/ Gamauf, Casebook zum römischen Sachenrecht (11. Aufl. 2012).*

B. Didaktische Funktion der Falllösung

Die Falllösung erfordert die Anwendung des erworbenen fachspezifischen Wissens auf eine konkrete Fallsituation; dabei müssen die juristischen Probleme erkannt und analysiert werden. Diese Prüfungsart dient somit der Schulung jener Fähigkeiten, die in der juristischen Praxis verlangt werden: problemorientiertes Denken, Ausloten von Entscheidungsalternativen, Subsumtion des Sachverhalts unter einen Rechtssatz.

C. Aufbau eines Falles

Ein Fall besteht im Wesentlichen aus Sachverhalt und Rechtsfrage.

1. Unter einem **Sachverhalt** versteht man die Wiedergabe eines Geschehens, welches sich in der Realität abgespielt hat oder aber – zu Übungszwecken konstruiert – abspielen könnte. Dabei werden meist nur mehr jene Angaben gemacht, die für die rechtliche Analyse von Bedeutung sind. Sachverhalt ist also **das für die rechtliche Ent-**

scheidung maßgebliche Geschehen in der (tatsächlichen oder konstruierten) **Wirklichkeit.**

Bsp 40: Agathe geht am Forum Romanum spazieren. Plötzlich sieht sie am Boden eine Goldmünze liegen, die Bellona vor einer halben Stunde verloren hat. „Heute habe ich aber Glück", denkt sie sich und steckt die Münze ein.

2. Anschließend an den Sachverhalt formulieren die Prüfenden die **Rechtsfrage(n),** welche die Studierenden lösen sollen. Der Kreis der relevanten Rechtsfragen wird dabei meist eingeschränkt. Die Prüflinge müssen nun die gelernten Rechtsnormen interpretieren und anwenden: Es wird von ihnen verlangt, die Rechtslage – bezogen auf den vorliegenden Sachverhalt – darzustellen.

Im Sachenrecht wird zB häufig gefragt nach:

- *Erwerb/Verlust des Besitzes an einer Sache*
- *Besitz an einer Sache im Laufe mehrerer Geschehnisse*
- *Erwerb/Verlust des Eigentums*
- *Eigentumsverhältnisse an einer Sache im Laufe mehrerer Geschehnisse*
- *Rechtsstellung des Eigentümers im Verhältnis zu einem Besitzer oder einem beschränkt dinglich Berechtigten*
- *Bestehen/Nichtbestehen eines Pfandrechtes*

Die Fragestellung kann aber auch umfassend lauten: Wie ist die dingliche Rechtslage? Dann sind die dinglichen **Positionen** (Besitz, Eigentum, beschränkte dingliche Rechte) **aller beteiligter Personen** an den im Sachverhalt bezeichneten Sachen zu erörtern.

Zum oben angeführten Sachverhalt kann die Rechtsfrage lauten: „Hat Agathe an der Goldmünze Besitz erworben?" In diesem Fall wäre nur der Besitzerwerb zu prüfen, nicht hingegen, ob Agathe auch Eigentum erwirbt.

Die weitere Vorgangsweise hat sich jedenfalls **an der Fragestellung** zu **orientieren.**

3. Ausgehend von der Fragestellung ist die Rechtsnorm zu finden, aus der sich die Beantwortung der Rechtsfrage ergibt.

Die **Kenntnis der anzuwendenden Normen** muss man sich aus Lehrveranstaltungen, Lehrbüchern, Quellen (zB überlieferten Fallentscheidungen) oder Gesetzestexten aneignen.

Die für den Besitzerwerb geltende allgemeine Regel lautet zum Beispiel: Besitz erwirbt man *ANIMO* und *CORPORE.*

Man spricht hier vom **Tatbestand** des Besitzes, der erfüllt ist, wenn die **Tatbestandsvoraussetzungen** gegeben sind.

Tatbestandsvoraussetzungen des Besitzes sind CORPUS und ANIMUS POSSIDENDI.

Tatbestandsvoraussetzungen des derivativen Eigentumserwerbs durch TRADITIO sind Verfügungsmacht (= Eigentum oder Verfügungsbefugnis) des Vormannes, TRADITIO und IUSTA CAUSA.

Voraussetzungen des Eigentumserwerbs durch USUCAPIO bei Erwerb vom Nichteigentümer sind RES HABILIS, BONA FIDES, CAUSA, POSSESSIO und TEMPUS.

Voraussetzungen für das Entstehen eines Pfandrechts sind: Verfügungsmacht des Pfandbestellers, Pfandabrede und eine (zu sichernde) Forderung des Pfandgläubigers.

4. Für die weitere Vorgangsweise empfiehlt es sich, **den Tatbestand** der anzuwendenden Norm – dh die allgemeine Regel – **im Hinblick auf den konkreten Fall** zu **formulieren.**

Auf das obige Beispiel bezogen heißt dies: Damit Agathe Besitz an der Münze erwirbt, braucht sie Sachherrschaft (CORPUS) über die Münze und sie muss die Münze für sich haben wollen (ANIMUS POSSIDENDI).

5. Der Kern der juristischen Tätigkeit besteht nun darin, im konkreten Fall das Vorliegen der Tatbestandsvoraussetzungen zu prüfen. Diese Tätigkeit bezeichnet man als **Subsumtion.** Bei der Subsumtion wird geprüft, ob der angegebene Sachverhalt die Voraussetzungen des ins Auge gefassten Tatbestands erfüllt.

Es sind etwa folgende Überlegungen anzustellen:

Hat Agathe CORPUS an der Münze? Sie nimmt die Münze an sich, stellt also ein unmittelbares körperliches Naheverhältnis her. Das Vorliegen der Tatbestandsvoraussetzung „Sachherrschaft" ist somit zu bejahen.

Hat Agathe Eigenbesitzwillen? Das Ansichnehmen der Münze allein beinhaltet noch nicht notwendigerweise den Willen, die Münze für sich haben zu wollen. Im Sachverhalt heißt es aber, dass Agathe die Münze an sich nimmt und das Finden der Münze als „Glück" bezeichnet. Spricht dies dafür, dass sie die Münze behalten will, oder spricht dies dafür, dass sie sie für jemanden anderen – etwa als Detentor – haben will? Nach allgemeiner Lebenserfahrung wird als „Glück" etwas subjektiv Vorteilhaftes bezeichnet. Man wird der Agathe folglich unterstellen dürfen, dass sie die Münze behalten will. Damit ist auch der Eigenbesitzwille zu bejahen.

6. Je nachdem, ob der Sachverhalt **alle Tatbestandsvoraussetzungen** erfüllt oder nicht, ist das Eintreten der Rechtsfolge zu bejahen oder zu verneinen.

Bei Prüfung mehrerer Tatbestandsvoraussetzungen können jene kurz erledigt werden, die unzweifelhaft erfüllt sind; die juristische Analyse hat sich auf jene Voraussetzungen zu konzentrieren, die im Prüfungsfall problematisch erscheinen.

Das **Ergebnis** stellt die Antwort auf die formulierte Rechtsfrage dar.

D. Die Formulierung der Falllösung

Für die Studierenden liegt das größte Problem meist darin, die gefundene Lösung des Falles schriftlich zu formulieren. Es genügt nicht, das richtige Ergebnis gefunden zu haben, sondern es gilt, die **einzelnen Schritte,** die zu diesem Ergebnis geführt haben, **nachvollziehbar** zu formulieren. Dazu gehören vollständige Sätze – Stichworte allein reichen nicht aus. Vermeiden Sie auch allzu verschachtelte Sätze; klare Gedanken verlangen eine klare Ausdrucksweise.

Wird den Prüfenden lediglich das Ergebnis mitgeteilt, so ist nicht nachvollziehbar, ob dieses durch analytisches Prüfen und Anwendung der passenden Rechtsnormen gefunden wurde oder ob es sich um einen „Zufallstreffer" handelt[1].

Lehrziel des juristischen Studiums ist nicht, Ergebnisse auswendig zu beherrschen, sondern die Aneignung einer juristischen Methodik, die es ermöglicht, auf Basis allgemeiner Kenntnis von Rechtsnormen verschiedenste konkrete Fälle zu bewältigen. Aus diesem Grund empfiehlt es sich auch nicht, Musterlösungen im Detail zu memorieren, sondern sich die Grundstruktur der Falllösung einzuprägen und diese für den konkreten Fall zu adaptieren.

Für die schriftliche Ausarbeitung des Falles müssen die einzelnen Schritte der Falllösung **prägnant,** aber **begründet** wieder gegeben werden. Das bloße Behaupten, diese oder jene Tatbestandsvoraussetzung liege vor, genügt nicht. Vielmehr sind Sie aufgefordert, Argumente für Ihre Behauptung zu finden.

---

[1]   Auch die Überprüfung etwa eines Urteils im Rechtsmittelverfahren setzt eine Begründung voraus, da juristische Entscheidungen erst durch ihre Begründung rational nachvollziehbar werden.

Die Formulierung der Lösung des Bsp könnte lauten:

1. Besitz erwirbt man CORPORE ET ANIMO. CORPUS ist faktische Sachherrschaft, ANIMUS ist der Wille, eine Sache für sich zu haben.

2. Agathe kann folglich durch das Herstellen von Sachherrschaft und Eigenbesitzwillen Besitz an der Münze erworben haben.

3. Die Sachherrschaft hat Agathe, weil sie die Münze an sich nimmt und so ein unmittelbares körperliches Naheverhältnis herstellt.

Der Eigenbesitzwille ergibt sich daraus, dass Agathe sich über die Münze freut (arg.[2]: „Heute habe ich aber Glück. "). Ihr Glücksgefühl rührt wohl daher, dass sie die Münze behalten und sich so einen Vermögenswert zueignen will.

4. Da Agathe mit dem Ansichnehmen der Münze Sachherrschaft und Eigenbesitzwillen hat, erwirbt sie Besitz an der Münze. Sie ist unmittelbare Eigenbesitzerin, denn sie übt die Sachherrschaft selbst aus.

E. Übungsbeispiele

Die Struktur der Falllösung soll an drei Beispielen illustriert werden. Übungsbeispiel 1 setzt Kenntnisse des Kapitels Besitzerwerb voraus, Übungsbeispiel 2 Kenntnisse von Besitz und Eigentum, Übungsbeispiel 3 schließlich hat einen pfandrechtlichen Schwerpunkt.

1. Übungsbeispiel 1 (Besitzerwerb)

Sachverhalt: Helene leiht ihr Pferd dem Drusus für einen Tag. Drusus stellt es in seinen Stall, von wo es Lunius in der Nacht stiehlt. Am nächsten Tag verkauft Lunius das Pferd der Klio. Wie vereinbart holt es der Sklave der Klio eine Woche später im Auftrag seiner Herrin von Lunius.

Rechtsfrage: Wer hat in den verschiedenen Stadien Besitz am Pferd?

Die Ereignisse sind nach ihrem zeitlichen Ablauf zu analysieren. Die folgenden Fragen sollen Sie bei der Vorgangsweise anleiten. Skizzieren Sie die Antworten!

---

[2]   *ARGUMENTO:* mit dem Argument; es folgt jener Teil der Angabe, der einem als Argument für die eigene Aussage dienen soll.

Was sind die Voraussetzungen des Besitzes?

Welche Stadien sind im Fall zu erkennen?

Wer hat Besitz am Pferd, bevor Helene es dem Drusus leiht?

Helene leiht dem Drusus das Pferd. Verliert sie Besitz?

Lunius stiehlt das Pferd. Erwirbt er Besitz?

Lunius verkauft das Pferd. Was geschieht mit dem Besitz?

Der Sklave der Käuferin holt das Pferd im Auftrag seiner Herrin. Wer erwirbt Besitz? Worin zeigt sich die Sachherrschaft der Käuferin, worin der Eigenbesitzwille?

2. Übungsbeispiel 2 (*traditio*, Ersitzung, Verarbeitung)

Sachverhalt: Lukas, der mit einem *PECULIUM* ausgestattete Sklave des Dionysos kauft von Verres am 1. 3. eine Tonne Getreide, von dem Verres irrtümlich annimmt, es gehöre ihm; in Wahrheit gehört es Turia. Verres übergibt am selben Tag Lukas den Schlüssel zum (versperrten) Getreidespeicher in Ostia, wo das Getreide lagert. Am 1. 4. transportiert Lukas das Getreide zur Mühle seines Herrn. Dort wird das Getreide gemahlen. Zwei Wochen später erfährt Turia vom Geschehen und fordert Lukas auf, das Getreide herauszugeben.

Rechtsfrage: Wie ist die dingliche Rechtslage bezüglich des Getreides im Laufe des Geschehens?

Dieses Übungsbeispiel stellt sich etwas komplexer dar. Lesen Sie es noch einmal!

Was ist bei der Frage nach der dinglichen Rechtslage zu erörtern?

Beginnen wir mit dem Besitz[3]. Was sind die Tatbestandsvoraussetzungen des Besitzes?

Hat Verres zunächst Besitz am Getreide? Warum?

Erwirbt Lukas Besitz? (Achtung! Kann ein Sklave Besitz erwerben?)

Erwirbt Lukas für seinen Herrn Besitz?

Wann erwirbt Lukas für seinen Herrn Dionysos Besitz? Ist die Schlüsselübergabe hier als symbolische TRADITIO zu werten?

---

[3]   Man beginnt deshalb mit der Prüfung des Besitzes, da dieser für dingliche Rechte (Eigentumserwerb durch *TRADITIO,* Beginn der *USUCAPIO* etc) häufig Voraussetzung ist.

Welches dingliche Recht kann im konkreten Fall analysiert werden?

Auf welche Arten kann man Eigentum erwerben?

Da hier ein Übereignungsgeschäft intendiert war, ist zuerst der derivative Erwerb zu prüfen. An welcher Voraussetzung scheitert der derivative Eigentumserwerb?

Welche Art des Eigentumserwerbs käme noch in Frage?

Was sind die fünf Voraussetzungen der USUCAPIO?

Liegt eine RES HABILIS vor? (Beachte: Verres ist gutgläubig[4].)

Liegt POSSESSIO des Dionysos vor?

Liegt BONA FIDES vor? (Beachte: Muss Dionysos vom Kauf überhaupt etwas wissen? Weiß Lukas, dass Verres nicht Eigentümer ist?)

Liegt eine CAUSA vor? (Im Rahmen des PECULIUM können Sklaven jedenfalls Verträge abschließen.)

Ist die Ersitzungszeit abgelaufen?

---

[4]   Im Übrigen kann man davon ausgehen, dass eine nichtfurtive Sache vorliegt, sofern sich im Text keine Indizien für Furtivität finden.

Zu welchem Ergebnis führt also die Prüfung der Ersitzung[5]?

Stellt das Mahlen von Getreide eine SPECIFICATIO dar? (Überlegen Sie: Wird hier eine Frucht von ihrer Umhüllung getrennt oder verändert sich die Form der Körner?)

Bei der SPECIFICATIO gibt es einen Schulenstreit. Was meinen die Sabinianer?

Welche Klage hat nach sabinianischer Meinung Turia? Gegen wen hat sie diese zu richten?

---

[5]   Scheitert – wie hier – die Ersitzung an zumindest einer Voraussetzung, so stellt sich für den Studenten die Frage, ob er nur (negativ) das Nichtvorliegen dieser Voraussetzung begründen soll, oder doch auch (positiv), dass andere Voraussetzungen gegeben sind. Es empfiehlt sich ein moderater Mittelweg: Zumindest zu Übungszwecken sollte man alle Voraussetzungen kurz prüfen und dann unter begründeter Anführung der fehlenden den Eigentumserwerb verneinen.

Welche Auffassung vertreten die Prokulianer bei der Verarbeitung?

Wie ist die Lösung der MEDIA SENTENTIA?

Zusatzüberlegung: Wie wirkt sich das Entstehen einer neuen Sache auf eine allfällige Ersitzung aus?

3. Übungsbeispiel 3 (Pfandrecht)

Sachverhalt: Niobe, die in ständiger Geldnot ist, borgt sich am 1. 1. bei Thoas 100 aus und verpfändet ihm als Sicherheit ihr Tafelsilber besitzlos. Am 1. 5. borgt sie sich bei Crassus 200 aus und übergibt ihm das Tafelsilber als Pfand. Als Niobe mit der Rückzahlung der Kreditraten in Verzug gerät, will Thoas das Tafelsilber verwerten.

Rechtsfrage: Wie kann Thoas vorgehen?

Auf welches dingliche Recht könnte sich Thoas stützen?

Was sind die Voraussetzungen für die Entstehung dieses dinglichen Rechts?

Sind diese Voraussetzungen hier gegeben?

Wie ist die Rechtsstellung des Crassus?

Welche Klage kann Thoas anstellen? Gegen wen?

Kann Crassus eine EXCEPTIO erfolgreich geltend machen?

Was könnte Crassus unternehmen, wenn er gegen eine Verwertung des Tafelsilbers durch Thoas ist?

Wie geschieht die Verwertung? Wie wird der Erlös verteilt?

In der skizzierten Art und Weise sollen Sie bei Ihren Falllösungen vorgehen.

Nehmen Sie nun ein Blatt Papier und versuchen Sie – bloß mit der Angabe der Übungsbeispiele – selbständig eine schriftliche Lösung der Fälle.

Viel Erfolg!

XIV. SACHENRECHTLICHE PRÜFUNGSBEISPIELE

Prüfungsbeispiel 1

Felix gibt Gaia, der er 1.000 schuldet, seine Kuh als Pfand. Am Fälligkeitstag kann Felix nicht zahlen; auf die Bitte des Felix hin stundet Gaia dem Felix die Schuld für ein Jahr und gibt ihm die Kuh zurück, damit Felix das Pfand nutzen kann.

Felix stirbt. Der ahnungslose Erbe Hermes verkauft und übergibt die Kuh dem gutgläubigen Japyx. Japyx schlachtet die Kuh und verarbeitet ihr Fleisch zu Würsten.

a. Wann und auf Grund welcher Voraussetzungen kommt das Pfandrecht zu Stande? Mit welcher Klage könnte Gaia ihr Pfandrecht durchsetzen?

b. Was bedeutet die Rückgabe der Kuh an Felix für das Pfandrecht?

c. Was bedeutet der Erbfall für das Pfandrecht?

d. Was bedeutet das Schlachten und Verwerten der Kuh für das Pfandrecht?

Prüfungsbeispiel 2

Melitta veräußert an Leo unbefugterweise zwei Transportfahrzeuge, ein Schiff (Wert 10.000) und einen Wagen (Wert 5.000); mit dem Schiff lässt sich monatlich 70 erwirtschaften, mit dem Wagen 50. Beide Gegenstände gehören Diana. Am 1. Mai beginnt die *REI VINDICATIO,* mit der Diana von Leo beide Objekte verlangt.

Leo verwendet das Schiff weiter, doch am 1. Juli wird es vom Blitz getroffen und verbrennt. Den Wagen hat Leo seit Beginn des Vindikationsverfahrens in seinem Schuppen stehen lassen. Am 1. August zersägt Leo den Wagen zu Brennholz (Wert 600). Am 1. September endet das Vindikationsverfahren mit der Verurteilung *(CONDEMNATIO)* des Leo.

Beurteilen Sie allfällige Ansprüche der Diana gegen Leo

a. hinsichtlich des Schiffes;

b. hinsichtlich des Wagens.

Prüfungsbeispiel 3

Cato hat von seiner Tante ein Landhaus geerbt, dessen Mobiliar ihm nicht gefällt. Er verkauft im Jänner ein Tujenholzbett und einen Silbertisch an Nike; Nike veranlasst ihren Pekuliarsklaven Ganymed, der eine Möbelhandlung betreibt, die Möbel abzuholen und in das Lager der Möbelhandlung zu bringen. Im März des folgenden Jahres erscheint Agamemnon nach einer dreijährigen Griechenlandreise bei Cato und verlangt den Silbertisch, den er bei seiner Abreise der nunmehr verstorbenen Tante Catos zur Verwahrung gegeben hatte.

a. Wem gehört das Tujenholzbett?

b. Wem gehört der Silbertisch?

Prüfungsbeispiel 4

Kreon vereinbart mit Hekuba, der er 500 schuldet, dass Kreons Pferd der Hekuba verpfändet ist. Vor Fälligkeit der Schuld bittet Kreon Hekuba, das Pferd dem Merops, der dafür 600 zahlen will, verkaufen zu dürfen. Hekuba ist einverstanden; sie vereinbart dabei mit Kreon, dass der Kaufpreis von 600 in einem Sack verschlossen aufbewahrt werde und ihr verpfändet sei.
Kreon veräußert das Pferd und bewahrt den Sack mit den 600 auf.

a. Wann und auf Grund welcher Voraussetzungen kommt das Pfandrecht am Pferd zu Stande? Mit welcher Klage könnte Hekuba ihr Pfandrecht durchsetzen?

b. Was bedeutet die Veräußerung des Pferdes für das Pfandrecht der Hekuba daran?

c. Was bedeutet es für das Pfandrecht der Hekuba, wenn Kreon stirbt und Nastes, Kreons Erbe, ahnungslos den Sack mit den 600 öffnet und die Münzen zur Bezahlung offener Rechnungen verwendet?

d. Was hätte es für das Pfandrecht der Hekuba bedeutet, wenn Kreon das Pferd an Merops verkauft und übergeben hätte, ohne diesbezüglich bei Hekuba angefragt und deren Zustimmung eingeholt zu haben?

Prüfungsbeispiel 5

Merops hat von Felix einen Apfelhain gepachtet. Im Herbst werden die Äpfel reif und fallen zu Boden. Dort sammelt sie Nastes heimlich, in diebischer Absicht ein, bringt sie nach Hause und brennt daraus Schnaps. Später verkauft und übergibt er den Schnaps dem Leo, der die Vorgeschichte nicht kennt.

a. Wessen Äpfel nimmt Nastes an sich?

b. Erlangt Leo Eigentum an dem gekauften und übernommenen Schnaps?

c. Welche Möglichkeit(en) der Sachverfolgung hat der Bestohlene am Ende der Geschichte? Klage(n)? Gegen wen?

Prüfungsbeispiel 6

Elektra hat ein Stück kostbarer Seide erworben. Sie geht damit im Dezember zu Juno, einer Schneiderin, und vereinbart mit ihr die Anfertigung eines eleganten Kleides (Entgelt für die Anfertigung: 500).

Noch im Dezember schneidert Juno das Kleid. Im Februar, bevor Elektra es abholen kann, kommt Livia in den Salon und überredet Juno, ihr das Kleid um 1.500 zu veräußern. (Juno kann Elektra mit der listigen Behauptung, der Stoff sei aus ihrer Werkstatt gestohlen worden, vorläufig zufrieden stellen.)

Livia stirbt im April. Das Kleid gelangt im Mai an ihre (von der Vorgeschichte nicht unterrichtete) Erbin Cleo. Cleo gefällt das Kleid nicht, sie lässt es mehr als ein Jahr in ihrem Kleiderschrank hängen.

Dann, im August des Folgejahres, verkauft sie es der Melitta um 250, und übergibt es ihr. Kurz danach, im Oktober, zerschneidet Melitta das Kleid in viele schmale Streifen und webt daraus einen Flickenteppich.

a. Im Jänner: Wer ist Besitzerin des Kleides? Wer ist Eigentümerin?

b. Im März: Wer ist Besitzerin des Kleides? Wer ist Eigentümerin?

c. Im Juli (des Folgejahres): Wer ist Eigentümerin?

d. Im Oktober: Wer ist Besitzerin? Wer ist Eigentümerin?

Prüfungsbeispiel 7

Ago übergibt Brontes einen Sack eigenen Saatguts mit der Bitte, den Sack für ihn aufzuheben. Nach einiger Zeit benötigt Brontes Saatgut und bittet den Ago in dessen Wohnung, das verwahrte Saatgut verwenden zu dürfen; er werde ihm einen Sack Saatguts gleicher Güte nach der Ernte erstatten. Ago stimmt zu.

Beurteilen Sie Besitz und Eigentum am Saatgut im Verlauf des Falles.

Prüfungsbeispiel 8

Felix leiht Titius ein Pferdegespann für einige Tage. Titius, der Geld benötigt, gibt dem Geldverleiher Nastes, der für die Gewährung eines Darlehens eine Sicherheit verlangt, die Pferde zum Pfand.

a. Wie stellt sich die Besitzposition aller Beteiligten vor und nach Pfandbestellung dar?

b. Welche Klage hat Felix gegen Nastes? Hat Nastes Einreden dagegen?

Prüfungsbeispiel 9

Der zwölfjährige Secundus verkauft und übergibt dem Piso ohne *AUCTORITAS TUTORIS* seinen goldenen Ring zu einem angemessenen Preis, den Piso sofort bezahlt. Piso hielt den (älter aussehenden) Secundus für fünfzehnjährig.
Nach 14 Monaten verlangt der Tutor des Secundus die Rückgabe des Ringes.

Muss Piso den Ring herausgeben?

Variante: Secundus ist tatsächlich 15 Jahre alt, Piso aber ist nur 13. Erwirbt Piso in diesem Fall Eigentum?

Prüfungsbeispiel 10

Felix hat dem Tiro ein Wegerecht *(ITER)* eingeräumt, dann hat Tiro sein Grundstück an Crassus verkauft und übergeben. Crassus treibt nun unter Berufung auf sein Wegerecht Vieh über das Grundstück des Felix.

a. Qualifizieren Sie die Rechtsnatur des Wegerechts. Welchen Kriterien muss ein solches Recht entsprechen?

b. Was darf Crassus am Grundstück des Felix machen? Begründung!

c. Welche Verteidigung steht Felix gegen ein von Crassus behauptetes Viehtriebsrecht zu?

Prüfungsbeispiel 11

Ago beauftragt die Bellona, sein Pferd gegen die Kuh des Carus einzutauschen; er übergibt hiezu Bellona das Pferd, das diese in ihren Stall stellt. Am nächsten Tag trifft Bellona zufällig Carus auf dessen Weide an und teilt ihm den Wunsch des Ago mit. Carus stimmt zu und händigt ihr sogleich die Kuh aus. Hinsichtlich des Pferdes vereinbart Carus mit Bellona, dass Bellona es von Carus für die nächsten vier Wochen mietet.

a. Beurteilen Sie die Besitzverhältnisse am Pferd im Verlauf der Geschichte.

b. Beurteilen Sie die Eigentumsverhältnisse am Pferd im Verlauf der Geschichte.

Prüfungsbeispiel 12

Victor verkauft am Jahresbeginn eine der Euridike gehörende Statue an den gutgläubigen Gaius. Stilo, der Sklave des Gaius, holt am nächsten Tag die Statue
auf Befehl des Gaius von Victor. Gaius gibt die Statue nach einiger Zeit wegen
ihres Werts bei Tiziana in Verwahrung.
Mitte des Jahres stirbt Gaius; Maevius beerbt ihn. Nach Jahresfrist holt Maevius
die Statue bei Tiziana ab. Euridike entdeckt kurz darauf die Statue bei Maevius
und verlangt sie heraus.

Muss Maevius ihr die Statue herausgeben?

Prüfungsbeispiel 13

Thea hat Aratos für eine Forderung von 150 ihren Sklaven Pamphilus verpfändet. Dann hat sie bei Brontes einen Kredit von 200 aufgenommen und ihm unter Hinweis auf das Pfandrecht des Aratos den Mehrerlös aus einer allfälligen Verwertung des Sklaven Pamphilus verpfändet. Ein Jahr später kreditiert Aratos der Thea noch einmal 100. Thea sagt ihm eine Pfandsicherung „wie beim ersten Kredit" zu.

a. Erläutern Sie die Ränge der Pfandrechte.

b. Da sich die wirtschaftliche Lage der Thea verschlechtert hat, möchte Aratos das Pfand verwerten. Welche Summe muss Brontes dem Aratos zahlen, um dies zu verhindern?

Prüfungsbeispiel 14

Ramses hat von der Baustoffhändlerin Iokaste am 1. Juni zehn Balken um 500 gekauft. Sie vereinbaren, dass Ramses am 15. Juni gemeinsam mit Iokaste aus den am Lagerplatz der Iokaste aufgeschlichteten Balken zehn aussondern und mitnehmen wird. Am 7. Juni kommt Ramses am Abend mit einem Fuhrwerk beim Lagerplatz der Iokaste vorbei. Er denkt, er kann die Gelegenheit nutzen, begibt sich allein auf den Lagerplatz, nimmt zehn Balken und führt sie nach Hause.

Wie ist die Rechtslage?

Prüfungsbeispiel 15

Irene betreibt eine Pferdezucht. Sie verkauft Brontes nach einer gemeinsamen Besichtigung ihrer Pferde den Hengst Spartacus und die Stute Junia (jeweils zu einem bestimmten Preis). Die Übergabe – so vereinbaren sie – soll zwei Wochen später erfolgen.

Als Brontes zwei Wochen später erscheint, um die Pferde abzuholen, übernimmt er Spartacus, statt der Stute Junia aber die ganz ähnlich aussehende Stute Hera.

Wenige Tage später tritt Lucius auf und kann überzeugend darlegen, dass er vor einem Monat den Hengst Spartacus von Irene gekauft und diesen auch bezahlt hat, eine Übergabe aber noch nicht erfolgt ist.

Wie sind (am Ende dieser Geschichte) die sachenrechtlichen Positionen zu beurteilen

a. am Hengst Spartacus;

b. an der Stute Hera;

c. an der Stute Junia?

Prüfungsbeispiel 16

Daphne hat ihren Onkel Felix beerbt. Unter den von Daphne erlangten Sachen befindet sich auch ein Grundstück mit einem Haus. Dieses Objekt stammt nicht aus dem Eigentum des Felix, sondern gehört dem Leo, was (zunächst) aber nicht bekannt ist. Am 1. Mai verkauft und übergibt Daphne das Grundstück samt Haus der Irene. Im Juli verlässt Irene mit ihrem Gesinde das Haus und zieht auf ihren Sommersitz.

Anfang August begibt sich der Nachbar Ares auf die Liegenschaft, bricht das Haus auf und zieht dort ein. Zwei Monate später kommt Irene zurück, stellt fest, was geschehen ist, sammelt ein paar kräftige Freunde und vertreibt Ares aus dem Haus und von dem Grundstück. Am 1. Juni des übernächsten Jahres erscheint Leo und verlangt von Irene Haus und Grundstück.

Wie ist die sachenrechtliche Lage hinsichtlich des Objekts

a. am 2. Mai;

b. am 15. August;

c. am 1. Juni des übernächsten Jahres?

Prüfungsbeispiel 17

Leo möchte von Titius 1.000 als Darlehen; Titius gibt ihm das Darlehen und lässt sich zur Sicherheit zwei Marmorstatuen des Leo verpfänden (Wert der kleineren 600, Wert der größeren 800). Die Statuen verbleiben bei Leo.

a. Helene möchte die Statuen erwerben. Leo fragt Titius, ob er sie veräußern dürfe. Titius sagt, Leo solle die kleinere Statue um mindestens 700 und die größere um mindestens 900 verkaufen. Leo verkauft der Helene beide Statuen, Kaufpreis jeweils 800, und übergibt ihr die Statuen. Wie ist die Rechtslage?

b. Ein Steinmetzsklave des Leo arbeitet die größere Statue irrtümlich zu einer Säule um (Wert der Säule 400). Bei Fälligkeit des Darlehens zahlt Leo nicht. Was kann Titius tun?

Prüfungsbeispiel 18

Im Februar des Jahres 130 leiht sich Irene von ihrer Freundin Julia deren Halskette aus Rubinperlen. Wenig später erwirbt Irene käuflich eine Glasperlenkette, die der Rubinkette zum Verwechseln ähnlich sieht.

Im Juni 130 will Irene die Rubinkette an Julia zurückgeben, doch sie gibt ihr irrtümlich die Glasperlenkette. Auch Julia bemerkt die Verwechslung nicht.

Im Oktober 131 überlässt Irene die bei ihr verbliebene Rubinkette dem Pius als Geschenk, der ebenfalls nichts von der Verwechslung weiß. Pius verliert die Kette. Im Sommer 132 findet sich das Schmuckstück bei Hermes, der bereit ist, es herauszugeben, aber nicht weiß, an wen.

a. Wie ist am Ende der Geschichte die sachenrechtliche Lage der bei Hermes befindlichen Rubinkette? Klage(n)?

b. Wie ist am Ende der Geschichte die sachenrechtliche Lage der bei Julia befindlichen Glasperlenkette? Klage(n)?

Prüfungsbeispiel 19

Ago hat von Vibia zwei ihrer Äcker gepachtet. Im Frühjahr sät er auf dem einen Acker Weizen und auf dem anderen Gerste aus.

Im Sommer schneidet Ago den Weizen und bringt ihn in einer Holzhütte unter, die er auf dem Acker behelfsmäßig errichtet hat.

Als er einige Tage später die Gerste ernten will, muss er feststellen, dass diese vom Feld verschwunden ist. Auch die Holzhütte ist leer, der Weizen ist ebenfalls verschwunden. Dann stellt sich heraus, dass Marcus, der geschiedene Mann der Vibia, das gesamte Getreide mitgenommen hat.

a. Welche Ansprüche bestehen hinsichtlich des Weizens?

b. Welche Ansprüche bestehen hinsichtlich der Gerste?

Prüfungsbeispiel 20

Die nichtberechtigte Helene verkauft und überträgt dem ahnungslosen Carus im Herbst ein Grundstück, auf dem Carus noch vor Wintereinbruch einen Obstgarten anlegen lässt. Carus lässt 40 Birnbäume pflanzen, wodurch ihm pro Birnbaum Kosten in der Höhe von 10 entstehen.

Im folgenden April zeigt sich, dass 5 Birnbäume nicht angewachsen und daher dürr sind.

Im Juni stellt Carus auf dem Grundstück ein Zelt auf, um dort übernachten zu können.

Im Sommer verlangt Dexter das Grundstück von Carus mit Hinweis darauf, dass Helene keine Berechtigung hatte, sein Grundstück an Carus zu veräußern. (Carus lässt sich auf das Verfahren mit Dexter ein.)

a. Wie ist die Rechtsposition des Dexter gegenüber Carus? Rechtsbehelf(e), Umfang?

b. Wie ist die Rechtsposition des Carus gegenüber Dexter? Rechtsbehelf(e), Umfang?

Prüfungsbeispiel 21

Publius, der wegen seiner Verschwendungssucht als *PRODIGUS* vom Prätor entmündigt wurde, verkauft und tradiert eines seiner Grundstücke dem Gorgias, der von der Entmündigung des Publius erst zwei Tage nach der Übergabe des Grundstücks erfährt. Gorgias baut sodann auf dem Grundstück um 100.000 Sesterzen eine Villa; der Wert des Grundstücks erhöht sich um 80.000. Der Kurator des Publius erlangt von der Transaktion erst dreizehn Monate nach der Übergabe des Grundstücks an Gorgias Kenntnis. Er will das Grundstück von Gorgias zurückverlangen. Wird er Erfolg haben?

Prüfungsbeispiel 22

Ago verkauft im Haus des Brontes dem Brontes sein (eine Woche vorher am Landgut des Ago gemeinsam besichtigtes) Pferd Pegasus um 100.000. Zugleich vereinbaren die beiden, dass Ago das Pferd noch ein Jahr behalten kann und dafür 20.000 an Miete bezahlt.

Prüfen Sie Besitz und Eigentum am Pferd!

Prüfungsbeispiel 23

Seius verspricht dem Cato für einen Kredit über 100.000 sein Schiff als Pfand, ohne es ihm zu übergeben. Dieses Schiff wird später in einem Sturm beschädigt. Seius beauftragt daraufhin Maevia mit der Reparatur des Schiffes, die sich für ihre Ansprüche das Schiff verpfänden lässt. Er bringt hiezu das Schiff in die Hafenanlage der Maevia. Die Reparatur wird durchgeführt; Seius kann die Rechnung von 50.000 nicht bezahlen. Auch die Darlehensschuld des Seius bei Cato wird bei Fälligkeit nicht bezahlt.

Kann Cato das Schiff von Maevia herausverlangen und verwerten? Welche rechtliche Möglichkeit hat Maevia, das Schiff zurückzuhalten?

Prüfungsbeispiel 24

Ago übergibt dem Curio das Pferd Kalypso am 1.2. als Geschenk. Curio verpfändet am 1.3. das Pferd der Kassandra, der er 10.000 an Miete schuldet. Am
1. 5. nimmt Curio einen Kredit über 20.000 bei Sophia auf und verpfändet ihr
das Pferd. Curio zahlt an Kassandra 8.000, der Sophia zahlt er trotz Fälligkeit
nichts.

a. Kurz darauf stirbt Ago, sein Erbe Agathon verlangt von Curio das Pferd
heraus. Mit Erfolg?

b. Wie kann sich Sophia in den (Fremd-)Besitz des Pferdes bringen? Nehmen
wir an, sie habe den (Fremd-)Besitz am Pferd erlangt: Was ist, wenn Kassandra
sie auf Herausgabe klagt?

XV. TIPPS ZUR EXEGESE[1]

A. Einleitung

Im Folgenden soll eine kurze Anleitung für das Verfassen einer römisch-rechtlichen Exegese für Studenten gegeben werden. Die Ausführungen sind an dem orientiert, was in der juristisch-dogmatischen Ausbildung bei einer schriftlichen **Klausur** bzw bei der schriftlichen **Prüfung aus römischem Privatrecht** erfahrungsgemäß erwartet wird.

Nach Wiener Studienplan etwa wird im Rahmen der schriftlich zu absolvierenden, 180 Minuten dauernden, fächerübergreifenden Modulprüfung 1 (FÜM 1) neben den Teilgebieten „Einführung in das Europarecht" und „Einführung in das Völkerrecht" das Teilgebiet „Romanistische Fundamente europäischer Privatrechte und Technik der Falllösung" geprüft. Für dieses Teilgebiet stehen 120 Minuten für die zu erreichende Höchstpunkteanzahl von 120 zur Verfügung. Bei der Exegese sind üblicherweise 28 Punkte zu erreichen. Zu den Prüfungsmodalitäten s. etwa E. Kossarz/ A. Pichler, JAP 2007/08, 68).

Probleme der wissenschaftlichen Textexegese, wie sie zB bei einer Seminararbeit oder eventuell bei einer ausführlicheren Hausarbeit verlangt werden können, bleiben demgemäß im Hintergrund[2]. Für eine stärker wissenschaftliche Analyse des Textes wäre eine vertiefte

---

[1]   Dieses Kapitel ist die leicht modifizierte Fassung eines Beitrags für JAP 1992, 198–202.

[2]   Anleitungen zur Anfertigung stärker rechtshistorisch-wissenschaftlicher Exegesen bieten etwa: U. Wesel, Die Hausarbeit in der Digestenexegese (1966); F. Sturm, Die Digestenexegese in: H. Schlosser/F. Sturm/H. Weber, Die rechtsgeschichtliche Exegese (2. Aufl. 1993) sowie F. Sturm (Hg), Wahlfach Examinatorium Römisches Recht (1977); prüfungsorientierte Anleitungen für Exegesen finden sich bei V. T. Halbwachs (Hrsg), JAP Gesammelte Prüfungsfälle und Exegesen Römisches Recht (2018) und M. Wimmer, Digestenexegese (2. Aufl. 2007).

Beschäftigung mit dem rechtsgeschichtlichen Hintergrund[3] der römischen Quellen und der einschlägigen Fachliteratur[4] erforderlich.

Dabei wären etwa zu beachten: die Inscriptio, anhand derer Erörterungen über den Autor des zu besprechenden Textes (Biographie, Bedeutung für die römische Rechtsentwicklung etc) und das Genre des Werkes (Kommentar, responsum, Anfängerlehrbuch etc), aus dem die Kompilatoren den Text entnommen haben, angestellt werden können; der palingenetische Zusammenhang, dh der ursprüngliche systematische Kontext des Fragmentes, der durch die Arbeit der Kompilatoren Justinians oder allfälliger vorjustinianischer Bearbeiter uU verändert worden ist; textkritische Vermutungen bezüglich nachklassischer Glossen oder sonstiger Textveränderungen (va Kürzungen).

B. Begriff und Funktion der Exegese

Unter einer Exegese versteht man allgemein die Auslegung und Erklärung eines Textes. So heißt etwa die theologische Fachrichtung, die sich mit der Auslegung und Erklärung der Bibel beschäftigt, Exegetik.

Gegenstand der Exegese im römischen Recht sind juristische Texte der Antike, und zwar vor allem jenes Quellenmaterial, das in das sogenannte *CORPUS IURIS CIVILIS* Eingang gefunden hat. Zur Prüfungs-Exegese werden dabei meist Entscheidungen klassischer Juristen aus den Digesten Justinians herangezogen („Digestenexegese").

Freilich gehören auch Texte, die außerhalb des CORPUS IURIS CIVILIS überliefert sind, zum Quellenbestand des römischen Rechts und können zur Exegese gegeben werden. So zB die in den FONTES IURIS ROMANI ANTE-IUSTINIANI (FIRA) gesammelten Texte oder etwa die 1990 von W. Selb edierten SENTENTIAE SYRIACAE.

---

[3]   Siehe die einschlägigen Lehrbücher der römischen Rechtsgeschichte: H. Hausmaninger/W. Selb, Römisches Privatrecht (9. Aufl. 2001) 31–117; W. Kunkel/

[4]   Siehe die Literaturhinweise in den Handbüchern von M. Kaser, Das römische Privatrecht, Bd I (2. Aufl. 1971) Bd II (2. Aufl. 1975) und W. Kunkel/H. Honsell/ Th. Mayer-Maly/W. Selb, Römisches Recht (4. Aufl. 1987).

Vor jeder Prüfung ist es ratsam, sich zunächst vor Augen zu halten, welche Funktion dieser Art von Prüfung zukommt und welche Erwartungen an die Prüfungskandidaten herangetragen werden. Die Exegese dient vor allem dazu, die logisch-analytischen und sprachlichen Fähigkeiten zu schulen, die zum Handwerkszeug des Rechtswissenschafters gehören: zum einen das **Auslegen** eines juristischen Textes; zum anderen das **Erklären und Begründen** einer konkreten vorgegebenen Entscheidung. Zugleich soll anhand der Exegese der Prüfungskandidat sein **Wissen** auf dem Gebiet des römischen Privatrechts **anwenden und demonstrieren.**

C. Exegesenschema

Am Beginn der Exegese stellt sich die Aufgabe der Auslegung des Textes, dh der Sinnermittlung: „Was können wir diesem Text entnehmen?" Dementsprechend gilt es zunächst einmal, die Aussage des Textes präzise zu erfassen. Für Zwecke einer juristischen Analyse sind dabei folgende Punkte wesentlich:

- Welches Geschehen, welche Fallkonstellation liegt dem Text zu Grunde? Was ist der **Sachverhalt?**
- Welche **Rechtsfrage** wird erörtert?
- Wie wird die Rechtsfrage im Text **entschieden?**

Diesen Fragen entsprechen im Exegesenschema[5] die ersten drei Schritte:

1. Darstellung des Sachverhalts

Unter dem Sachverhalt versteht man das reale oder hypothetische Geschehen, das einer Entscheidung zugrunde liegt. Als Erstes gilt es also herauszufinden, von welcher Konfliktsituation der Jurist ausgeht. Was ist geschehen? Was hat sich zugetragen? Welche Personen haben was getan? Gibt es eventuell Sachverhaltsvarianten?

---

[5] Für eine stärker rechtshistorische Exegese empfiehlt sich ein modifiziertes Schema: I. Text (unter Angabe der benutzten Edition), II. Übersetzung (unter Berücksichtigung möglicher Übersetzungsvarianten), III. Inskription und IV. Auslegung.

2. Ermittlung der Rechtsfrage

Als Rechtsfrage bezeichnet man jenes juristische Problem, das den Gegenstand der konkreten Entscheidung des Juristen bildet. Sie wird entweder ausdrücklich im Text genannt, oder ist indirekt aus der getroffenen Entscheidung zu schließen.

3. Entscheidung des Juristen

Die vom Juristen getroffene Lösung der Rechtsfrage stellt die Entscheidung dar. Manchmal werden in einem Text Stellungnahmen mehrerer Juristen referiert, die unter Umständen von einander abweichen. Auch das ist gegebenenfalls bei der Exegese festzuhalten. (Beachte: Mit „Entscheidung des Juristen" ist nicht die eigene Ansicht des Exegeten gemeint!)

Die Beantwortung dieser Fragen ergibt sich häufig durch bloße Lektüre. So entsprechen manche Texte bereits von vornherein dieser Struktur. Bei einem *RESPONSUM* (Rechtsgutachten) etwa schildert der römische Jurist zunächst den zu beurteilenden Sachverhalt, stellt dann die Rechtsfrage und beantwortet diese sogleich durch seine Entscheidung[6].

Etwas schwieriger ist es, wenn der Sachverhalt vom Juristen nicht vollständig geschildert wird; dann muss überlegt werden, welche Sachverhaltselemente der Jurist voraussetzt, ohne sie ausdrücklich zu erwähnen. Dabei kann es unter Umständen notwendig sein, von der getroffenen Entscheidung auf Sachverhaltselemente zu schließen.

So ist zB bei einem Text, in dem eine Frage der Ersitzung geprüft wird, davon auszugehen, dass ein Mangel (im Regelfall: Erwerb vom Nichtberechtigten) den derivativen Eigentumserwerb verhindert hat. Wird hingegen im Zusammenhang mit dem Eigentumserwerb durch *TRADITIO* der Besitzerwerb diskutiert und kommt der Jurist zum Ergebnis, dass Besitz und Eigentum erworben wurden, so kann davon ausgegangen werden, dass die beiden anderen Voraussetzungen (Recht des Vormannes und *IUSTA CAUSA)* als gegeben anzunehmen sind. Gelegentlich ist somit ein wenig Kombinationsver-

---

[6]   Siehe dazu unten die Musterexegese zu D 20.1.29.2, der ein *RESPONSUM* des Paulus zugrunde liegt.

mögen notwendig, um die Voraussetzungen einer Entscheidung richtig zu erfassen.

Den ersten drei Schritten, die möglichst knapp und präzise gehalten sein sollten, kommt im Wesentlichen vorbereitende Funktion für den letzten und wichtigsten Teil der Exegese zu, der **Erörterung.**

4. Erörterung

Ausgehend von der im Text getroffenen Entscheidung des Falls ist der Exeget aufgerufen, die Entscheidung zu erörtern, dh sie zu erklären und zu begründen.

D. Was gehört zur Erörterung?

Während bei einem Übungsfall[7] ein vorgegebener Sachverhalt unter Anwendung der Kenntnisse des römischen Rechts vom Prüfling gelöst bzw entschieden werden soll, besteht bei der Exegese die in einem vorgegebenen Text von einem römischen Juristen **bereits getroffene Entscheidung** zu erläutern. Dabei geht es sowohl um die **dogmatische Einordnung**[8] der vom Juristen getroffenen Entscheidung als auch die Darstellung der hinter der Entscheidung stehenden **Wertungsgesichtspunkte.**

Dementsprechend sollen in der Erörterung die im Text angesprochenen juristischen Probleme thematisiert werden:

■ Welches Rechtsinstitut wird im Text behandelt? Was versteht man jeweils unter den juristischen Begriffen, die im Text vorkommen?

■ Welcher Anspruch steht im Vordergrund? Anders ausgedrückt: Wer will was von wem?

■ Was ist die Anspruchsgrundlage? Unter welchen Voraussetzungen ist diese Anspruchsgrundlage gegeben?

---

[7]   Siehe dazu oben XIII.

[8]   In Anlehnung an Th. Mayer-Maly, Rechtswissenschaft (5. Aufl. 1991) 55, lässt sich die Aufgabe der Dogmatik folgendermaßen charakterisieren:

– Überprüfung einer Entscheidung auf ihre Vereinbarkeit mit anerkannten Rechtsgedanken;

– Aufspüren übergreifender Rechtsgedanken;

– Einordnung der Entscheidung in das Gefüge der die Rechtsordnung beherrschenden Rechtsgedanken.

Dazu ist es erforderlich zu wissen, welche Elemente jeweils zum Tatbestand eines Anspruchs gehören; ihr Vorliegen ist im konkreten Fall zu prüfen und gegebenenfalls der Sachverhalt unter den Tatbestand zu subsumieren.

Ein Anspruch auf Herausgabe einer Sache etwa kann auf ein dingliches Recht gestützt sein (zB Eigentum, Pfandrecht), aber auch auf Vertrag (zB Kaufvertrag, Mandat, Leihevertrag, Verwahrungsvertrag) oder auf Delikt (zB FURTUM).

- Mit welchem Rechtsbehelf *(ACTIO, INTERDICTUM)* kann der Anspruch durchgesetzt werden? Wer ist aktivlegitimiert (Kläger), wer ist passivlegitimiert (Beklagter)?

- Steht der Klage eine Einrede *(EXCEPTIO)* des Beklagten entgegen? Gibt es Gegeneinreden *(REPLICATIONES)?*

- Kann man zur Unterstützung der Entscheidung auf andere Entscheidungen gleich gelagerter oder ähnlicher Fälle verweisen? Gibt es dazu konträre Ansichten römischer Juristen (Kontroversen)?

- Wie lässt sich die Entscheidung dogmatisch (dh durch Ableitung aus einem vorgestellten System von Rechtssätzen) erklären? Wie entspricht die Lösung den Interessen der beteiligten Parteien?

Psychologisch sollte sich der Exeget in die Lage eines Lehrers oder juristischen Ratgebers versetzen, der die vom Juristen getroffene Entscheidung vor dem Hintergrund des römischen Rechts einem Laien verständlich und plausibel machen soll. Die vom Text angesprochenen zentralen juristischen Probleme sind dabei ausführlich zu erläutern, ohne freilich allzu sehr abzuschweifen.

Letztlich lässt sich auch zum Verfassen einer Exegese kein Patentrezept geben. Wie überhaupt beim Studium gilt: Je mehr man übt[9], desto routinierter und ruhiger wird man in einer Prüfungssituation eine ähnliche Aufgabenstellung bewältigen. Zum Üben von Exegesen ist der Besuch der Pflichtübungen und Konversatorien zu empfehlen, aber auch in einer kleineren Lerngruppe können Exegesen gemeinsam mündlich oder schriftlich erarbeitet werden!

---

[9] Eine bewährte Zusammenstellung von Texten aus dem *CORPUS IURIS CIVILIS,* anhand derer das Verfassen einer Exegese geübt werden kann, findet sich bei H. Hausmaninger/R. Gamauf, Casebook zum römischen Sachenrecht (11. Aufl. 2012) sowie H. Hausmaninger/R. Gamauf, Casebook zum römischen Vertragsrecht (7. Aufl. 2012). Jeweils am Ende der Casebooks gibt es auch Musterexegesen.

Die folgende „Musterexegese" soll zur Veranschaulichung der theoretischen Tipps dienen. Der Haupttext behandelt jene Punkte, die bei einer Prüfungsexegese angesprochen werden sollten. Die Fußnoten dienen bloß dem besseren Verständnis des Lesers.

E. Musterexegese zu D 20.1.29.2 (Case 170)

D 20.1.29.2 (Paulus libro quinto responsorum)[10]

DOMUS PIGNORI DATA EXUSTA EST EAMQUE AREAM EMIT LUCIUS TITIUS ET EXSTRUXIT: QUAESITUM EST DE IURE PIGNORIS. PAULUS RESPONDIT PIGNORIS PERSECUTIONEM PERSEVERARE ET IDEO IUS SOLI SUPERFICIEM SECUTAM VIDERI, ID EST CUM IURE PIGNORIS: SED BONA FIDE POSSESSORES NON ALITER COGENDOS CREDITORIBUS AEDIFICIUM RESTITUERE, QUAM SUMPTUS IN EXSTRUCTIONE EROGATOS, QUATENUS PRETIOSIOR RES FACTA EST, RECIPERENT.

Übersetzung: Ein Haus, das verpfändet worden war, ist abgebrannt; dieses Grundstück hat Lucius Titius gekauft und darauf gebaut.

Es wird nach dem Pfandrecht gefragt.

Paulus hat geantwortet, dass das Pfandrecht aufrecht bleibe und somit das Gebäude dem Recht am Grundstück folge, das heißt mit dem Pfandrecht.

Doch die gutgläubigen Besitzer könnten nur dann gezwungen werden, den Gläubigern das Gebäude herauszugeben, wenn sie so viel von den Baukosten ersetzt bekommen haben, wie die Sache wertvoller geworden ist.

Aufgabenstellung: Schreiben Sie eine Exegese!

Sachverhalt[11]: S verpfändet G sein Haus. Das Haus brennt ab. S verkauft das Grundstück an Lucius Titius, der darauf baut.

---

10 In der *INSCRIPTIO* (Überschrift) ist in den Digesten jeweils angegeben, von welchem Autor und aus welchem Werk das folgende Fragment stammt. Aus dem Digestenzitat „D 20.1.29.2 *PAULUS LIBRO QUINTO RESPONSORUM*" lässt sich etwa entnehmen, dass der folgende Text in den Digesten Justinians im 20. Buch, 1. Titel, 29. Fragment, Paragraph 2 steht und aus dem fünften Buch der Gutachtensammlung *(RESPONSA)* des spätklassischen Juristen Paulus stammt.

11 Vgl Satz 1 des Textes.

Im Hinblick auf das Zurückbehaltungsrecht, das Paulus den BONAE FIDEI
POSSESSORES zugesteht, könnte man den Sachverhalt noch in zwei Varian-
ten aufgliedern:
  – Variante a: Lucius Titius baut gutgläubig ein Haus auf dem Grundstück;
  – Variante b: Lucius Titius baut schlechtgläubig.

Rechtsfrage[12]: Besteht ein Pfandrecht des G? Kann G von Lucius
Titius die Herausgabe des Grundstücks verlangen?

Entscheidung[13]: Paulus entscheidet, dass das Pfandrecht aufrecht
bleibt und das Gebäude dem Recht am Grundstück folgt. Gutgläubige Besitzer könnten aber nur dann gezwungen werden, den Gläubigern das Gebäude herauszugeben, wenn sie so viel von den Baukosten ersetzt bekommen haben, wie die Sache wertvoller geworden
ist.

Erörterung

1. Wesen des Pfandrechts[14]

Die Entscheidung des Paulus betrifft ein durch Vereinbarung zwischen Gläubiger und Schuldner (oder allenfalls einer vom Schuldner
verschiedenen Person als Drittpfandbesteller) eingeräumtes Pfandrecht. Das Pfandrecht gehört zu den beschränkten dinglichen Rechten: es gewährt dem Pfandberechtigten das Recht, sich aus der verpfändeten Sache bei Fälligkeit und Nichtleistung der gesicherten
Schuld vorzugsweise zu befriedigen und ist gegenüber jedermann
mit der *ACTIO PIGNERATICIA IN REM* durchsetzbar.

2. Zustandekommen des Pfandrechts

Ein vertragliches Pfandrecht kommt unter drei Voraussetzungen zu
Stande: Der Pfandbesteller muss (zumindest bonitarischer) Eigentümer der verpfändeten Sache sein; es muss eine zu sichernde Forde-

---

[12]   Vgl Satz 2 des Textes.

[13]   Vgl Satz 3 und 4 des Textes.

[14]   Die Nummerierung der Absätze und die Zwischenüberschriften innerhalb des
Erörterungsteils dienen bloß dazu, die innere Gliederung deutlich zu machen. Auch
bei einer Prüfungsexegese kann es nützlich sein, vor dem Verfassen der Erörterung
eine stichwortartige Gliederung jener Punkte zusammenzustellen, die man in der
Exegese berücksichtigen will.

rung des Gläubigers bestehen (Grundsatz der Akzessorietät des Pfandrechts) und es muss eine Verpfändungsabrede *(CONVENTIO PIGNORIS)* zwischen den Parteien getroffen worden sein. Aus der Verpfändungsabrede ergibt sich, welche Sache(n) dem Pfandrecht unterliegen sollen.

3. Interpretation der konkreten Pfandabrede

Gläubiger und Schuldner haben vereinbart, dass das „Haus" verpfändet sein soll. Hier gilt es durch Interpretation der Pfandabrede zu bestimmen, worauf sich das Pfandrecht erstreckt. Das Haus, das mit dem Grundstück fest verbunden ist, gilt sachenrechtlich als Nebensache (Akzession) des Grundstücks, deren rechtliches Schicksal dem Schicksal der Hauptsache folgt. Es gilt diesbezüglich der Satz *„SUPERFICIES SOLO CEDIT"*.

Eine Verpfändung des Hauses ist nur möglich, wenn das Grundstück verpfändet wird. Die Pfandabrede ist folglich – um den von den Parteien verfolgten Zweck „Verpfändung des Hauses" zu erreichen – so zu interpretieren, dass das Grundstück samt darauf befindlichem Haus als verpfändet gilt.

4. Untergang der Pfandsache?

Sofern also ein dingliches Pfandrecht wirksam entstanden ist, besteht dieses am Grundstück; brennt das Haus ab, so bleibt dennoch das Pfandrecht am Grundstück bestehen. Dabei verliert die Pfandsache zwar an Wert, das dingliche Recht als solches wird aber nicht beeinträchtigt. Anderes würde gelten, wenn die verpfändete Sache zur Gänze untergegangen wäre, denn mit dem Sachuntergang erlöschen auch sämtliche dingliche Rechte an einer Sache.

5. Erwerb der verpfändeten Sache ohne Zustimmung des Pfandgläubigers

Die Veräußerung der verpfändeten Sache darf grundsätzlich nur mit Zustimmung des Pfandgläubigers erfolgen. Stimmt der Pfandgläubiger der Veräußerung zu, ohne sich weiterhin das Pfandrecht vorzubehalten, so erlischt das Pfandrecht, da die römischen Juristen in dieser Zustimmung einen Verzicht auf das Pfandrecht verstehen.

Im vorliegenden Fall scheint die Veräußerung jedoch ohne Zustimmung des Pfandgläubigers erfolgt zu sein. Dies lässt sich daraus schließen, dass nach der Entscheidung des Paulus das Pfandrecht aufrecht bleibt. Außerdem wird der Erwerber als *BONAE FIDEI POSSESSOR* bezeichnet, was so zu verstehen ist, dass der Erwerber vom Bestehen des Pfandrechts nichts gewusst hat.

Die Rechtsstellung eines gutgläubigen Erwerbers, dem ohne Zustimmung des Pfandgläubigers eine verpfändete Sache veräußert wurde, ist nach den Quellen nicht ganz eindeutig.

(In der römischrechtlichen Forschung[15] wird zum Teil angenommen, dem Eigentümer der verpfändeten Sache fehle in einem solchen Fall – generell[16] oder auf Grund einer entsprechenden Vereinbarung[17] – die Verfügungsbefugnis, sodass ein derivativer Erwerb überhaupt nicht möglich ist[18]. Nach einer anderen Auffassung ist zwar an sich ein derivativer Erwerb denkbar, allerdings scheitere der Eigentumserwerb regelmäßig daran, dass der ohne Zustimmung veräußernde Eigentümer ein *FURTUM* begehe[19]. Demnach müsste in jenen Fällen, in denen kein *FURTUM* vorliegt, der Eigentumserwerb möglich sein[20]. Freilich kann auch dann der Erwerber bloß ein durch das Bestehen eines Pfandrechtes eingeschränktes Eigentumsrecht übertragen erhalten; dies ergibt sich schon aus dem Grundsatz *NEMO PLUS IURIS TRANSFERRE POTEST QUAM IPSE HABET.*)

---

[15] Der folgende kleine Exkurs soll bloß die angedeutete Meinungsvielfalt illustrieren; in einer Prüfungsexegese wird in der Regel die Kenntnis der einschlägigen Fachliteratur nicht erwartet.

[16] So vor allem G. Schlichting, Die Verfügungsbeschränkung des Verpfänders im klassischen römischen Recht (1973) 76 ff, 116 ff. Eine Änderung der Rechtslage sei erst durch die Konstitution Diokletians C 8.27.12 aus dem Jahr 293 erfolgt.

[17] Vgl W. Kunkel/Th. Mayer-Maly, Römisches Recht (4. Aufl. 1987) 202.

[18] Als Argument für diese Auffassung könnte man anführen, dass Paulus im vorliegenden *RESPONSUM* die Beklagten als *BONA FIDE POSSESSORES* und nicht als Eigentümer bezeichnet. Allerdings könnte der letzte Satz nicht nur auf den konkreten Ausgangsfall bezogen sein, sondern allgemeiner das Prinzip ansprechen, dass gutgläubigen Bauführern der wertsteigernde Aufwand zu ersetzen ist, ohne dass damit die Rechtsstellung eines Erwerbers exakt qualifiziert wird.

[19] Grundlegend M. Kaser, Studien zum römischen Pfandrecht, Tijdschrift voor Rechtsgeschiedenis XLIV (1976) 272 f (= Studien zum römischen Pfandrecht [1982] 42 f).

[20] Kein *FURTUM* liegt vor, wenn eine unbewegliche Sache veräußert wird, an der bekanntlich ein *FURTUM* nicht begangen werden kann, oder wenn der Veräußerer nicht dolos, sondern irrtümlich handelt.

Jedenfalls bleibt das Pfandrecht an der ohne Zustimmung des Gläu- '
bigers veräußerten Pfandsache bestehen.

6. Klage des Pfandberechtigten

Da das Pfandrecht weiterhin besteht, kann der Pfandgläubiger (G)
sein dingliches Recht mit der *ACTIO PIGNERATICIA IN REM (= VINDI-
CATIO PIGNORIS*[21]*)* gegen den Erwerber, der als Besitzer passivlegitimiert ist, durchsetzen.

7. Einrede des gutgläubigen Besitzers

Paulus entscheidet, dass von einem gutgläubigen Besitzer die verpfändete Sache nur herausverlangt werden kann, wenn diesem so
viel von den Baukosten ersetzt wird, wie die Sache wertvoller geworden ist[22]. Angenommen, der dem Lucius Titius veräußerte Bau-
grund war 100.000 wert, die Baukosten betrugen 800.000 und Grund
samt Gebäude haben im Zeitpunkt der Pfandrechtsklage einen Wert
von 600.000, so hat der gutgläubige Bauführer das Recht, das
Grundstück solange zurückzubehalten, bis ihm 500.000 (= Wertsteigerung durch den Bau) ersetzt werden.

Der gutgläubige Besitzer kann dieses Zurückbehaltungsrecht hinsichtlich seines Aufwandersatzanspruches mittels *EXCEPTIO DOLI,*
dh mit der Arglist-Einrede gegen die vom Pfandgläubiger angestellte
ACTIO PIGNERATICIA IN REM geltend machen[23].

8. Schlechtgläubiger Besitzer

Ein schlechtgläubiger Besitzer – dh in diesem Zusammenhang ein
Bauführer, der weiß, dass das Grundstück verpfändet ist – dürfte
mangels Schutzwürdigkeit keinen Anspruch auf Aufwandersatz,
wohl aber ein Wegnahmerecht *(IUS TOLLENDI)* haben. Dies lässt sich

---

[21] Die Klage wird auch als *ACTIO SERVIANA* oder *ACTIO HYPOTHECARIA* bezeichnet.

[22] Zur Bemessung des Aufwandersatzanspruches des gutgläubigen Besitzers vgl
auch Celsus D 6.1.38 (Case 107).

[23] Eine andere Lösung findet Africanus D 39.2.44.1: Er verneint ein Zurückbehaltungsrecht des Käufers gegen den Pfandgläubiger und verweist den Käufer auf seine
vertraglichen Ansprüche gegen den Verkäufer (= Pfandbesteller); damit trägt aber
der Käufer das Risiko der Insolvenz des Pfandbestellers bezüglich der getätigten
Aufwendungen. Siehe dazu A. Bürge, Retentio im römischen Sachen- und Obliga-
tionenrecht (1979) 148 ff.

e contrario aus der Entscheidung des Paulus bzw aus der vergleichbaren Situation bei der Auseinandersetzung zwischen Eigentümer und unredlichem Besitzer[24] ableiten.

9. Interessenausgleich

Die Entscheidung des Paulus lässt sich als Kompromiss der einander gegenüberstehenden Interessen der beteiligten Personen verstehen. Einerseits geht es um die Durchsetzung des vorzugsweisen Befriedigungsinteresses des Pfandgläubigers, das durch das Weiterbestehen des Pfandrechts und die dingliche Pfandrechtsklage Gewähr leistet ist, die auch gegen den gutgläubigen Erwerber gerichtet werden kann. Anderseits hat der gutgläubige Bauführer durch sein Bauen einen Wertzuwachs an der Pfandsache bewirkt, sodass das Nichtersetzen der wertsteigernden Aufwendungen als dolos erschiene.

Dem steht auch nicht entgegen, dass der Pfandbesteller das Grundstück nicht ohne Zustimmung des Pfandgläubigers hätte veräußern dürfen: Hätte der Pfandbesteller das Grundstück nicht veräußert, so wäre es auch nicht zur Wertsteigerung gekommen; durch den Ersatz der wertsteigernden Aufwendungen ist der Pfandgläubiger insofern nicht schlechter gestellt.

---

[24]   Dazu vgl etwa Ulpianus D 6.1.37 (Case 129).

QUELLENREGISTER

Gaius Institutionen

Institutionen Justinians

SACHREGISTER